GOLDMANN

Buch

»Wenn wir ehrlich sind, müssen wir konzedieren, daß wir ziemlich privilegiert waren. Als Kinder erlebten wir noch intakte Kleinfamilien und einen ungebrochenen Fortschritt, als wir in die Revolte hineinwuchsen, waren die Utopien vom ›anderen Leben‹ noch unverbraucht; damals gab es tatsächlich noch so etwas wie ein ›System‹, das man aus guten Gründen radikal kritisieren mußte. Wir, die wir wie keine andere Generation das ANDERE suchten, das NICHT-NORMALE, haben am Ende nur einen Prozeß forciert, der diese Gesellschaft normalisiert hat.«

Matthias Horx legt die (Auto-)Biographie einer Generation vor, die wie keine andere das Dagegensein erprobte. Es ist die erste Generation in diesem Jahrhundert, die ohne Krieg aufwuchs, die auf breiter Front den Aufstand gegen die Eltern wagte, mit Drogenerfahrungen konfrontiert wurde und mit einer »nichtreproduktiven« Sexualität umzugehen lernte. Wo steht diese Generation heute? Wie immer gibt Matthias Horx keine Antworten, sondern erzählt Geschichten: Von Joe, der versucht, alles unter einen Hut zu bringen, Kommunismus und Castaneda, Sigmund Freud und streßfreie Dreierbeziehung; von Gerold, der immer ein bißchen stotterte und auf einmal »einen Filmverleih, drei Stadtteilkinos und vier Kneipen« besitzt und vielen mehr.

Autor

Matthias Horx, 1955 in Düsseldorf geboren, lebt in Hamburg. Bis 1980 Mitarbeiter beim Frankfurter »Pflasterstrand«, danach Redakteur bei »Tempo«. Autor von zwei Science-fiction-Romanen und zwei Computer-Büchern. *Aufstand im Schlaraffenland* ist nach *Das Ende der Alternativen* und *Die wilden Achtziger* der dritte Band der Deutschlandtrilogie des bekannten Zeitgeistjournalisten.

Von Matthias Horx liegen
als Goldmann-Taschenbücher außerdem vor:

Das Ende der Alternativen
oder Die verlorene Unschuld der Radikalität (9566)
Die wilden Achtziger (9469)

MATTHIAS HORX

AUFSTAND IM SCHLARAFFENLAND

Selbsterkenntnisse
einer rebellischen Generation

GOLDMANN VERLAG

Der Goldmann Verlag
ist ein Unternehmen der Verlagsgruppe Bertelsmann

Made in Germany · 5/91 · 1. Auflage
Genehmigte Taschenbuchausgabe

Umschlaggestaltung: Design Team München
Umschlagillustration: Horst Berner, Agentur Becker-Derouet, Hamburg
Druck: Elsnerdruck, Berlin
Verlagsnummer: 9567
AR · Herstellung: Sebastian Strohmaier
ISBN 3-442-09567-0

Für die alten Freunde: Maurice und Hagen,
Dieter und Georg, Johannes, Klaus
und Albert

Teil 1
Die rebellische Generation

»Revolution« ist eine ebenso unbefriedigende Antwort auf die Frage »Was wollen wir« wie »Gravitation« auf die Frage: »Warum fällt der Stein, wenn man ihn losläßt.«

(Lars Gustafsson in »Utopien«)

Inhalt

Teil 1
Die rebellische Generation

Teil 2
Die offenen Enden der Emanzipation

Teil 3
When the music is over

Teil 4
Die veränderte Republik

Folgende Aufsätze standen zuerst (z. T. in anderer Fassung) in den nachstehend aufgeführten Zeitschriften: »Die Überlebenden der RAF« in: Zeitmagazin 27 (1.7.88); »Die Achtundsechziger der CDU« in: Zeitmagazin 33 (12.8.88), Koautorin: Marie-Louise Weinberger; »Die Kids aus dem Kinderladen« in: Zeitmagazin 38 (16.9.88); »Der Traum vom anderen Leben« in: Zeitmagazin 51 (16.12.88); »Die Sache mit dem Geld« in: Alltag 1/89; »Ausblick auf die 90er Jahre« in: Tempo 1/89.

Entree: Der ewige Radikale

Meine Generation hat vor allem eine Tugend entwickelt, an der es in der deutschen Geschichte immer mangelte: das *Dagegensein*. Dieses Dagegensein bedeutete für uns mehr als nur Aufmüpfigkeit oder die übliche jugendliche Pose, die sich spätestens mit fünfundzwanzig wieder legt. Es ist wohl kaum übertrieben, wenn ich behaupte, daß das Prinzip »Dissens« so etwas wie unseren Identitäts-Kern darstellte. Was uns als Generation verband, war die Vorstellung, elementar *anders* zu denken, zu fühlen und zu handeln als der Rest der Gesellschaft.

Einen, der besonders *dagegen* war, habe ich eine Zeitlang besonders bewundert. Er hieß Manfred, und das letzte Mal hatte ich Mitte der 70er Jahre mit ihm zu tun. Nicht, daß ich direkt Sympathisant gewesen wäre. Aber in gewisser Weise waren wir wohl alle von jener klammheimlichen Sympathie für die Konsequentesten unserer Generation befallen, für diejenigen, die sich damals als Desperados gegen den Staat betätigten. Egal, wie sehr wir die Stadtguerilla-Politik kritisierten – ihren aufgeblasenen Leninismus, die autoritären Strukturen innerhalb der kämpfenden Truppe, die politische Abgehobenheit –, die meisten von uns waren fasziniert auf einer Ebene, die weit jenseits der Politik lag, dort, wo die Regeln der Vernunft nicht gelten.

Immer wieder ertappten wir uns bei Legitimationen, daß wir *nicht* dazugehörten, daß wir *nicht* konsequent waren. Wenn wir die harten Gesichter von Baader und den anderen im Fernsehen sahen, spürten wir, daß sie mehr mit uns zu tun hatten, als wir zugeben konnten. In diesem seltsamen Wechselspiel aus Distanzierung und Faszination (das Ende der 70er Jahre ein »Mescalero« formulieren sollte) manifestierte sich unsere Sehnsucht, zum revolutionären Adel zu gehören – obwohl wir uns längst für den Kompromiß und das gute Leben entschieden hatten.

Mitte der 70er Jahre trug Manfred alle Insignien dieses Adels. Er war schweigsam, und wenn er redete, dann schneidend unterkühlt. Wenn er »Imperialismus« sagte oder »Staatsschutz« oder »das System, das uns hier fertigmachen will«, lief uns ein Schauer über den Rücken. Er war ein hagerer Mann mit kurzen Haaren und immer schwarz gekleidet. Bis kurz vor seiner Entlassung aus dem Knast hatte er an Hungerstreiks teilgenommen, aber wie durch ein Wunder konnte ihm die Justiz nichts nachweisen, und so war er, eine Ausnahme unter den Stadtguerilla-Gefangenen, schon nach drei Jahren aus dem Knast freigekommen.

Nach seiner Freilassung arbeitete er in einem Autowerkstatt-Kollektiv, und obwohl jeder wußte, daß er nicht mehr zur »kämpfenden Truppe« gehörte, wurde er nicht müde, für seine alten Genossen zu agieren. Er organisierte Komitees für verbesserte Haftbedingungen, gegen Isolationsfolter und Vernichtungshaft, er war ständiger Redner auf unseren Versammlungen und Teach-ins. Seine Autorität war enorm. Stundenlang stand er regungslos hinten in der Ecke, um dann plötzlich vorzutreten, um Opportunismus, Kleinbürgerei und Inkonsequenz zu geißeln. Höhnisch warf er uns vor, daß wir es uns doch nur in unseren Wohngemeinschaften bequem machen wollten, statt endlich zu kapieren, daß der Staat überall, nicht nur im Knast, erbarmungslos zuschlug. Mit Präzision und Eloquenz kanzelte er einzelne »Idioten« und »Kretins« im Saale ab, die immer noch glaubten, daß das System eine Blumenwiese sei, auf der man sich ungestraft dieses oder jenes Privileg abpflücken könne. Auch wenn die RAF strategische und ideologische Fehler begangen habe, gehe es doch immer noch um die einzige und alles entscheidende Frage: Widerstand oder bedingungslose Anpassung an dieses Schweinesystem.

Das war in der Tat die Frage. Auch für uns, die wir ein etwas anderes Vokabular pflegten, gerne von »Bedürfnissen« und »Lust«, von »befreiter Gesellschaft« und »Utopie im Hier und Jetzt« redeten, und sie ist bis heute die zentrale Frage unserer Generation geblieben, auch wenn uns unsere Streicheleinheiten in der Wohngemeinschaft, unsere Gruppen- und Selbsterfahrungen schon damals wichtiger waren als die Anforderungen des politischen Überbaus. Mensch oder Schwein, Opportunist oder Kämpfer, anpassen oder weiterkämpfen – diese Dichotomie sollte in unseren Psychen viel länger überleben, als wir uns das damals träumen ließen.

Fast eineinhalb Jahrzehnte sollten ins Land gehen, bis ich Manfred wiedersah. Ich war dienstlich unterwegs und machte Station in einer dieser mittelgroßen Universitätsstädte Süddeutschlands, in denen selbst die unfähigsten Grünen zweistellige Ergebnisse erzielen. Weil mein Hotelzimmer noch nicht frei war, mußte ich ein paar Stunden überbrücken. Ich erforschte die ausgedehnte Fußgängerzone, wanderte durch enge Gassen zwischen putzigen Fachwerkfassaden und bewunderte die verchromten und verglasten Erker der Provinz-Postmoderne. Bald begriff ich, daß ich in ein Museum der 70er Jahre geraten war. Langhaarige auf Holland-Fahrrädern, Henna-Frauen, die Kinderwagen vor sich her schoben; am Straßenrand parkten noch buntbemalte Enten und Käfer, und an jeder zweiten Ecke stieß ich auf eine Studentenkneipe mit Flohmarktmöbeln. Ich rieb mir die Augen und flüchtete in eine eher kühl wirkende Café-Bar mit der obligatorischen Marmortheke und den Tischchen aus poliertem Aluminium. Und dort stand er hinter der Theke.

Ich erkannte ihn auf der Stelle. Er hatte sich kaum verändert. Da waren immer noch diese hervortretenden Backenknochen, der Zappa-Bart, der durchdringende Blick, der mich jetzt taxierte. Er konnte mich nicht gleich einordnen. Er trug immer noch einen schwarzen Rollkragenpullover und rauchte seine Gauloises, als wäre nichts gewesen.

Wir verabredeten uns für den Abend in einer bekannten Freßkneipe des Städtchens, aßen riesige Schnitzel mit Kartoffelkroketten und Krautsalat, der Wirt begrüßte Manfred mit Handschlag und den Worten: »Da ist ja unser Terror-Spezi!« Manfred war, nach einigen großen Alternativprojekten, nach Gründung einer Familie und längeren Reisen wieder zu Hause angekommen; das Städtchen war sein Heimatort. Er hatte es zu etwas gebracht, war Besitzer dreier florierender Studentenkneipen in Uni-Nähe und beteiligt an einem Buchversand, er besaß eine Jugendstilvilla im Wald über der Stadt und war gerade damit beschäftigt, ein Restaurant mit russischer Küche zu eröffnen.

»Damals«, sagte Manfred, »hätten wir gar nichts anderes machen können. Der Staat hat uns doch in den Untergrund getrieben. Die Bullen waren scharf auf unsere Köpfe, da mußte man eben schneller sein mit der Knarre.«

Gegen Mitternacht wechselten wir in Manfreds schönste Kneipe. Dort saßen wir, bis die letzten Studenten gegangen waren, und Manfred erzählte noch einmal aus den Zeiten des Untergrunds, von der Angst, aber auch von der Intensität der Erfahrungen innerhalb »der Gruppe«. Bald kamen wir auf sein Geschäft zu sprechen; er berichtete, wie mühsam er es aufgebaut, sich gegen die Baulöwen am Ort, die Profiteure der Altstadtsanierung und die Mafia der alteingesessenen Gastronomen durchgesetzt hatte. Wie er um den Einbau einer kleinen Toilette mit der Baubehörde *fighten* mußte – »dieses blöde Denkmalschutzgesetz« –, und wie er vor zwei Jahren drei Türken einstellte und prompt Ärger mit der Ausländerbehörde bekam. Wie die

Bürokratenschweine ihn anläßlich einer Buchprüfung morgens um sieben aufs Finanzamt luden – »reine Schikane« – und ihm einen Prozeß anhängten, weil seine Schwarzarbeiter einen kleinen Eimer Lösungsmittel in den Bach gekippt hatten.

Er steigerte sich in die Geschichte hinein und schlug bald mit der Hand auf den Tisch. Da war er plötzlich wieder, der schneidende Tonfall. »Ich kann ackern«, sagte er, »ranklotzen, das hab ich gelernt, nachts und am Wochenende, wenn es sein muß, ich hab schließlich eine Familie zu versorgen. Und ich *liebe* meinen Sohn. Ich brauch keine Privilegien, aber ich will nicht beschissen werden. Ich bin ein normaler Bürger dieses Staates. Aber wie steht man denn heute da als normaler Bürger! Willst du dir meine Steuererklärung ansehen? Oder die AOK-Beiträge für die Angestellten – das ist doch ungeheuerlich. Da müßte man mal aufräumen in diesem Ausbeuterverein, richtig aufräumen bei diesen Bürokraten, die nur an ihre Rente denken und den Bürger ausbeuten nach Strich und Faden. Die sacken das Geld ein und sind korrupt nach Strich und Faden, diese *Schweine*!«

Wie konnte es angehen, daß einer so nahtlos vom Terroristen zum Kleinunternehmer mutierte, ohne sich auch nur im geringsten zu verändern? Wäre Manfred vom Saulus zum Paulus konvertiert, niemand hätte sich gewundert. Aber *er war immer noch der alte*. Sein radikales Weltbild hatte nicht den geringsten Schaden genommen. Um ihn herum tobte nach wie vor die große Verschwörung, allüberall herrschte die gnadenlose Macht der Unterdrückungsmaschine. Er lief nicht mit einer Rolex am Handgelenk herum. Und in seiner Wohnung, in der wir den letzten Rest des Weins tranken, sah es so aus wie immer: chaotisch und gemütlich.

Als ich morgens um fünf in mein Hotel wankte, brummte mir der Schädel. Das Schweinesystem also. Es lauerte überall. Es war nicht auszurotten, nicht mit der Kalaschnikow, nicht mit radikaler Konsequenz und nicht mit dem Glück des Tüchtigen. Irgendein Witzbold oder autonomer Tierschützer hatte an den Lüftungsschacht einer Tiefgarage den Spruch gesprüht:

MENSCHEN UND SCHWEINE – EIN KAMPF

Aber gehen wir zunächst noch einmal zurück – in das Jahrzehnt, in dem alles anfing.

Wer wir sind

Als der Student Benno Ohnesorg 1968 von dem deutschen Polizisten Heinz Kurras erschossen wurde, war ich 13 Jahre alt. Zu jung für die Gründerzeiten der Revolte, für die glorreichen Zeiten von '68, aber alt genug, um noch die *alte Welt* kennenzulernen – eine Welt, deren Existenz für das Entstehen der Revolte maßgebend war.

Wenn man heute Sechzehnjährigen aus der »alten Welt« berichtet, die kaum drei Jahrzehnte zurückliegt, erntet man Reaktionen, als habe man aus Kaiser Wilhelms Zeiten erzählt. In der »alten Welt« rochen die Gymnasien noch durchdringend nach Bohnerwachs, zwängten einen die Eltern unweigerlich in kratzige weiße Nylonhemden, in denen man auf der Stelle Ausschlag bekam, und es gab noch strenge Tischsitten, bis hin zum absoluten Schweigegebot bei Onkel John und Tante Eva, wo es einem passieren konnte, daß man »eins hinter die Löffel bekam«, wenn man beim Essen redete. In der »alten Welt« tickten noch Standuhren in Biedermann-Wohnstuben, und man hatte keine Chance, seine Zappeligkeit auszutoben, denn zu Besuch mußte man das sein, was damals noch als Ziel jeder Erziehung galt: brav. In der »alten Welt« redeten Erwachsene noch von »Sitte und Anstand«, als handele es sich um das Natürlichste von der Welt, und sie hatten anscheinend nicht die geringste Veranlassung, ihre Handlungen gegenüber den Kindern irgendwie zu *begründen*.

In einer bestimmten Hinsicht waren die Dinge in der »alten Welt« aber auch noch in Ordnung. Es gab Vatis und Muttis, über deren Rollen noch nicht der geringste Zweifel herrschte. Vieles war auf wundersame Weise *neu*. Der neue Kühlschrank und das neue Auto verursachten noch echte Hochgefühle, von denen die ganze Familie ergriffen wurde. *Es ging noch voran.* Man konnte hemmungslos Briefmarken sammeln, sich auf Weihnachten freuen und unwidersprochen auf den Mond fliegen wollen.

Wir sind, ob wir es wollen oder nicht, Kinder dieser »alten Welt«. In den 50er Jahren, vielleicht auch noch in den späten 40ern oder frühen 60ern geboren, wuchsen wir mitten hinein in das, was sich euphemistisch »Wirtschaftswunder« nannte. Den Hunger der Nachkriegsjahre haben wir nicht mehr erlebt, keine Bombennächte verursachten uns Kindheitstraumata, unsere Kindheit verlebten wir inmitten einer Gesellschaft, die in die Begeisterung über das neue Auto und – endlich – die Reise nach Mallorca hineintaumelte. Wir sind, auch das ist entscheidend, *vor* der Pille gezeugt worden. Das heißt nicht nur (im Negativen), daß viele von uns keine *Wunschkinder* waren, es heißt auch (im Positiven), daß unser Auftauchen mit einer gewissen *Selbstverständlichkeit* verlief. Wir waren weder richtig geplant, noch waren wir »Trotzdem-Kinder« (»Eigentlich wollten wir ja keines, aber trotzdem versuchen wir es mal«). Es gab noch keine Psycho-Diskussion um »Kinder oder keine« und folglich wenig Debatten um uns. Es gab überhaupt sehr wenig Debatten in der »alten Welt«. Das war es ja gerade.

Reicht das aber alles aus, um uns zu einer »Generation« zu machen? Keine »Alterskohorte«, wie heute die Soziologen sagen, ist völlig homogen in ihrer Weltanschauung, ihrer sozialen Prägung, ihrem Werdegang. Und doch gab es Geschehnisse und soziale Veränderungen, die sich in unserer Generation *häuften*. Das soziale Laboratorium der 70er Jahre baut auf diesen Besonderheiten auf. Was also haben wir – haben die meisten von uns – erlebt, was uns *anders* macht?

Da war zunächst der *Kampf gegen die Eltern*. Heute haben wir all das fast schon vergessen: das Herzklopfen, wenn wir erst um 12 Uhr nachts von unseren ersten Exkursionen in die Szenekneipen der frühen 70er heimkamen, obwohl wir doch um zehn ins Bett sollten. Die Schuldgefühle, die Schreiereien im Flur, die angedrohten Schläge, das graue Herzinfarktgesicht des Vaters, die stummen Vorwürfe der Mutter: *Womit haben wir das verdient? Was tust du uns an? Wir wollen doch nur dein Bestes!*

Dieser Konflikt stellte uns auf eine harte Probe. Die Überwindung des Schuldgefühls, wenn wir es geschafft hatten, einem Befehl nicht zu gehorchen, stärkte uns. Wenn wir *trotzdem* rauchten, die Schule schwänzten und mit Mädchen respektive Jungen schliefen, liefen wir zu ungeahnter Form auf. Der Ungehorsam verstärkte unser Lebensgefühl – es war die Zeit, in der wir philosophische Aphorismen in unsere Tagebücher schrieben und uns als die wahren Melancholiker fühlten.

Auch wenn sich die meisten von uns heute wieder daheim bei den Eltern zum Kaffeetrinken sehen lassen: von jener allerersten Konfrontation im Elternhaus hing unser Werdegang ab. Er ging an die Substanz, und er baute unsere Substanz auf. Diejenigen, die den Kampf gegen die elterliche Gewalt nicht durchhielten, gerieten schnell wieder in den Trott einer »normalen« Entwicklung, inklusive Heirat und Kinderkriegen. Wer den Kampf verlor, erhielt einen empfindlichen Knacks in seinem Selbstwertgefühl. Umgekehrt wanderten diejenigen von uns, die sich im Konflikt behauptet hatten, aufrecht in eine neue Welt der Erfahrungen. Sie fühlten sich neunmal klüger und zehnmal erwachsener als ihre Eltern. (Wie wichtig dieser Aspekt ist, zeigt der große Unterschied zu heute: Wenn die Kinder der »68er« das Haus verlassen, gehen sie meist gedrückt und mit einem Gefühl der Unterlegenheit – sie hatten nie die Möglichkeit, sich im harten Konflikt zu bewähren.)

Die zweite kollektive Erfahrung unserer Generation war: die *Droge*. Weshalb wir an riesigen Shillums sogen, bis uns die Lunge platzte? (Ich bin heute der Überzeugung, daß Haschisch Kopfschmerzen und auf Dauer – leider doch – einen dumpfen Kopf macht, über harte Drogen müssen wir nicht reden.) Die Droge half uns aber, ein neues *Selbstbild* zu finden. Die Gewißheit, daß in unseren Köpfen ein Abenteuer wartete, ein unentdeckter Kontinent, den man erforschen konnte, implizierte ein radikal anderes Menschenbild. Wahrnehmung und Werte, Realität und Fiktion waren für uns relativ geworden. Wer jemals schwer bekifft durch eine nächtliche Großstadt oder den deutschen Wald gelaufen ist, für den wird nichts mehr so sein wie vorher. Die Botschaft der Droge lautete: Nichts ist, wie es scheint, alles ist relativ. Selbst diejenigen unter uns, die sich vor psychedelischen Experimenten zu sehr fürchteten, als daß sie sich an den Joint oder auf den Trip gewagt hätten, verstanden diese Chiffre.

Die dritte Erfahrung war: der *Sex*. Die Pille ermöglichte zum erstenmal die Lust als Selbstzweck. Als erste Generation gingen wir mit dem Bewußtsein ins Bett, unseren Sexualpartner *nicht* zu heiraten, *keine* Familie mit ihm zu gründen, sondern nach ihm noch viele andere Sexualpartner zu haben. Die ganz banale (und heute selbstverständliche) Tatsache, daß wir es zum Vergnügen und nicht zur Fortpflanzung taten, reichte vor kaum zwei Jahrzehnten noch aus, um uns eine Art heiliges Gefühl der Befreiung erleben zu lassen. Die Popmusik zeugt noch von dieser Emphase des Erotischen, die Hippie-Bewegung hätte ohne »es« nicht diese Anziehung gehabt.

Wir waren keineswegs Meister der entspannten Erotik, aber wir verfügten über eine Art Zusatzwaffe, die uns von den sexuell aktiven Avantgarden früherer Zeit unterschied. Es war nicht der Sex allein, es war vor allem das *Reden darüber*. Wir, die wir noch ganz in der verklemmten Bigotterie des Wirtschaftswunders aufgewachsen waren, erfuhren plötzlich, daß die Sprache Ängste lösen, zumindest *lindern* konnte.

Womit wir bei der vierten Wir-Erfahrung angekommen sind: dem *Reden* – als Metapher für einen anderen Umgang mit uns selbst und der Wirklichkeit. Im Rückblick erscheint uns die »alte Welt« nicht nur als bigott, autoritär und bieder, sondern vor allem als *stumm*. Unsere Eltern waren offensichtlich nicht in der Lage, das, was sie bedrückte, was in ihnen vorging, zu artikulieren. Deshalb waren sie auch unfähig, das, was in *uns* passierte, zu verstehen. Also war Verständnis gleich Sprache gleich Emanzipation. Sprache war unsere Form der Realitätsaneignung.

Neben meinem Gymnasium gab es ein Jugendhaus, und im Verlauf der sozialdemokratischen Ära wurde es von linken Pädagogen übernommen, von »68ern«, die von der Uni kamen und das Primat der »Praxisarbeit« entdeckt hatten. Als ich auf das Abitur zuging, boten die netten Genossen von der Uni in diesem Jugendhaus jede Woche eine sogenannte »Polit-AG« an, eine Diskussionsgruppe für meist langhaarige Gymnasiasten wie mich und meine Clique. Wir fuhren übers Wochenende in Tagungshäuser, verliebten uns in schnellem Wechsel, es gab die ersten »Psychospiele« (gegenseitig hochwerfen, miteinander summen). Aber die wichtigste Aufgabe dieser »AG« war das Reden. Wir redeten einfach über *alles*: Sex, Einsteins Relativitätstheorie, Faschismus, Eltern, autoritärer Charakter, Freud, Reich und Jung, Raumfahrt, Zukunft überhaupt, Leistungsdruck, Filme, Bücher, Gefühle beim Duschen, Pickel, Stereoanlagen, Indianerstämme, und immer wieder über uns selbst. Es war ein Rausch. Wir waren besessen davon, *den Dingen einen Namen zu verleihen*. Wir begriffen schnell, daß Sprache ein hervorragendes Mittel im Kampf gegen Eltern und Lehrer war; es ging in allererster Linie darum, so lange spitzfindig zu argumentieren, bis sie völlig sprachlos waren. Auf diesem Terrain wurden wir bald unschlagbar. Niemand beherrschte die neuen Vokabeln wie wir. Wenn wir von »Ausbeutung« und »Unterdrückung«, von »Verdrängung« und »Bedürfnis« sprachen, bekamen unsere Worte plötzlich einen Klang und ein Gewicht, als könnten sie die Verhältnisse in Bewegung bringen.

Der Kampf gegen die Eltern, die Droge, der Sex und die Sprachmächtigkeit – das sind wohl die wichtigsten Merkmale unseres Wir-Gefühls. Ohne diese Faktoren ist das soziale Laboratorium der 70er Jahre nicht zu verstehen, von ihnen leiten sich alle anderen Errungenschaften ab: die Musik und die Filme, die Haarlänge und der Lebensstil. Wer sich auch nur in *einem* dieser vier Faktoren wiedererkennt, wird sich vom »Wir« dieses Buches nicht gänzlich distanzieren können.

Und die Politik? Sicher waren wir von Anfang an eine »linke« Generation, aber ich behaupte, daß der Vietnamkrieg und die deutsche Vergangenheit für uns (im Gegensatz zu den klassischen »68ern«) nicht den Kern unserer Generationserfahrung ausmachte. Obwohl die Politik lange, bis weit in die 80er Jahre hinein, unsere Sprache und unser Denken beherrschte, waren wir von Anfang an mißtrauisch gegen ihre Abstraktionen. *Politik in der ersten Person* – das war unsere Formel. Die »echten« 68er mit ihrer Universitäts-Sozialisation (woanders als in den Denkgebäuden der marxistischen Theorie konnte man im Deutschland der 60er Jahre kaum als Außenseiter überleben) waren noch ganz und gar von den abstrakten Theoremen der Geistesgeschichte geprägt; ihr Sozialismusbegriff war ein wissenschaftlich korrekter, ihr Befreiungsbegriff ein abgeleiteter, ihre Handlungen und Bedürfnisse mußten theoretisch abgesegnet sein. Wir aber, die wir gerade ein paar Jahre später kamen, verfügten längst über ein dichtes Netz von Subkultur-Cliquen; Universität und Schule waren nicht mehr unser alleiniger Bezugspunkt.

Wenn es so etwas gab wie einen Diskurs, der uns mit den klassischen 68ern verband, dann war es die *Radikalität*, und darin wollten wir sie übertreffen. In unseren Köpfen und Herzen spukte eine tiefe Sehnsucht, etwas ganz und gar *richtig* zu machen, radikal bis zur Neige. Wir haßten die Mittelmäßigkeit. Uns trieb ein existentieller Extremismus um, der Grenzen überschreiten wollte: soziale und psychische, mentale und politische, kollektive und sexuelle. Wir waren bereit, so gut wie jedes lebensgeschichtliche Risiko einzugehen.

Wir *wollten es wissen*.

Glanz und Elend des Politfreaks

Eine kleine Bewegungs-Historie

Es wird Zeit, daß ich Joe vorstelle.

Joe heißt selbstverständlich nicht Joe. Er stammt nicht aus Wisconsin, sondern aus einem normalen Mietshaus am Rande einer deutschen Großstadt. Mit vollem Vornamen heißt Joe eigentlich Johannes Eberhard. Irgendwann nach '68 und einem Film mit Joe Dalessandro nannte seine Clique ihn Joe, und dabei blieb es.

Daß Joe 1968 zu jung war, um mehr als eine diffuse Faszination zu empfinden, wenn vor den Schultoren junge Frauen und Männer mit roten Fahnen vorbeiliefen, stellte keineswegs einen biographischen Mangel dar – im Gegenteil. Seine altersmäßige Distanz zu denjenigen, die noch in Anzügen und mit kurzen Haaren »Ho Chi Minh« gerufen hatten, barg durchaus Vorteile. So vermochte Joe die schlimmsten Gespenster der Revolte-Pionierzeit frühzeitig zu erkennen.

Auf der einen Seite lauerte das Gespenst des Terrorismus. Als Joe sich auf das Abitur vorbereitete, flimmerten gerade die Bilder der Verhaftung von Baader und Raspe über den Bildschirm. Ohne Zweifel stammten die beiden aus einer Generation, die völlig anders war als die junge Freak-Generation, zu der sich Joe hingezogen fühlte. Dennoch stellte er sich immer wieder vor, mit einem schnellen, weißen Fluchtauto die Wüste aus Beton, Stahl und Glas zu durchqueren, in die sich die Bundesrepublik gerade zu verwandeln begann.

Aber gleichzeitig war Joe eben ein typisches Kind seiner Klasse, der Mittelschicht, und der Wirtschaftswunderzeit. Joes Vater besaß den kleinen Vorteil der etwas späteren Geburt: Er war einige wenige Jahre zu jung, um in Nazi-Deutschland noch SS-Sturmbannführer geworden zu sein; er entstammte der Generation der jungen Wehrpflichtigen, die in den letzten Kriegsjahren an der Ostfront verheizt wurden, der sechzehnjährigen Flakhelfer, die zu jung waren, um zu wissen, wie ihnen geschah. Joe war sich nicht sicher, ob sein Vater Täter oder Opfer gewesen war, und dies machte den Konflikt im Elternhaus um eine Nuance *gegenwärtiger*; es ging nicht mehr so sehr um die Gespenster der Vergangenheit, sondern um die Unerträglichkeit der Gegenwart. Joe war also niemand, der aus antifaschistischer Empörung heraus handelte. Er lag daheim oft ganze Nachmittage auf seinem Kinderzimmerbett, starrte an die Decke und träumte von einer friedlichen Hippiewelt.

Sein Gymnasiasten-Weltbild setzte sich aus Versatzstücken zusammen: Buddhismus und Anarchismus, Psychedelic und Erotik, Kiffen und »Stones« – all das sperrte sich gegen die Besen des Klassenkampfes, mit denen damals von den älteren Studenten eifrig gekehrt wurde.

Die andere Fraktion wurde von Jens repräsentiert. Jens wiederholte gerade die Abiturklasse und war ein schweigsamer Mensch mit Haaren bis zum Hintern, ein Über-Hippie, der stets die richtige Musik hörte (für Fachleute: Nice, Tangerine Dream, Softmachine), die abgewetztesten Jeans und Parkas trug, mit einer Hand einen Dreiblattjoint drehen konnte, schon mit siebzehn in einer Ladenwohnung in der Innenstadt lebte, in der es kräftig nach Räucherstäbchen und Shit roch. Jens war *weiter.* Er trug schwere schwarze Cowboystiefel, las Bücher von Rimbaud und Rilke und kannte sich mit LSD und Mescalin aus. Er galt als fairer Dealer, der die Oberstufe von Joes Gymnasium mit »rotem Libanon« und »schwarzem Afghan« versorgte.

Es dauerte ziemlich lange, bis Joe mitbekam, daß mit Jens etwas nicht stimmte. Daß er mitten im Mathematikunterricht einschlief, hatte Joe immer auf ein ausgedehntes Nachtleben zurückgeführt, daß er bisweilen etwas zitterte, wenn er sich auf dem Pausenhof eine Zigarette drehte – nun ja. Doch dann kam jene Szene, als Joe Jens in der Pause auf dem Kachelfußboden des Schulklos fand, ohnmächtig und wie ein Schwein blutend, neben sich ein Spritzbesteck. Das versetzte dem gutgläubigen Joe einen gehörigen Schrecken. Was sollte er anderes tun, als den Pausenaufsichtslehrer alarmieren?

Die Abgründe lauerten also, das spürte Joe schon sehr früh in den 70er Jahren und sehr tief in der Seele, auf *beiden* Seiten. Obwohl man regelmäßig auf den Vietnam-Demos mitmarschierte, bekam man offensichtlich ernsthafte Schwierigkeiten, wenn man die Politik an die erste Stelle setzte – das zeigten nicht nur die Stadtguerilleros, sondern auch diese seltsamen Typen von den K-Gruppen, die einem wie die Zeugen Jehovas morgens um acht vor den Schultoren auflauerten. Obwohl es ohne Zweifel notwendig war, den Weg nach innen anzutreten – mit Sitarmusik und Zen-Buddhismus und selbstverständlich mit der Droge –, konnte man, wie das Beispiel Jens zeigte, offenbar auch seelisch Schiffbruch erleiden.

Während für die »Genossen« aus den Pioniertagen der Revolte Anfang der 70er Jahre alles vorbei schien, fing für Joe und seinesgleichen die Sache erst an. Man mußte, so ahnte Joe, zwischen »innen« und »außen«, zwischen »Droge« und »Politik«, »Psyche« und »Gesellschaft« Brücken bauen. Die Kräfte, die nach '68 plötzlich explosionsartig gewachsen waren, mußten *in ein Verhältnis zueinander* gebracht werden, damit sie sich nicht auf fatale Weise verselbständigten. Joe fühlte sich herausgefordert, gegen die Älteren einen eigenen Stil zu entwickeln und einen eigenen subkulturellen Claim abzustecken: das Terrain des *Politfreaks*.

Das Konzept »Politfreak« war im Grunde ganz einfach: Die verschiedenen Theorien und Lebensarten aus den Frühzeiten der Revolte sollten sich nicht bekämpfen, sondern *ergänzen*. Joe und seine Clique weigerten sich, Hippies im alten Stil zu werden, sie hüteten sich jedoch auch, in die Tradition des klassischen Linken einzutreten. In das Patchwork des Politfreaks paßte alles hinein, was einen utopisch-existentiellen Gehalt hatte. Sigmund Freud und der Spanische Bürgerkrieg, Sartre und Wilhelm Reich, Trampen nach Südfrankreich und Laotse, Lotta Continua und Castaneda, Dreierbeziehung, Straßentheater, Popmusik, Nächte-Durchmachen und endlose Debatten über die Frauenfrage, chronische Verliebtheit und Patti Smith.

Die Geschichte Joes ist nichts anderes als die Geschichte des Politfreaks und seiner verschiedenen Mutationen. Obwohl es sich um eine Subkultur handelte, sollte man Macht und Einfluß des Politfreaks nicht unterschätzen: Gerade *weil* er sich gegen die ideologische Verhärtung der Studentenrevolte wehrte, schaffte er, wovon die 68er nur geträumt hatten: Aus kleinen, isolierten Minderheiten, aus den hoffnungslosen Avantgarden des Elfenbeinturms wurde eine breite kulturelle Bewegung, die ihre Wirkungen bis weit in den »Mittelstandsbauch« der Gesellschaft entfaltete. Die Idee des Politfreaks erfaßte in der Mitte der 70er Jahre ein gutes Drittel der Gymnasiasten und Studenten – eine qualifizierte, »informelle« Minderheit, die lange Jahre »stilbildend« wirken sollte.

Als Joe das Abitur hinter sich hat, erreicht die Politfreak-Kultur ihren ersten Höhepunkt. In dieser Zeit entfaltet sie eine fast unwiderstehliche Sogwirkung. Wer auf sich hält, *muß* in einer der unzähligen Initiativ-, Aktions-, Selbsterfahrungs-, Putz-, Straßentheater-, Jugendzentrums-Gruppen dabeisein. Bis weit in die Kleinstädte der Republik hinein entwickeln sich Stützpunkte der Politfreak-Kultur: Kneipen, Zentren, Buchläden. Bald findet man Schülergruppen im Politfreak-Stil auch an den Realschulen, die freakige Clique mit Erfahrungshunger gibt es inzwischen auch in Winsen an der Luhe.

In dieser Zeit beginnt Joe mit dem Studium. Während die ersten drei

Semester ohne Leistungsnachweis verstreichen, fährt er mit einem uralten VW-Käfer und zwei Freunden in die Einöde der schottischen Berge, versucht sein Glück mit Trampen durch Schweden und Finnland, trinkt in den Städten Südfrankreichs und Spaniens ausgiebig Rotwein, streift Griechenland und Italien und natürlich immer wieder Amsterdam. Es ist die Zeit der Europäisierung des Politfreaks. Seine zwischen Sponti-Aktionismus, säkularisiertem Hippietum und einer hartnäckigen Suche nach intensiver Erfahrung hin und her pendelnden Prototypen breiten sich in den europäischen Hauptstädten von Rom bis Stockholm, von Lissabon bis Prag aus. Es ist eine Zeit der unschuldigen Polygamie, eine Zeit, in der noch jeder problemlos und ohne Verhörgespräche seinen Platz in einer Wohngemeinschaft findet, eine Zeit der Studienabbrüche und Umzüge, in der man nicht exakt weiß, ob man eigentlich homo oder hetero sein will (oder es nicht wissen will), in der das Geld nebensächlich und die Zukunft völlig offen ist. Das Spektrum reicht vom eher schüchternen Studenten, der »mal so« auf den Demos mitmarschiert und zu Hause seine drei Katzen pflegt, bis zum militanten Lederjackenträger, vom Späthippie, der am Rand der Sektenkulturen lebt, bis zum Reich-Anhänger, der in seinem Wohnzimmer in seinem Orgon-Kasten hockt, vom Kopfmenschen, dessen Zimmer mit Bücherwänden zugestellt ist, bis zum ersten Körnerfresser.

Nachdem Joe Europa ausgiebig bereist hat, läßt er sich in einer Großwohngemeinschaft in einem Stadtteil nieder, der inzwischen von der Kultur der Politfreaks erobert ist. Das alte Hinterhof-Fabrikgebäude, das mal von sechs, mal von zwölf, im Durchschnitt von acht Leuten bewohnt wird, bietet zwar reichlich Raum, ist aber schwer zu heizen. Es gibt einen großen, runden Tisch im Gruppenraum, an dem problemlos ein Dutzend Leute Platz finden. Daneben befindet sich ein Podest aus Sperrholz, auf dem eine Matratzenliegewiese ausgebreitet ist. Im Parterre sind eine Töpfer- und eine Autowerkstatt und eine kleine Schreinerei untergebracht.

Joes Hinterhaus kann man ohne weiteres als eine Art Kultort der Politfreak-Kultur betrachten. Was sich in den Zimmern dieser Wohngemeinschaft abspielt, das ist unmittelbarer Ausdruck jenes Sozialexperiments, in das Joe und seine Freunde anhaltend verstrickt sind. Wer hier wohnt, hat Sitz und Stimme in der Politfreak-Szene der Stadt, in der großen Familie derjenigen, die sich jeden zweiten Samstag ein eigenes Massenritual, die »Demo«, geschaffen haben. Er ist nun »einer von der Soundso-Allee«, die Politfreak-Szene wird nach Straßennamen vermessen. Man weiß etwa, daß in der Y-Straße eher die Jungs von der militanten Fraktion, in der X-Straße Feministinnen und Softies wohnen, während in der Z-Allee die Alternativbastler und Psychofreaks überwiegen. Mit den Straßenetiketten schafft man ein Ordnungssystem, das man angesichts des immer noch ungehemmten Wachstums der Szene dringend benötigt. Um in die Y-Straße einzuziehen, muß man sich gegen die Bullen schon einige Sporen verdient haben, und nicht jeder kann in der X-Straße wohnen. Die feinen Nuancen zwischen den verschiedenen Fraktionen sind nicht für jeden sichtbar, und wer sich hier nicht auskennt, gehört auch nicht dazu. Was zum Beispiel den Alternativen vom Sponti unterscheidet, wissen bis heute nur die Eingeweihten (ersterer hat das Studium geschmissen und vertritt inzwischen eine pseudoproletarische Arbeitsethik, der zweite vertraut noch voll auf Bafög).

Fast alle werden sich später an die sechs Jahre im Hinterhaus als an eine intensive, romantische Zeit ihrer Jugend erinnern. An die Hochsommernächte auf dem Flachdach, wenn ringsherum die Türkenmusik aus den Häusern tönte, an die Fressereien am runden Tisch, die dramatischen Affären und die Katerfrühstücke um zwei Uhr mittags. Im nachhinein verklären sich selbst die katastrophischen Momente, die in diesem verdichteten Mikrokosmos zwangsläufig waren: Wie sich Karla auf der Matratzenempore die Pulsadern aufschnitt, aber so, daß es nur dramatisch aussah, und wie man zwei Tage und Nächte ununterbrochen mit ihr redete und niemand den Arzt rufen wollte aus Angst, sie würde in diesem Zustand sofort in die Klapsmühle gesperrt. Wie die Hausdurchsuchungen, die vor dem Deutschen Herbst im Halbjahresrhythmus stattfanden, ein wütendes Wir-Gefühl erzeugten und Stoff für Anekdoten und »Bullenlatein« lieferten. Oder wie die Kakerlaken im Haus überhandnahmen und jemand eine ganze Dose Paral hinter Herd und Küchenschrank sprühte und die Viecher die ganze Nacht mit leisem Prasseln von den Wänden fielen und man morgens zwei volle Schaufeln mit den grün und schwarz schimmernden Insekten zusammenkehrte.

Tatsächlich war der Kosmos des Politfreaks einige kurze, kostbare Jahre lang intakt. Mitte der 70er Jahre herrschte so etwas wie das *Gefühl eines langsamen Sieges*. Auch wenn es nicht gelang, die ausbeuterische Fahrpreiserhöhung zu verhindern, so wuchs dennoch unaufhörlich die Zahl derer, die sich qua Demonstration zur Kultur der Politfreaks zählten. Die Zeitungen waren voll mit Nachdenklichkeiten über die rebellische Jugend; ein lang andauernder und substantieller Aufruhr schien die Gesellschaft befallen zu haben. Ein kurzer Sommer der Anarchie: In den schönsten Zeiten der Hinterhof-WG war das Geld praktisch kollektiviert, und man teilte Sehnsüchte und Ängste.

Es war der Deutsche Herbst, der den Politfreak-Kosmos gründlich verändern sollte. Im Jahr 1977 wurde alles anders.

Der Tod der RAF-Gefangenen in Stammheim, die Ermordung Hanns-Martin Schleyers, die alptraumhaften Wochen zwischen Entführung, Mogadischu und den Toten im Gefängnis – was hatte Joes gemütliche Hinterhofidylle mit all dem zu tun?

Es war, als ob sich nach dem Deutschen Herbst ein feiner, kaum wahrnehmbarer Riß durch die alten Gewißheiten der Politfreak-Ära zog; als ob sich die einzelnen Biographien *zuspitzten*; als ob die ideologischen und lebensgeschichtlichen Fäden, die sich zwischen Freaks und Alternativen, zwischen Militanten und Spontis entwickelt hatten, spröde wurden und zerrissen. Die Paranoia wuchs: Lebte man in einem Staat, der geradewegs auf einen neuen Faschismus zumarschierte, in einer Gesellschaft, in der die sozialen Experimente der letzten Jahre nichts als naiven Kinderkram darstellten?

Es begann die Zeit der Abwehrkämpfe. Politisch kamen die »Gegen«-Kampagnen in Mode, ein eher dumpfer Antifaschismus, der keine rechte Lebenslust mehr verströmte. Der kleinste gemeinsame Nenner war nun, daß man »gegen rechts« war. Zugleich begann die Phase der kleinen Fluchten. Man fuhr plötzlich nicht mehr mit sechs Leuten im VW-Bus auf das Anarchistenfest nach Barcelona, sondern zu zweit in die Einsamkeit Norwegens und die Berge Marokkos. Über Nacht beschloß man individuelle Experimente höchster Intensität. Elke ging mit ihrem Freund nach Südspanien, ein Trip, von dem sie kaum ein Jahr später pleite und enttäuscht zurückkam. Wolfgang wanderte mit einem Pony und einem Hund von Sizilien nach Kopenhagen, Gerd schloß seine Lederwerkstatt und verliebte sich in eine Buchhalterin bei Karstadt. Heidi redete bald nur noch von ihren Therapien und entwickelte eine seltsam übersteigerte Feindschaft zu Karla, die keinen Hehl daraus machte, daß sie alle Therapien prinzipiell idiotisch fand. Putz- und Kochpläne waren im Hinterhaus das Papier nicht mehr wert, auf das man sie schrieb, jeden Monat zogen Leute ein und aus, die Politfreak-Kultur fuhr in alle Richtungen auseinander. Ralf wechselte in eine Wohngemeinschaft finsterer Lederjacken, in der man sich geschworen hatte, die Morde von Stammheim zu rächen. Wolfgang zog, auch das war vorauszusehen, nach Poona. Wenn Elke jetzt vom »Atomstaat« redete, dann klangen nicht mehr die lustvollen Töne der Auseinandersetzung durch, sondern der alte Dogmatismus, den man hinter sich gelassen zu haben glaubte.

Inmitten dieses Getümmels – es ging unaufhörlich auf die Wende zwischen den 70er und 80er Jahren zu – kündigte sich ein Generationswechsel an. Er wurde zuerst in Details des Designs sichtbar: der Gruppenraum mit dem Riesentisch, mit den grün und braun gestrichenen Wänden und der alten Stehlampe vom Flohmarkt erstrahlte eines Tages in hellem Weiß, und unter der Decke hing plötzlich eine Serie von Neonlampen. Vom Podest waren die alten Matratzen verschwunden, der angenagelte Flokati vom Boden gerissen, die Naturholzbretter mit Silberfarbe besprüht; nun standen dort neben der Stereoanlage mit dem Wackelkontakt-Lautsprechern Aluminium-Campingstühle. Und in der Mitte ein Turm von vier alten, weißlackierten Fernsehern, auf deren Bildschirmen alle drei Fernsehprogramme gleichzeitig flimmerten und von einem infernalischen Krach aus einem Kassettenrecorder begleitet wurden, der an die alte Stereoanlage angeschlossen war.

Das Gros dieser Stil-Veränderungen ging auf das Konto von David, Sohn eines linken Universitätsprofessors und einer Sozialpädagogin, der kurz vor der Jahrzehntwende in das Hinterhaus eingezogen war. Der pfiffige Siebzehnjährige befand sich in einer Phase, in der er zwischen großer Begeisterung für alles Staatsfeindliche und Linke und heftigen Attacken gegen ebendieses Linkssein hin- und herschwankte. Er war einer der ersten Punks. Das war einerseits geduldet, weil »Punk« das Erbe der Revolte auf neue, unverbrauchte Weise zu formulieren schien, andererseits war es Joe und seinen Mitbewohnern unheimlich, daß David offen mit einer Ästhetik der Kälte und des Unpolitischen kokettierte, daß er Plastik und alles Künstliche zu lieben schien und bisweilen sogar faschistisches Vokabular in seinen witzigen Slang einfloß – auch wenn er all das spielerisch einsetzte, auf eine ironische Weise, die offenbar nichts mehr richtig ernst nehmen konnte.

Vor allem eins wollte David nicht: »Psychoscheiß« und »Problemgewäsch« hören. Immer wenn es am großen runden Tisch ein Gespräch darüber gab, welche Probleme man hatte und wie man sich fühlte – ein Grundritual der WG –, fing David an, mit seinem kleinen Kassettenrecorder einen infernalischen Krach zu erzeugen.

Daß die großen Zeiten der Politfreak-Kultur vorbei waren, das wurde Joe endgültig klar, als er am Silvestertag des Jahres 1979 kurz vor Mitternacht von seinen Eltern nach Hause kam, die er seit kurzem wieder ein-, zweimal im Jahr besuchte. Die Fernsehwand flimmerte auf allen Kanälen, aus fünf Kassettenrecordern drang das Stakkato zerhackter Gitarren, und David war gerade dabei, die Dekoration für das Silvesterfest zu vollenden. Er stand auf einer Leiter an der großen Wand, an die Joe vor sechs Jahren mühsam das Konterfei Che Guevaras gemalt hatte. Rot und schwarz waren verschwunden unter drei Lagen weißer Farbe, und David nagelte unbeirrt Haribo-Konfekt darauf, so daß ein Muster entstand wie auf den Teppichen, auf denen Joe in den 50er Jahren herumgekrabbelt war.

Das Problem der Ersten Generation

Wieso haben es manche, deren Biographie durch die Politfreak-Kultur beschleunigt wurde, geschafft, zu Individuen zu werden, die mit sich selbst in Einklang leben – und wieso scheitern andere maßlos an einer Vergangenheit, die im Kern die gleiche ist? Wieso werden viele unserer Freunde und Genossen mit zunehmendem Alter immer farbloser und frustrierter, während andere immer mehr aufzublühen scheinen und von Tag zu Tag ein wenig mehr *sie selbst* werden?

Die Antwort ist einfach und kompliziert zugleich: Sie gehören schlichtweg zur *Ersten Generation*.

Als eines der ersten Kinder kam David 1969 in einen antiautoritären Kinderladen. Damals war Otto, sein Vater, mit Regine zusammen, einer energischen Genossin der ersten Stunde, und man wohnte mit zwei anderen Paaren in einer riesigen Villa in Berlin-Lichterfelde, auf deren Terrasse viel geflirtet und manche verrückte Aktion ausgeheckt wurde. Die Villa hatte man von einer alten Dame gemietet, deren Mann, ein antifaschistischer Widerstandskämpfer, von den Nazis ermordet worden war, und die die netten jungen Leute von der sozialistischen Opposition gern unterstützen wollte.

Damit fing es schon an: Die Erste Generation verfügte über einen gewissen Überraschungseffekt; daß alte Villen von Wohngemeinschaften leicht ramponiert wurden, daß man am Ende mühsam nach den Hauptmietern suchen mußte, das hatte sich unter Hausbesitzern jedweder Couleur noch nicht herumgesprochen.

Vieles war damals, als David in den Kinderladen kam, noch in einem Zustand der *Unschuld*. Daß es weh tut, mehrere Beziehungen nebeneinander zu unterhalten, daß das Überwinden der bürgerlichen Schmutztoleranzgrenze auf die Dauer auch nicht glücklich macht, daß Wohngemeinschaften eine Psychohölle werden können, war noch keine kollektive Erfahrung. Man ging damals – und dieses »Damals« markiert keinen festen Zeitraum, die Pionierzeiten können sich in anderen Regionen und bei anderen Sujets ebensogut Mitte der 70er Jahre abspielen – man ging damals unvoreingenommen an die Dinge heran, riskierte mehr ohne Wenn und Aber, und dadurch gelangen unverbrauchtere Erfahrungen. Davids erster Kinderladen etwa war noch völlig unbelastet von der verbissenen Debatte um Holzspielzeug und gesunde Ernährung, man saute wild mit Ketchup herum, pöbelte auf der Straße alte Leute an und tobte, daß es eine Lust war. Wahrscheinlich fänden wir heute die Zustände in Davids Kinderladen haarsträubend und die kruden Revolutionstheorien, mit denen man sich auf den Elternabenden beglückte, einfach nur lächerlich. Aber darauf kommt es nicht an. Wichtig war lediglich, daß *die Erfahrungen gemacht* wurden in einem Zustand der Offenheit, über die nur eine Erste Generation verfügen kann.

Denn erstens scheitern wir – prosaisch ausgedrückt – nicht an den Schlachten, die wir verlieren, sondern an denen, die wir nicht gekämpft haben, und zweitens steht die zweite, dritte, vierte oder fünfte Generation zwangsläufig im Schatten der ersten. Sie muß es besser anfangen, radikaler womöglich. Aber auch durchdachter. Sie ist dazu verdammt, von den Fehlern und Enttäuschungen der ersten zu lernen, und sie ist gleichzeitig neidisch auf ihre Vorläufer, denn sie kann jenes hehre Avantgarde-Gefühl des allerersten Stoßtrupps nicht mehr für sich reklamieren. Sie ist zwangsläufig *gebrochener* in ihren Erfahrungen und damit in ihrer Identität.

In einer anderen Episode der radikalen Bewegungsgeschichte kann man das Problem »Erste Generation« besonders gut studieren: Die Gründungsgruppe der RAF unterschied sich essentiell von ihren Nachfolgern. Sie war einfach um Klassen besser. In dem trotzigen Gesichtsausdruck Baaders drückte sich noch ungebrochen die Sehnsucht nach Rebellion aus, in der strengen und verletzlichen Miene der Pfarrerstochter Gudrun Ensslin lag zunächst etwas Wahrhaftiges, durch keinen Horror Zerstörtes. Dagegen waren alle nachfolgenden RAF-Generationen nur mehr oder minder kaputte Nachmacher.

Gerade in einer Szene, die auf Identifikation setzte und mit ganzer Seele nach dem Authentischen suchte, konnte es nicht ausbleiben, daß den Nachfolgern immer etwas Zweitklassiges, der Geschmack einer Billigkopie anhaftete. Wenn Otto sich heute an den Kinderladen seines Sohnes erinnert, dann erinnert er sich stets auch an jedes einzelne Gesicht und jeden Namen, sowohl der Kinder wie der Erwachsenen, an die spätere Zeit dagegen, als an jeder Ecke ein Kinderladen eröffnete, kann er sich nur noch diffus erinnern; an amorphe Elterngruppen, deren Mitglieder vor allem Streicheleinheiten für ihre Kinder herausholen wollten. Und auch die Kinder scheinen Otto im Rückblick quengeliger und anonymer als jene in der Ur-Gruppe.

Natürlich verherrlicht man auf diese Art und Weise gern seine Vergangenheit, aber das Problem der Ersten Generation ist nicht nur pure Nostalgie. Sie zeichnet sich auch dadurch aus, daß sie *selten* ist. Es gehörte noch Mut dazu, zu ihr zu gehören. In der allmählichen Verflachung und Vermassung der Politfreak-Kultur liegt zugleich auch ihre stille Tragödie. Als ihr Glanz Mitte der 70er Jahre seinen Höhepunkt erreichte, begann sie, auch die schwachen Persönlichkeiten anzuziehen, diejenigen, denen weniger nach Aufbruch und existentiellem Abenteuer, sondern nach Geborgenheit in der Gruppe zumute war. Daß der Paradigmenwechsel Mitte der 70er Jahre stattfand, war kein Zufall: Von nun an war weniger von Aufstand und Revolte die Rede, sondern von »Bedürfnissen«, und auch die politischen Theorien begannen sich allmählich nach den Kuschelbedürfnissen der dritten und vierten Generation auszurichten. Das drehte die Energiebilanz um und schuf jenes defizitäre Psycho-Chaos, in dem die Mitglieder der Szene immer einseitiger und immer mehr von ihren Gruppen und Institutionen einforderten. Sie zapften die Energie, die die Szene noch wenige Jahre zuvor nach außen, in die Gesellschaft hinein, abgegeben hatte, wieder ab. Die Folge war ein rapider Substanzverlust.

Der Verlauf dieser Energiebilanz erklärt, weshalb die Wohngemeinschaften, in denen Otto und David Anfang der 70er Jahre wohnten, vielleicht nicht gerade glücklich, aber noch ganz anders waren als die WGs der Niedergangsphase kurz vor dem Deutschen Herbst. Zwar kam es auch hier zu den obligatorischen Zerwürfnissen, jedoch ging man mit dem Gefühl auseinander, daß es jetzt eben genug war, daß man etwas Wichtiges ausprobiert hatte. All das erklärt auch, warum die Kultur des Politfreaks am Ende der 70er Jahre in der harmonisierenden Alternativ-, Friedens-, Ökoregression landen mußte, und warum in diesen sozialen Bewegungen ein Mechanismus eingebaut war, der sie gerade *wegen* ihrer Siege in die Niederlage schliddern ließ.

Es sollen aber auch die kleinen Tricks nicht verschwiegen werden, mit denen die Erste Generation es verstand, ihren Ruhm unangetastet zu lassen.

Otto und David mogelten an einem für die antiautoritäre Erziehung äußerst heiklen Punkt: dem Lernen. Da Davids zarte Kinderseele nicht der Hölle der regulären Schule geopfert werden sollte, ging er mit sechs Jahren weiter auf eine »Freie Schule«. Dieses Schulmodell, vom Staat nicht anerkannt, funktionierte mehr schlecht als recht in ständiger Ungewißheit und Geldnot, die antiautoritären Kinderkrankheiten uferten aus. Mit 12 Jahren war David immer noch Analphabet.

Deutschunterricht wurde in der Schule zwar angeboten, aber regelmäßig durch tobende Kinder sabotiert, Mathematik nahm man nicht ernst, die einzigen Fächer, in denen der Unterricht funktionierte, waren Sport, Malen, Musik und Streiten.

Warum David später, als er plötzlich auf die Regelschule gehen wollte, weil ihm die »Freie Schule« auf die Nerven ging, dennoch ganz passabel lesen und schreiben konnte? Otto hatte heimlich einen Privatlehrer angeheuert, der David, wenn er vom Toben und Fußballspielen in der »Freien Schule« nach Hause kam, die deutsche Sprache geduldig beibrachte.

Otto konnte sich den Privatlehrer für David leisten, weil er aus seiner Zeit als Architekt noch über Ersparnisse verfügte. Auch das ist ein Privileg der Ersten Generation: Sie hat zumeist noch stabile Zeiten *vor* der großen Revolte erlebt. Die Eltern der zweiten und dritten Generation, die ihre Kinder Mitte der 70er Jahre den Institutionen des Antiautoritären anvertrauten, waren nicht nur von Anfang an abgebrochene Studenten und Mütter ohne Einkommen, sie wären auch überhaupt nicht auf die *Idee* gekommen, die »Freie Schule« durch schnöden Privatunterricht zu unterlaufen.

Wieder ein Unterschied: Die Erste Generation argumentierte zwar ideologisch, aber sie war auch bereit, einfach und ohne viele Worte umzuschwenken, wenn die Realität es erforderte. Da ihre ideologischen Konzepte noch unerprobt waren, konnte man sie auch leicht wieder verändern oder verfeinern. Die folgenden Generationen jedoch marschierten in die Ideenwelt des Politfreaks wie Gläubige in eine Kirche, in der man Halt im Glauben sucht. Ihre einzige Chance, sich gegen die übermächtige Erste Generation zu profilieren, war, diese an Konsequenz und Radikalität, an Durchhaltevermögen und Bei-der-Fahne-Bleiben zu übertreffen. Deshalb gehen uns die Nachfolger oft mehr auf die Nerven, und deshalb haben sie sich oft viel tiefer in das ideologische Gestrüpp der Politfreak-Ära verirrt.

Kasper oder Kretin

Kurz nach der Jahrzehntwende verließ Joe als einer der letzten die Hinterhof-WG; danach kamen Studenten, die die riesigen Zimmer ordentlich renovierten, mit Ikea möblierten und Bastmatten an die Wände hängten. Als Joe wenige Monate später noch einmal vorbeikam, um etwas abzuholen, entdeckte er an einer Wand ein Riesenposter mit einem galoppierenden Schimmel vor einem Sonnenuntergang, und als er kopfschüttelnd davorstand, sagte die neue Bewohnerin des Zimmers: »Es ist einfach wunderschön!«

Joe fühlte sich ausgelaugt und krank. Sein Alkohol- und Zigarettenkonsum machte sich bemerkbar als bleierne Müdigkeit. Wenn er wieder einmal bis mittags um eins geschlafen hatte, fühlte er sich wie zerschlagen und wurde erst um zehn Uhr abends richtig wach.

Er spürte, daß etwas geschehen mußte.

Er zog vorübergehend in die Einzimmerwohnung eines Freundes, der ein Jahr lang um die Welt reiste, er igelte sich ein, sah tagelang fern und mied die Szene-Kneipen. Auch eine andere Entscheidung stand an: Joe studierte inzwischen im 13. Semester Germanistik und Soziologie, und er mußte nun ernsthaft darüber nachdenken, ob er doch noch ein Examen machen wollte. Er hatte viel versucht in den vergangenen Jahren, war Taxifahrer gewesen und Bezugsperson in einem Kinderladen, Drucker, Weinverkäufer, Korrektor bei einer alternativen Zeitung. Er hatte gelernt, Hochbetten zu schreinern und Wohnungen zu renovieren, Wochenendtagungen zu organisieren und mit 800 Mark im Monat auszukommen. Aber nun wuchs ihm alles über den Kopf: das ewige Spaghettiessen und das Geldpumpen von Freunden, die Rennerei zu den Stadtwerken, wenn im Winter wieder einmal Gas und Strom abgedreht wurden, das ständige Umschiffen des Offenbarungseides. All das war in der Gruppe und in den sozialen Verhältnissen einer Groß-WG noch abenteuerlich und erträglich, jetzt aber, als Joe plötzlich alleine dastand wie ein Rentner, dem die Freunde gestorben sind, wurde es zur Krise.

Auf der einen Seite drohte der Kretin, der über Nacht jeder politischen Aktivität abschwor, sich murrend in sein Schicksal fügte, sich mit einer Frau zusammentat (wie so viele seiner Freunde) und Kinder in die Welt setzte. Auf der anderen Seite – was zwang ihn eigentlich dazu, stellvertretend für die träge Masse wie ein Hampelmann ständig auf der Straße herumzuzappeln, immer in Bewegung, und immer auf der Suche nach dem nächsten politischen Konflikt, der nächsten Gefahr, die die Menschheit bedrohte? In einer Gesellschaft, in der alle fröhlich konsumierten und sich keine Gedanken machten, schien Joe die Rolle des Kaspers übernommen zu haben, der immer neue revolutionäre Posen einnahm – als Buhmann, Outcast und Depp der Nation. Die Politfreak-Kultur war wie ein großer Zoo geworden: Seht nur! Unsere kreativen Schmuddelkinder! Wie wichtig, daß sie uns auf dieses und jenes hinweisen! Etablierte Politiker bekundeten öffentlich ihre tiefe Sehnsucht nach dem alternativen Leben, Professoren verkündeten von den Kathedern der Hörsäle volles Verständnis für Aufruhr und Rabatz, und selbst Herr Meier von nebenan murmelte, daß es so nicht weitergehen könne mit dem Leben und der Politik und überhaupt. Warum also nicht einfach aufhören, vernünftig, wohlhabend und normal werden?

Doch Joe wich dem Problem wieder einmal aus, drückte sich um die Frage, ob die Tugend des *Dagegenseins* ein Leben definieren könne. Zwei Dinge waren klar: Er mußte etwas für sich selbst tun, für seinen Seelenfrieden, seine innere Harmonie. Zweitens: Die Welt war auf dem absteigenden Ast. Sie hatte sich nicht an Joes und seinesgleichen Vorschläge gehalten, sich radikal zu verändern. Nun drohte nicht nur der Atomkrieg – es war die Zeit der Nachrüstungsdebatte –, die ganze Zivilisation rutschte haltlos auf den Abgrund zu. Das soziale Experiment, das die Politfreaks in der Stadt versucht hatten – war es einfach zuwenig radikal gewesen? Hatte es sich nicht an der Krankheit orientiert – der städtischen Lebensform? Mußte es nicht zwangsläufig scheitern, weil es von vorneherein verdorben und entfremdet war, der stinkenden Müllhalde der Stadt entwachsen? Und mußten die wahren Dinge, die echten Erfahrungen nicht in der Einfachheit gesucht werden?

Joe beschloß, die große Suche noch einmal zu beginnen. Er mußte *einfacher* werden, den Kopf leeren, die falschen Gedanken der städtisch-zivilisatorischen Verseuchung abschütteln. Er traf zur rechten Zeit einige Freunde, die hinauszogen in die tiefste Provinz. So geriet er mit drei, vier der alten Getreuen auf einen baufälligen Bauernhof in einem 300-Seelen-Dorf, dessen schiefes Fachwerk Geborgenheit verhieß. Er heizte seinen Ofen mit selbstgehacktem Holz, starrte Mitte März in die Krume seines Gartens und wartete sehnsüchtig darauf, daß sich die ersten Keimblätter öffneten. Was zu tun war, darüber gab es nun keine Debatte mehr: die Schafe, die ewig krank waren, der altersschwache Hof, um den man sich vom Keller bis zur Traufe ständig kümmern mußte, schufen einen klaren, unzweideutigen Sinn. Bald lebte Joe in dem Bewußtsein, in einer dem Untergang geweihten Welt das einzig noch mögliche Leben zu leben: das einfache.

Doch zwischen dem Einwecken von sauren Gurken, dem Balkenschleppen und dem Ausgeizen der Tomaten, dem Ausmisten des Schafstalls, dem Möhrenstechen und Zwiebeltrocknen, dem Dachdecken, dem Erdbeermulchen und dem Holzmachen fuhr er immer wieder in die Stadt, um nachzusehen, was aus den alten Genossen geworden war.

Wir wurden alles

Wie stets beim Niedergang von sozialen Bewegungen, teilte sich das Feld der Szene Anfang der 80er Jahre in Gewinner und Verlierer. Am härtesten erwischte es diejenigen, die in der Sinnkrise nicht aufpaßten und Opfer (oder Täter) des einsetzenden Kinder- und Mütterbooms wurden. Viele »Genossinnen« gingen Anfang der 80er Jahre auf die Dreißig zu, ihr Kinderwunsch wurde unaufschiebbar. Die Männer oder Freunde dieser Frauen hatten in den seltensten Fällen ein reales Stimmrecht *gegen* den Kinderwunsch, denn natürlich waren die Neuen Mütter überwiegend starke und selbstbewußte Frauen, zudem verhießen Kinder in der allgemeinen Verunsicherung am Ende der Politfreak-Ära neuen Lebenssinn. Das Tragische an dieser Situation war, daß praktisch alle Infrastrukturen, die seit je das traditionelle Familienleben halbwegs erträglich gemacht hatten, »abgeschafft« worden waren: Die kinderliebe Oma, ein regelmäßiges Angestelltengehalt, der Beruf als Flucht- und Distanzierungswaffe gegenüber der Monotonie des Haushalts – über all diese erprobten Mittel verfügte kaum jemand in der Politfreak-Kultur. Die Männer befanden sich wie Joe irgendwo zwischen dem 12. und dem 25. Semester, das Wort »Beruf« war für sie im 70er-Jahre-Laboratorium längst zum Fremd- und Schimpfwort geworden und stand für Anpassung und Verrat. Sie waren mit ihrer Revolte gegen Gott und die Welt noch nicht einmal auf halber Strecke angelangt – wie sollten sie da Autorität ausstrahlen und Orientierung bieten, wie sie Kinder nun einmal fordern.

Vielleicht wird die Sozialgeschichte diese Szene-Männer eines Tages *en détail* beschreiben und wiederentdecken (wie heute die Trümmerfrauen). Das Gros fügte sich willig in das Unvermeidliche, versuchte wacker, den Frauen ein Neuer Mann und den Kindern ein Neuer Vater zu sein. Sie fuhren Taxi bis in die Nacht, und durch die zeitlichen und finanziellen Zwänge des ungewohnten Familienlebens entfernten sie sich noch weiter von der Frage, welchen Beruf sie ergreifen sollten. Manche dieser Szene-Kindsväter, die mitten in ihrer Selbstorientierungsphase zu Heim und Herd abberufen wurden, ähnelten in ihrer Hilflosigkeit den Frauen, die es zwanzig Jahre zuvor in eine zu frühe Ehe verschlagen hatte, eine Ehe, die zunächst als bessere Alternative erschien, weil sie aus einer alten Enge auszubrechen half.

Besonders fatal wurden in jenen frühen Szene-Familien, die *eigentlich* keine Familien sein wollten und es *de facto* doch plötzlich waren, dadurch, daß der ideologische Ballast noch mitgeschleppt wurde. So geriet vieles zum doppelten Krampf: Die Frauen stillten zwei Jahre lang und kümmerten sich um die Kinder mit einer Verbissenheit, für die das Wort »Selbstaufgabe« zu harmlos ist. Entlastungen wie die Oma oder finanzielle Zuschüsse der Eltern wurden aus grundsätzlichen Erwägungen heraus abgelehnt. So profitierten auch die Frauen wenig von den veränderten Rollen: Der Vorteil, daß sie einen Mann im Haus hatten, der sich tatsächlich *kümmerte*, statt sich, wie üblich, mit einer Karriere am Kind vorbeizudrücken, verblaßte allzu schnell angesichts einer chronisch defizitären Ökonomie. Da sich weder er noch sie auf ihre beruflichen Perspektiven konzentrieren konnten, blieb der Broterwerb ein Flickwerk aus Aushilfs- und Nebenjobs, eine Spirale des Mangels, in die auch die Frauen unweigerlich hineingezogen wurden. Viele von ihnen fühlten sich bald, Neuer Mann hin oder her, wie Alleinerziehende – doppelbelastet trotz Neuer Partnerschaft.

Die zweite Verliererfraktion rekrutierte sich aus der großen Schar derjenigen, die irgendwo zwischen Uni und Revolte steckenblieben, die Nachzügler in der zweiten Reihe geblieben waren, stille Zuhörer auf den Teach-ins, Gruppen-Sehnsüchtige mit schwachem Selbstwertgefühl, die von der Szene zwar magisch angezogen wurden, in ihr aber nie richtig Fuß gefaßt hatten. Wer längere Zeit im inneren Zirkel der Politfreak-Clans verbracht hatte, verfügte irgendwann wenigstens über eine autodidaktische Ausbildung, er hatte in Stadtzeitungen das Zeitungshandwerk gelernt oder in linken Buchläden das Rechnungswesen, er konnte drucken, Lederklamotten nähen, Dokumentarfilme drehen oder wußte, wie man ein Café managt. Diejenigen aber, die jahrelang halbherzig studierten, aber auf dem Alternativsektor wenig riskierten, standen plötzlich mit leeren Händen da. Die Mehrheit absolvierte verspätet das Examen. Auf dem Rückweg Richtung Universität wurde sie mit einer jungen Studentengeneration konfrontiert, mit der Vorhut der braven Betriebswirtschaftslehre-Studenten, die den politischen Ausführungen der älteren Semester höhnisch lächelnd lauschten. – Die 70er Jahre waren vorbei, die Spätheimkehrer gerieten mitten hinein in den Studentenschub der frühen 80er Jahre, der brav und gefaßt in die akademische Arbeitslosigkeit hineintrottete.

Das Tragische an den Verheißungen der Politfreak-Kultur war, daß sie praktisch ein ganzes Jahrzehnt lang ein »Wir-Gefühl« beschworen hatte – am Ende jedoch saßen einzelne Individuen allein auf dem Scherbenhaufen. Der Weg zurück in einen »ordentlichen« Beruf war längst versperrt. Zu sehr waren wir *andere* geworden, als daß wir nun plötzlich zur Normalität, zur Tagesordnung hätten übergehen können.

Nehmen wir Karla als Beispiel, sie zog als eine der ersten aus unserer Hinterhofwohnung aus. Anfang des Jahrzehnts ging sie zum Bhagwan und »powerte ihre weibliche Energie heraus«, doch schon nach drei Monaten erklärte sie diesen Trip zum »notwendigen Irrtum«. Es verschlug sie nach Zentralafrika, wo sie sich in einen senegalesischen Diplomaten verliebte, den sie nach zwei Wochen heiratete und mit nach Deutschland nahm. Sie baute zuerst eine Dolmetscherschule auf (Konkurs nach drei Monaten), dann eine Künstlervermittlungsagentur (schnell pleite), und bald versuchte sie sich als Stylistin, spürte aber schnell, daß sie sich mit ihren fast 35 Jahren gegen die selbstbewußten Mädchen der 80er Jahre nicht behaupten konnte. Sie trennte sich von ihrem Mann, versuchte sich als Bäuerin in Südfrankreich, zog eine Zeitlang mit einer freien Theatergruppe durch Europa. Bald danach tauchte sie in München, Hamburg und Dortmund wieder auf, immer mit neuen verrückten Projekten befaßt.

Solche »hyperbolischen« Lebensläufe sind in unseren Kreisen nicht selten. Sie zeugen von einer Energie, einer Lebensintensität und Unruhe, die immer wieder aufs neue den traditionellen Beruf, das geordnete Leben, den langfristigen Plan sabotieren. Keine Frage, daß diejenigen, die keinen Weg in die Normalität finden, zu unseren Besten gehören. Sie können tragisch enden, aber sie sind, wenn man so will, unsere Aristokraten.

Das Bluff-Syndrom

Gegen 1985 verdienen sich Joes alte Freunde ihren Lebensunterhalt wie folgt (nach Häufigkeit geordnet):

1. Schwebezustand (Perspektive: unklar, Jobs, kleine Deals).
2. Hastig das Examen gemacht (Perspektive: Arbeitslosigkeit).
3. Taxifahren (Perspektive: aufs Land gehen oder auswandern).
4. Schnell noch einen Job in den Medien, in der Schule oder an der Uni ergattern (Perspektive: Altbauwohnung mit Volvo).

Natürlich ist das eine vergröberte Matrix. Die Anhänger der ersten Kategorie warten ja nicht nur einfach still ab; sie experimentieren. Ihre Domäne, der sogenannte »kreative Sektor«, ist jedoch bald mit einer völlig veränderten Markt- und Konkurrenzlage konfrontiert. Der alternde Politfreak tritt in Konkurrenz zu den Kids der 80er Jahre. Wie diese sucht er den kreativen Akt und die Selbstverwirklichung.

Der Unterschied ist nur: Die »Kids« sind bereits Mitte der 80er in der Überzahl. Sie haben ungleich weniger Skrupel als der Politfreak mit seinem hartnäckigen Moralismus. Sie sind leistungsfähiger, oft auch pfiffiger. Sie haben keine Angst vor Professionalität und Ellenbogen. Anders als die Kinder der Revolte haben sich diejenigen, die nach der Jahrzehntwende achtzehn wurden, niemals der Illusion hingegeben, daß es in dieser Gesellschaft irgendwo ein warmes Plätzchen für Leute mit gutem Willen und freundlichem Benehmen geben wird. Die »Kids« sind in der Lage, die Nächte durchzuarbeiten, wenn es darauf ankommt, das Geld ist ihnen nicht Feind, sondern Stachel. Der Politfreak ist zwar nicht unfähig zu Leistung, wird jedoch immer wieder aus der Bahn geworfen, weil er sich um die komplizierte Balance seiner seelischen und sozialen Belange kümmern muß; er tut sich schwer mit dem zweckrationalen Denken, das man benötigt, um »es zu etwas zu bringen«.

Während der Politfreak auf dem Feld der klassischen Kreativitätsberufe sukzessive den kürzeren zieht, hat er auf einem anderen Sektor längst stille Siege zu verzeichnen. Kaum eine Institution, vor allem keine moderne, von der Reformära geprägte, in der die Politfreak-Generation zusammen mit den echten »68ern« nicht Sitz und Stimme hätte. Natürlich redet man nicht gern darüber, klagt lieber über »Wende« und »Repression«, aber längst sitzt der Politfreak in den

Rundfunkanstalten und pädagogischen Institutionen, den politischen Bildungsorganisationen und Jugendverbänden, Planungskommissionen und Hochschulgremien. Die meisten Medien und manche TV-Sendeanstalt sind, zumindest auf der »mittleren« Ebene, mit Repräsentanten der Politfreak-Kultur gut besetzt.

Hier nun, auf diesem fremden Terrain, in einem ordentlichen Beruf mit Angestelltenvertrag, oder als Ladenbesitzer, Literat oder Gastronom, ereilt ihn mit einiger Sicherheit das Bluff-Syndrom.

Es beginnt mit der Unterzeichnung des Vertrages, dem Beginn einer Lebensversicherung, dem Bausparvertrag, dem ersten Auto, das nicht auf der Landstraße kurz hinter der französischen Grenze hängenbleibt, mit dem, was gemeinhin »Erfolg« heißt. Hat unsereins, zwischen 30 und 40, plötzlich doch noch eine Position ergattert (in der die Arbeit womöglich auch noch Spaß macht), stellt sich keinesfalls Glück und Zufriedenheit ein. Obwohl wir uns jetzt endlich beruhigt zurücklehnen könnten in dem Bewußtsein, es geschafft zu haben, geht es uns nach zwei Wochen Festanstellung hundsmiserabel. Wir arbeiten für drei, sind chronisch verunsichert, was unsere Stellung in der Hierarchie betrifft, zweifeln daran, ob wir überhaupt in der Lage sind, einen Bleistift zu spitzen, und können nachts nicht schlafen. Schon denken wir: Dachten wir's uns doch! Wir taugen nicht zum Beruf! Fahren wir lieber wieder unsere alte Ente, schlafen lang und verbringen die Nächte im Kneipensumpf – das bekommt uns besser.

Unseren plötzlichen Workaholismus begründen wir mit einem Nachholbedürfnis. Wir haben ja, sagen wir uns, ein halbes Leben mit Reden und Reisen zugebracht, also ist die Lust auf Leistung riesengroß. Die verplemperte Studentenzeit, das halbherzige Jobben zwischendurch – ein 14-Stunden-Tag für ein paar Jahre kann nicht schaden. Im Lauf der Monate entwickeln wir echte Krankheitssymptome. Die Leber streikt, einige laborieren an Zahnentzündungen oder Depressionen, viele am Magen. Und immer lauert da eine diffuse Versagensangst, ein Gefühl, als könne, ja *müsse* der Spuk schon morgen vorbei sein und die Entlassung auf dem Tisch liegen. Als Folge rackern wir noch mehr, machen Fehler und werden immer unsicherer.

Die psychologische Erklärung für diese seltsame Krise ist äußerst einfach: Da wir 15 Jahre unseres Lebens auf diese Gesellschaft geflucht und geschissen haben, glauben wir, einen Platz in ebendieser Gesellschaft nicht verdient zu haben. Zweitens sind wir die erste »qualifizierte Generation ohne Berufsausbildung«.

Unsere Devise besagte ja stets: Wir können alles. Wir sind, je nach Bedarf, Bäcker oder Landwirt, Intellektueller oder Kinderhüter, Autor oder Organisator. Lernprozesse – das war für uns, die wir es stets ablehnten, ein »autoritäres« Verhältnis (ein Lernverhältnis also) zu akzeptieren, stets mit der Methode *trial and error* verbunden. Wir lernten nicht durch den mählichen Rollenwechsel (»Lehrling – Geselle – Meister«), sondern durch Fehler und abermals Fehler, durch das, wie es *nicht* geht. Die Schwierigkeiten der Autoreparatur wurden uns durch die Radmuttern klar, die wir beim Auto des Freundes nicht fest genug angezogen hatten, daß zum Zeitungmachen mehr gehörte als guter Wille und richtige Gesinnung, wurde uns durch das Absacken der Auflage klargemacht, daß eine Kneipe nicht wie die WG-Küche zu organisieren ist, erfuhren nicht wenige aus unseren Reihen durch den Gerichtsvollzieher. Die logische Folge ist ein Gefühl, auf doppeltem Boden zu stehen und *das, was wir können, eigentlich nicht zu können*. So warten wir auf die große, imaginäre Stimme aus dem Off, die uns dunkel und dröhnend vorhält: »Sie sind ein hoffnungsloser Dilettant.«

Unsere Jobs und Berufe haben wir meist nicht nur wegen unserer puren fachlichen Qualifikation eingeheimst. Was uns Reputation und Anstellungsvertrag verschaffte, hatte etwas mit sozialen Fertigkeiten zu tun. Wir sind die geborenen *Seiteneinsteiger*. Man vertraut uns, daß wir in der Krise das Ding schon schaukeln werden. Die fachlichen Mankos gleichen wir aus, weil wir gewitzt sind, schnell durch Zusehen lernen und mit Gruppen umgehen können.

Im gewissen Sinne sind wir hauptberuflich allesamt Sozialarbeiter – und fachlich chronische Dilettanten. Zu jener Professionalität, die, um ein Ziel zu erreichen, eine Vielzahl sozialer, emotionaler Tatbestände ignorieren muß, ist kaum jemand von uns fähig. Und wir werden natürlich auch glauben, daß wir die Privilegien, die mit zunehmendem Alter und wachsender Erfahrung verbunden sind, nicht verdient haben.

Verwunderlich, daß die Politfreak-Kultur die emanzipatorischen Potenzen, die im Begriff »Beruf« stecken, nicht begriffen hat. Wer seinen Beruf nicht als Lohnarbeit, sondern als sinnvolle Tätigkeit versteht, der muß die Tugenden der Revolte-Ära nicht abschaffen, sondern weiterentwickeln. Er braucht ein Ethos. Ein Beruf ohne Zuneigung zu dem, was man produziert, ist verschenktes Leben, und ein Leben im Dilettantismus wird alsbald fad.

Joes Zukunft

Während Joe vor seinem schiefen Fachwerkhaus auf dem Land den Kompost hegte und die Hühner betrachtete, beschloß er, noch einmal einen Versuch zu wagen, das *ganz Andere* zu suchen. Er wollte eine letzte Provokation, und diesmal sollte sie sich gegen seine *eigenen* Wertsysteme richten.

Zunächst war es nur ein Zufall. Ein entfernter Bekannter, Angestellter einer Computer-Firma, kam oft zu Besuch und war begeistert von Joes Garten und dem urigen Haus. Er besaß eines jener obskuren Geräte, die Anfang der 80er Jahre noch sündhaft teuer waren. Bei einem dieser Besuche wurde Joe vom Computer-Fieber infiziert.

Die perfekte Leere des Geräts, sein erbarmungsloses Funktionieren entlang eines abstrakten Zeittaktes im Nano-Sekunden-Rhythmus, seine mathematische Stupidität, seine *Kälte*, die aber nicht das geringste besagte – all das machte Joe geradezu süchtig.

Am Computer wurde Joe klar, daß er sich eineinhalb Jahrzehnte lang am Sinn überfressen hatte. Er hatte seine Existenz in ein undurchdringliches Gestrüpp aus Diskursen und Rationalitäten verwandelt; ein Dschungel, aus dem es unaufhörlich nach MEHR schrie – mehr Radikalität, mehr Tiefe, mehr Emotion, mehr Lust, mehr konsequente Moral. Er lebte in einem mit psychologischer Syntax überfüllten Kosmos, in dem jede Geste, jeder Gedanke, jeder Blick und jeder Moment mit Sinn überfrachtet war. Er war eine Kopfgeburt.

Der Computer, verstand Joe, ist mein Meditationsschemel, mein Therapeut; ein heilsamer, kalter Gefährte, der mich ausleert wie eine Mülltonne. Ich bin verdammt, eine Weile mit ihm zusammenzuleben und meine Zeit in dieser Welt aus leeren, sinnlosen, aber strikt logischen Gesetzen zu verbringen. *Ultima ratio:* Andere gehen dafür in die Wüste, ins Kloster oder werden religiös.

Du und ich, dachte dann etwas in ihm in Richtung auf den Computer, wir repräsentieren zwei Seiten einer Medaille. Du hast alle Dinge, über die ich nicht verfüge: Zähigkeit, Frustrationsfähigkeit, Ausdauer. Du kannst ohne Sinn auskommen, und es macht dir nichts aus, wer dich bedient.

Aber betrachten wir Joe und seine Qualifikation einmal genauer: Er, der jetzt unter Qualen und viel später als die Generationen vor ihm ins Erwachsenenalter einzutreten droht, hat im Grunde ein hervorragendes Zeugnis vorzuweisen, wenn man lebensgeschichtliche und anthropologische Kriterien anlegt. Joe ist eloquent, flexibel und trotz aller Verunsicherung selbstbewußt, darüber hinaus prädestinieren ihn noch ein paar andere biographische Faktoren aus der Geschichte der Revolte, in der Gesellschaft der 90er Jahre eine Rolle zu spielen.

Um von vorne zu beginnen: Er hat sich gegen seine Eltern durchgesetzt. Der einsame Schritt weg von den Eltern ist die Voraussetzung für ein autarkes Ich und immunisiert gegen die Regression.

Ferner hat Joe mit den verschiedensten Weltbildern gelebt, sozialen und halbreligiösen, revolutionären und buddhistischen. Er hat mehr Abschiede von Menschen, Ideen und Orten erlebt als andere. Dazu ist er sprachmächtig und artikulationsfähig, denn er hat sein Leben in Kneipen zugebracht und unentwegt geredet. Er ist improvisationsfähig, ein ausgezeichneter Dialektiker, er vermag eine Situation schnell aus mehreren Blickwinkeln zu betrachten. Hierbei hilft ihm seine soziale Erfahrung in den Produktionsverhältnissen der Politfreak-Kultur, in den Alternativprojekten hat er es gelernt, simultan Chef *und* Lohnabhängiger zu sein.

Wir füllen bereits einen Personalbogen aus. Unser Kandidat hat noch weitere Vorteile: Er ist nicht gerade ungeübt im Umgang mit Genuß – 15 Jahre Lustprinzip hinterlassen Gourmet-Grundkenntnisse, die heute zur Grundausstattung eines jeden Managers gehören. Er hat das Organisieren gelernt, denn im politischen Kampf mußte unablässig organisiert werden: Demonstrationen und Kampagnen, Kundgebungen, Arbeitsgruppen. Es fehlt ihm jene Passivität, jene Angestelltenmentalität, die nur auf Kommandos von oben wartet, und deren Dickfelligkeit sich in jedem kleinen Betrieb schnell verheerend auswirkt. Er denkt kosmopolitisch, denn er ist in seinem Leben viel gereist. Er ist auf unverklemmte Weise tolerant, denn er ist in den Subkultur-Bezirken aufgewachsen, in denen Schwule, Lesben und Eigensinnige aller Art verkehren. Und Joe hat, gerade weil er sich unabhängig an der Gesellschaft abgearbeitet hat, ein sehr präzises Bild von ihr gewonnen. Bleibt die Frage: Wie verkraftet unser Kandidat das späte Erwachsenwerden?

Joe registriert bei sich eine merkwürdige und auf den ersten Blick unerklärliche Betroffenheit beim Thema Aids. Die Todesseuche der 80er bringt Joe viel weniger aus der Fassung, als sie es eigentlich müßte. Sind nicht alle Errungenschaften der Politfreak-Kultur in höchster Gefahr, etwa die erotische Freiheit, die schließlich unter Opfern erkämpft wurde? Aber wie er es auch dreht und wendet, in seinem Inneren bleibt es stumm beim Thema Aids, und wenn er ganz genau hineinhorcht in seine emotionalen Ganglien, dann rührt sich dort sogar eine Art Schadenfreude.

Ohne Zweifel fällt Joes sexuelle Aktivitätskurve. Auf Festen steht er herum und langweilt sich, der *one-night-stand* ist ihm zu anstrengend (und leberschädlich, weil fast immer mit Strömen von Alkohol erkauft). An die große romantische Affäre, wie sie in Teilen der Politfreak-Kultur noch einmal verzweifelt propagiert wird, mag er nicht mehr recht glauben. So wird er im Lauf der Jahre zunehmend monogam, und so ist Aids für ihn kein sehr konkretes Problem.

Daß Joe mit nicht gerade wenigen Frauen (waren es 30? 40?) in seinem Leben geschlafen hat, unterscheidet ihn von den vorangegangenen Altersklassen ebenso wie von den folgenden – Aids ist drauf und dran, dieses erotische Privileg fortzuschreiben. Joe ist, wenn man so will, Kind der kurzen Phase einer libertären Sexualität, und das könnte einen unschätzbaren Vorteil erzeugen: Gelassenheit. Joe hat vieles ausgelebt, wovon andere träumen. Er hat vieles in seinem Leben erledigt, was andere im Älterwerden quält.

Was also macht es Joe so schwer, seinen Platz in der Gesellschaft zu finden? Kein Zweifel: seine Qualifikation überstünde jeden Eignungstest für die Aufgaben, deren Lösung in den 90er Jahren immer drängender wird. Er entspricht fast aufs Haar dem Typus des Managers, der in den modernsten Sektoren der Industriegesellschaft gefragt ist. Denn der klassische Karrierist hat ausgespielt, gefragt ist heute eher der kreative Außenseiter, der »Management-Freak« – nicht nur in der Werbung. Die technologische Moral, das Mit-Bedenken des Sozialen, das Beharren auf einem gesamtgesellschaftlichen Denken – all jene Denkstrukturen, die Joes Generation in Fleisch und Blut übergegangen sind, werden auf der gesellschaftlichen Machtebene, dort, wo die Entscheidungen getroffen werden, dringend benötigt. Um die Probleme der Gegenwart auch nur halbwegs in den Griff zu bekommen, wird man ohne die Tugenden, die Joes Generation im Laufe eines unruhigen Jahrzehnts entwickelt hat, kaum auskommen.

In der Generationsfolge freilich klafft eine Lücke. Die Moralisten der 70er Jahre verstecken sich weiter im gesellschaftlichen Abseits, das Geschäft der Macht bleibt in den Händen der Wirtschaftswunder-

Generation, und von unten drängen die jungen Karrieristen nach, deren Werte nur allzuoft in der harten Abgrenzung zur Politfreak-Kultur entstanden sind.

Im Jahre 2000 wird Joes Generation zwischen 40 und 50 Jahre alt sein, ein Alter, in dem normalerweise die Wachablösung an den Hebeln der Macht stattfindet. Im Jahr 2000 – das ist nicht mehr lange hin – werden die Qualifikationen von Joes Generation endgültig auf dem Prüfstand stehen. Oder sind sie, irgendwo zwischen Kompost und Computer, längst rettungslos verloren?

Die Überlebenden der 70er Jahre

Sechs biographische Skizzen

Der Kriegsgewinnler. In den harten Zeiten der Revolte blieb Gerold ein Mann der zweiten Reihe. Einmal bekam er um ein Haar eins auf die Fresse, weil ein nervöser Mensch vom Hungerstreik-Komitee ihn für einen Bullenspitzel hielt. Er war keiner von denen, die sich mit Worten oder Taten exponierten; ein, zwei Fensterscheiben, auf mehr hatte er es auf den Demos nicht gebracht. Als die linke Szene in großen Wohngemeinschaften lebte, hauste er immer noch in einem 12-Quadratmeter-Zimmer des Studentenwohnheims, und die Frauen, mit denen er schlief, stammten nicht gerade aus dem inneren Kreis der Genossinnen. (Man munkelte, er könne es nur mit biederen Supermarkt-Verkäuferinnen, aber das war lediglich Teil jener sexuellen Denunziation, die auch in Szene-Kreisen grassierte.)

Gerold, der schweigsame Gerold, der ein wenig stotterte, war jedoch nicht dazu bestimmt, in der zweiten Reihe zu verharren. Er hatte lange als Kassierer in einer Szene-Institution gearbeitet, in einem Programmkino. Es dauerte nicht lange, bis die Gruppe, die das verschlissene Etablissement nach den Regeln des kollektiven Chaos betrieb, sich bis in den Gerichtssaal zerstritt. Das war Gerolds Stunde. Mit einer bescheidenen Erbschaft stieg er in die Konkursmasse ein.

Drei Jahre später war er unumstrittener Boß eines Konzerns, dessen Komplexität einem weltweiten Geheimtrust zur Ehre gereicht hätte. Ein weitreichendes, unüberschaubares Gebilde aus Träger-, Neben- und Tarnfirmen. Einige Unterabteilungen des komplexen Gebildes waren aus steuerlichen oder ABM-Gründen entstanden, andere als Abschreibungsprojekte konstruiert oder als Strohfirmen, um gute Bekannte vor dem sozialen Abstieg zu retten. Im Kern des Unternehmens standen ein Filmverleih, drei Stadtteilkinos und vier Kneipen, aber es gab auch noch eine Druckerei (die unter anderem die Kinoprogramme druckte), eine kleine Computerfirma und eine Art Werbeagentur; dazu kamen Beteiligungen an anderen Projekten, deren Namen allesamt Regenbögen, Sterne oder Palmen im Firmensignet trugen (solche Symbole garantierten das Prädikat »Szeneprojekt«).

Gerold war schon allein deshalb Alleinherrscher in diesem Imperium, weil nur er das Dickicht aus Kumpanei und Steuerbetrug durchschaute, bei dessen filigraner Konstruktion die linken Rechtsanwälte und Steuerberater der Stadt ihr Bestes gegeben hatten. Natürlich war das Projekt aus volkswirtschaftlicher Sicht pure Zauberei; daß es ohne ausreichende Kapitalanlagen funktionierte, blieb ein finanzstrategisches Wunder.

Wie kommt es, daß Gerold, dieser eher biedere Genosse, in den 80er Jahren plötzlich zum Gönner der Szene avancieren konnte, der Leuten, die es dringend nötig hatten, generös (schlechtbezahlte) Halbtagsjobs verschaffte? Er schlug die Szene ganz einfach mit ihren eigenen Gesetzen. Wer bei ihm arbeitete, für den war auch in den 80er Jahren Kranken- und Lebensversicherung nicht des Lebens letzter Sinn. Daß er schon mal bis nach Mitternacht Überstunden machen mußte, gebot das Engagement für das Projekt. Andernfalls – *sorry* – kann Gerolds Firma einen derart unsolidarischen Mitarbeiter beim besten Willen nicht gebrauchen, auch nicht für Siebenfünfzig pro Stunde schwarz auf die Hand.

Warum Gerold nicht einmal kräftig die Meinung gesagt wurde? Weil an seinem virtuosen Organisationstalent schließlich 40, 50 Arbeitsplätze hängen, und wer möchte einen Job wie seinen schon machen: das Schwein spielen gegenüber dem Personal und den Pfiffikus gegenüber den Verleihfirmen, Banken und Agenturen? Er ist ja im Grunde kein unangenehmer Typ, der Gerold. Er plaudert gern mit seinen Leuten (den Sprachfehler bemerkt man kaum noch), er fährt immer noch den obligaten 200er Diesel und nennt seinen jungen Schäferhund immer noch »Durutti«. Er trägt kein Armani-Jackett, für das man ihn als Ausbeuter-Yuppie denunzieren könnte, sondern heute wie anno '75 Pullover von C & A. Nach wie vor haust er in einer kleinen Zweizimmerwohnung, und schon weil er wegen Überarbeitung kaum zu Hause ist, ähnelt sie seiner ehemaligen Studentenbude. Zu viele in der Szene benötigen dringend jene Art flexibler Aushilfsjobs, die Gerold anzubieten hat – wo sonst könnten sie ohne Probleme auch einmal zwei, drei Monate auf Reisen gehen; eine Vertretung wird sich schon finden, der Laden ist ja quasi selbstverwaltet.

In all den Jahren hat Gerold sich ein sicheres Gefühl für die Feinheiten seines Gewerbes angeeignet. Immer wieder versteht er es, eine handverlesene Schar treuer Freunde um sich zu scharen, seine »Bodyguard«, wie manche Neider spotten. Auch die Tatsache, daß ihn in der Szene nicht wenige abgrundtief hassen und verachten, kann seinem Engagement keinen Abbruch tun. Und dieses sichere Gefühl für die

Gesetze der Branche! Vor fünf Jahren hat er zwei Off-Produktionen eines New Yorker Avantgardisten aufgekauft, auf den niemand in der bundesdeutschen Kinobranche auch nur eine einzige Kopie gewettet hätte. Nun sind die Filme ein Riesengeschäft, »Kultfilme«, wie man das in unseren Feuilletons nennt, und Gerold, der gute Gerold aus der zweiten Reihe, weiß gar nicht mehr, wo er noch investieren soll.

Die chronisch Flüchtige. Gela arbeitet in einem von Gerolds Kinos an der Kasse, das heißt, sie arbeitet dort, wenn sie nicht gerade verreist ist. Gela ist klein, sportlich und ständig braungebrannt. Reisen ist ihr Hobby, und natürlich ist es viel mehr, nämlich ihr Lebensrezept. Auf eine griffige Formel gebracht: Gela beherrscht die Kunst des *Ausweichens gegenüber den Gewohnheiten*. Der neuen Liebe, die nach einer gemeinsamen Wohnung drängt, entkommt sie mit einem Jahr Mexiko, einer beruflichen Umklammerung entgeht sie mit Trips nach Bangkok, Nairobi und Bali, wenn ihr der deutsche November auf das Gemüt drückt, flüchtet sie nach Gomera. Wenn sie abends an ihrer Kinokasse sitzt, träumt sie. Von den Stränden, den Sternenhimmeln, den Menschen auf der anderen Seite der Erde. Mehr als ein halbes Jahr pro Jahr hält es sie nicht aus in der Stadt. Gela hat jene von innen kommende Souveränität, die man offenbar nicht lernen kann und die für das Weiterkommen auf fremden Kontinenten unabdingbar ist (sie reist stets allein).

Dabei ist sie keineswegs unverbindlich, im Gegenteil. Das Vorhandensein einer Ferne, in die man jederzeit entkommen kann, erlaubt ihr erst jene Verbindlichkeit, die sich nicht nach dem Terminkalender oder den beruflichen Interessen organisiert. Wer sich mit ihr verabredet, kann sich auf sie verlassen, Kontrakte hält sie, Freundschaften sind ihr heilig; für wen sie sich interessiert, den schließt sie ins Herz. Auch das ist ein Grund für ihre Reisen: überall hat sie Freunde. Anne in Rom, Pietro in Rio, Veronika in Santa Cruz – das sind Gelas transkontinentale Vorposten, ihre planetaren Liebschaften, die sie zum Leben braucht.

So lebt sie ihr Leben entlang der interkontinentalen Flugwege, obwohl sie Flugzeuge haßt, und es braucht nicht viel Menschenkenntnis, um es als glückliches Leben zu bezeichnen. Mit ihren 38 Jahren ist Gela bislang verschont von den Traurigkeiten der Anpassung, der Melancholie des Einrichtens, der biographischen Festlegung. Dabei hat ihre Existenz nicht das geringste von einem Jet-Set-Leben. Erstaunlicherweise benötigt sie nicht viel Geld, denn sie ist eine Art Airport-Tramp; mit traumwandlerischer Sicherheit ergattert sie sich in Dreistundenfrist den Standby-Flug nach Colombo für 700 Mark, die Atlantik-Überquerung für 250 Dollar. Ihre Reisetasche hat sie in einer Stunde gepackt, ihr kleines Zimmer in einer Frauen-WG, die schon seit acht Jahren existiert, ist lediglich mit einer alten, schönen Kommode und ein paar Lieblingsbüchern möbliert. Gewiß, sie verfügt über ein bescheidenes Sparguthaben von ihrer Mutter, aber in ihren Zielländern lebt sie wie die Einheimischen. Drei Monate Bali – das erfordert kaum mehr als 600 Mark zum Leben. Und da sie eine sehr freundliche, bescheidene Art hat, wird sie an allen Orten der Welt eingeladen.

Auch Gela kann uns noch verblüffen. Hatte sie nicht in den 70er Jahren mit Strenge über jede Verschwendung geurteilt? Hatte sie nicht erst im Irland-, dann im Portugal-, dann im Nicaragua-Komitee gearbeitet – eine Menschenfreundin mit fast dogmatischem, antiimperialistischem Weltbild und eindeutig sozialistischen Ideen? Und legte sie nicht in ihrer Wohngemeinschaft größten Wert auf ökologische Dinge? Packte sie nicht im Supermarkt die Waren aus und ließ die Verpackung demonstrativ liegen, schüttete manchmal harte Putz-Chemikalien auf den Boden? Redete sie nicht immer vom »System«, das abgeschafft gehöre, von weltweiten Zusammenhängen und den Metropolen des Kapitals?

Mitte der 80er Jahre entdeckte Gela ein Reiseziel, das sie bislang aus einer tiefen Abneigung gegen die amerikanische Kultur heraus stets gemieden hatte. Als sie das erste Mal längere Zeit nach New York ging, mietete sie sich in einem Hotel mitten in der Bronx ein, einer heruntergekommenen Herberge für Schwarze, in der ihr gleich am ersten Abend die Brieftasche auf dem Flur abgenommen wurde. (Der Portier zuckte nur mit der Achsel und fragte: »What do you suggest me to do?«)

Eine Woche später entging sie um ein Haar einer Vergewaltigung. »Die Gegend, in der das Hotel stand, war so berüchtigt, daß die Taxifahrer sich weigerten, mich dorthin zu fahren«, berichtete sie mit ihrer sanften Stimme, in der ein stolzer Unterton nicht zu überhören war. Drei Monate lang tauchte sie ein in diese Stadt, ließ sich treiben von der Ersten bis zur Fünfzigsten Straße, besuchte die Nachtclubs der Junkies, die Crack-Kids, die Yuppies in der Wallstreet. »New York«, sagt sie, »ist die Wahrheit. Der Mensch ohne jede Fassade. So ist die Welt.«

Gela ist eine zufriedene, eine starke Frau. Sie ist selten. Eine Nomadin in allen Disziplinen.

Der Surfer. Wer Dieter schon Anfang der 70er gekannt hat, wird zustimmen, daß er sich kaum verändert hat. Mit seinen gut 40 Jahren plagt ihn kein Bierbauch, die Haare sind halblang wie eh und je, und sogar die neue Lederjacke wirkt, als sei sie 1970 auf den ersten Flohmärkten erstanden worden. Dieter ist ganz und gar der Typ der 70er Jahre, und natürlich kann nur *ein* Berufsstand dieses verblichene Jahrzehnt in die Gegenwart hinüberretten: der Pädagoge.

Dieter ist, wie seine Freunde witzelnd sagen, der *universelle Gesamtpädagoge*. Ach, seine Freunde! Keiner hat es wie Dieter geschafft, seine Freundschaften so über all die Jahre zu retten, als würde man eines Tages ohne jede Diskussion gemeinsam ein Altersheim besetzen.

Er spricht sie immer noch, die geliebte Sprache der 70er: Wenn er »Konfliktbewältigung« sagt und »Zuneigung«, »Beziehung« und »Emanzipation«, dann wird man noch einmal an die Zeiten erinnert, in denen das bloße Erwähnen solcher Begriffe ein hehres, fast religiöses Gefühl von – wie soll man sagen? – *Fortschrittlichkeit* auslösten. Dieter hat, auch das eine Ausnahme, mit denselben Leuten ein volles Jahrzehnt ohne Unterbrechung in einer Wohngemeinschaft gelebt, und als ihnen Anfang der 80er Jahre die Wohnung gekündigt wurde, wollten sie ohne große Diskussion aufs neue zusammenziehen. Daß es nicht klappte, war Zufall.

Heute arbeitet Dieter, wie er seit fast 20 Jahren, seit seinem Lehrerexamen, immer gearbeitet hat: Er bietet Kurse in der Volkshochschule an (Paar-Konfliktbewältigung, Aktionstheater), Kurse über die Vergangenheit der SPD oder die Zukunft der Grünen in politischen Tagungshäusern, und inzwischen auch Computer-Kurse im Rahmen von Ferienseminaren in Sizilien. Er trinkt wenig, raucht mäßig und hat kaum Probleme mit der Gesundheit, obwohl er nicht gerade zu den Sport-Cracks gehört. Damals wie heute ist er mit einer sehr schönen Frau zusammen (wenn auch nicht derselben), natürlich einer Pädagogin. Fragt sich nur: Wie macht er das alles?

Dieters Geheimnis hat zwei Seiten, eine materielle und eine psychische. Erstens repräsentiert er eine perfekt der Reformära angepaßte Spezies: Anfang der 70er, als über die Gesellschaft der reiche Segen der Sozialdemokratisierung hereinbrach, wurden seine Karten gemischt; seine Freunde sitzen in den Vorständen der Institutionen, die von keiner Bonner Wende mehr abzuschaffen sind, in den Jugendwerken, den Instituten für politische Bildung, den evangelischen Tagungsstätten, den Gremien und Fördergremien, den Hauptkommissionen und Forschungsinstituten, den Institutionen für die Gleichstellung der Frau. Und da seine Freunde verbeamtet sind auf Lebenszeit, reicht Dieter ihre Bekanntschaft, um auf diesem sozialdemokratischen Gelee nach Belieben zu *surfen*.

Die psychische Komponente ist noch einfacher. Dieter hat nur eine einzige Regel befolgt: übertreibe nie. Inmitten einer Kultur, die auf Grenzüberschreitung und radikales Abenteuer ausgerichtet war, bewahrte er stoisch das Mittelmaß. Er kiffte, aber nur wenig, er diskutierte viel, aber maßvoll, er war, als das in Mode kam, selbstredend Maoist, aber nur als Sympathisant, durchlebte eine Psychophase, ließ aber die Finger von Therapien, er beschäftigte sich mit Mystik, aber vorsichtig. Auf den Feten und Demos wußte er stets, wann es Zeit war, das Weite zu suchen, bei Liebe und WG verpaßte er nie den Moment, in dem man besser den Mund hielt und sich in sein Zimmer zurückzog. So lebte er in der radikalistischen Kultur wie im Zentrum eines Hurrikans. Man kann auch sagen: wie die Made im Speck.

Die aufrechte Rückkehr. Peter, der große, breite, gemächliche Peter mit einem Kreuz wie ein Möbelpacker kam irgendwann Mitte der 70er als Sohn eines westfälischen Kleinbauern an die Uni. Er ist einer von denen, die erst spät zur »Bewegung« stießen. Dennoch hatte man das Gefühl, er sei eigentlich immer schon dabeigewesen; wie selbstverständlich saß er an den Küchentischen der WGs. Von Anfang an galt er als Praktiker, das Reden war seine Sache nicht. Wenn es galt, nachts eine Parolenaktion abzuwickeln, sorgte er zuverlässig für Sprühdosen, Pritschenwagen und Rückzugslogistik. Als einziges WG-Zimmer verfügte seines über eine ordentliche Couchgarnitur.

Heute lebt Peter mit seiner Frau in einer Wohnung im besten Neo-Bebraismus-Stil. Im Wohnzimmer wölben sich braune Nappaleder-Sofas wie Walfische um einen riesigen Rauchglastisch, an der Wand hängen spanische Sonnenuntergänge im Passepartout. Im Schlafzimmer hat Peters Frau große rote Herzen auf die Kopfkissen gestickt. Peter kocht gut und ißt gern, er ist noch ein bißchen dicker geworden als damals, statt des Blaumanns, den er in den Zeiten seiner alternativen Autowerkstatt niemals auszog, trägt er jetzt ordentliche Jacketts. Er ist inzwischen Steuerberater; das Geschäft läuft nicht schlecht.

»Warum«, sagt er, »soll ich mich weiter abmühen und versuchen, etwas zu sein, was ich nicht bin? Ich bin – ich sag's einfach, wie's ist – ein Spießer. Ich habe eigentlich eine irre Sehnsucht nach 'ner ordentlichen Familie. Zahlen, das macht mir Spaß. Ordentliche Zahlen, in Reih und Glied. Mir hat sogar die Bundeswehr Spaß gemacht, damals, bevor ich auf die Uni bin, aber das konnte ich natürlich nie zugeben. Ich glaube, ich bin damals in die Szene rein, weil ich so gerne 'ne richtige Familie wollte.«

Und während wir schweigen und auf die bunten Kristallgläser in der Eichenvitrine starren und ich ihn eigentlich fragen will, warum er sich rechtfertigt – schließlich habe ich ihn gar nicht angegriffen oder für seinen Lebenswandel zur Rede gestellt –, schenkt er mir genüßlich ein Glas Bols Blue Curaçao ein. Und Helga, seine Frau, ruft aus der Küche: »Möchtet ihr das Cordon bleu mit Salbei oder ohne?«

Und während Peter seine HB pafft und mit seinen klobigen Händen auf einem Taschenrechner spielt, wird man unweigerlich vom Gefühl befallen, daß alles so in Ordnung ist, wie es ist – eine gelungene Lebensgeschichte. »Vielleicht liegt es daran«, sagt Peter jetzt mit seiner Brumm-Stimme, »daß meine Eltern wirklich arme Schweine waren und man erst mal richtiger Spießbürger werden muß, um im nächsten Leben dann wieder den großen Aufstand zu praktizieren.« Und Helga, in einem feschen Hosenanzug, serviert mit Schwung die Cordon bleus.

Die tiefe Armut. Lutz stand immer schon mit »einem Bein in den Abgründen der Seele«. Immer schon wurde er angezogen von den schärfsten Brüchen und tiefsten Erfahrungen: erst war es das LSD, dann wurde er ein überzeugter Marxist-Leninist, bis er diese »Kinderei« mit einer wütenden Geste hinter sich ließ, um erneut zu konvertieren zu AAO und den RAF-Sympathisanten. Anfang der 80er zeugte er ein Kind mit Angela, einer zerbrechlichen Schönheit, die selbst noch fast ein Kind war, ein »Engel, der auf die Erde gefallen ist«, wie Lutz es in seiner romantisch-mystischen Diktion auszudrücken pflegte. Schwangerschaft und Geburt waren harte, existentielle Arbeit, aber mit Mondkräften und unter Aufbietung aller Energien brachte Angela einen Jungen zur Welt, der sogleich eines vom Leben forderte: intensive Aufmerksamkeit.

Heute ist das Kind, das fast immer kränkelte, ohne wirklich krank zu sein, zehn Jahre alt und strahlt etwas Traurig-Altes aus. Lutz liest

Nietzsche schon zum dritten Mal, und wenn er etwas liest, dann lebt er es auch. Es gibt praktisch keinen Philosophen, den er nicht gelesen hat, und kaum ein Studienfach, das er nicht studierte.

Laufende Fernsehapparate stören ihn. Geklapper lenkt ihn ab. Autos irritieren seine Seele. Manchmal spielt er seltsame handgebaute Instrumente, die noch kein Mensch vorher gesehen hat. Lutz muß bisweilen in 16-Stunden-Schichten Taxi fahren, um Angela und das Kind zu ernähren. Seit acht Jahren schreibt er an einem geheimnisvollen Buch, von dem selbst Angela noch keine Manuskriptseite gesehen hat.

»Wie ein Verrückter«, das ist ein Bonmot, das einem bei Lutz öfters in den Sinn kommt. Wer ihn kennt, weiß, daß er ungeheuer anstrengend ist, aber nicht in jener fordernden Art der Psycho-Bedürftigen; er hört zu, er *gibt*. Aber er verlangt, daß, wer Zeit von ihm will, sich auch voll und ganz preisgeben muß.

Lutz, der stets vor Intensität brennende Lutz, ist kein Freund, mit dem man einfach so Umgang hat, und vielleicht ist es das, was ihn in letzter Zeit so einsam macht. Isoliert lebt er mit Angela und dem Kind in der Altbauwohnung, die Wasserflecken an der Decke hat und in der das altvertraute Chaos herrscht. Apfelsinenkisten als Regale, das Bügelbrett quer im Raum, quer darübergespannt Leinen für die Windeln, die Teppiche voller Brandflecken und Katzenpisse, auf den Fensterbrettern ausgewachsene Yucca-Palmen, überall Bücherstapel wie Barrikaden. Wer länger in dieser Wohnung ist, weiß, daß es aus dieser Art existentieller Armut keinen Ausweg mehr gibt. Eben weil die materiellen Dinge vollständig unwichtig sind, für Angela und Lutz immer unwichtig sein werden, vollzieht sich das Schicksal dieser merkwürdigen Familie wohl auf ewig auf diesen 64,5 Quadratmetern.

Lutz wird nicht herauskommen aus dem tiefen Empfinden. Und fast würden wir es ihm übelnehmen, wenn er es eines Tages dennoch täte.

Die Zeitspirale. Das Haus, grau und massig und von einem verwilderten Garten umgeben, steht am Rande einer mittelgroßen Stadt, die in den Annalen der Revolte keinen Namen hat – es könnte Bielefeld oder Recklinghausen, Koblenz oder Oldesloe sein. Doch wer es betritt, wer über den knarrenden Parkettboden schreitet und das riesige Treppenhaus hinauf, das sein Licht durch ein wunderbar verschnörkeltes Jugendstilglasfenster bekommt, ahnt, daß es sich um einen Traum handeln muß, der in die Wirklichkeit gefallen ist. Ganz nebenbei lernt er noch etwas von der stillen Macht der Ökonomie. Oder sagen wir besser: der *Nicht-Ökonomie*.

Das Haus, erbaut 1887, zehn große Zimmer, einige davon wahre Säle, ein Erkerzimmer im Turm und eine Terrasse zum Garten hinaus, kostet gerade 900 Mark Miete. Edith, Gisela und Karin, drei Lehrerinnen aus feministisch bewegten Zeiten, leben hier nunmehr seit fünf Jahren; ab und zu beherbergen sie vorübergehend auch andere Frauen. Zwei von ihnen arbeiten – ohne Bezahlung – in einem alternativen Frauenprojekt mit, alle drei haben bisweilen Freunde, aber keinen Mann, Kinderwünsche, aber keine Kinder, und wenn man den ruppigen Tönen lauscht, mit denen hier bisweilen die »Kinderfrage« diskutiert wird, weiß man, daß dies auch so bleiben wird. Karin, Edith und Gisela stammen aus der Szene der Großstadt, der Zufall bundesdeutscher Lehrerstellenvergabe hat sie in diesem Schloß zusammengeführt. Das Anwesen gehört einer Dame, die fast so alt ist wie das Haus; sie wohnt einige Kilometer weiter in einem Altersheim, und alle 14 Tage erhält sie Besuch von ihren Mieterinnen. In der Vorstellungswelt der alten Dame sind 900 Mark eine astronomische Summe; sie käme nie auf die Idee, den Mietzins zu erhöhen. Sie wird den drei Frauen das Haus allerdings nicht überschreiben, denn sie hat einen Enkel, einen Taugenichts zwar, er ist Versicherungsvertreter in Castrop-Rauxel, aber eben doch ein Verwandter. Er hat bereits angekündigt, das Haus in Eigentumsappartements umzuwandeln, sobald die alte Dame das Zeitliche gesegnet hat.

Gisela, Karin und Edith leben in einer ökonomischen Nische, die nur in der tiefsten Provinz möglich ist. Wandelt man durch die Zimmerfluchten des alten Hauses, begegnet man noch den Originalkulissen des sozialen Laboratoriums; im Flur hängt das sepiagetönte Bertolucci-Filmplakat, auf dem die aufständischen Bauern mit stolzer Miene auf den Betrachter zumarschieren; im Treppenhaus findet man Preziosen aus dem Pariser Mai, ein Siebdruckplakat mit Schafen und dem Spruch »Retour à la Normale«, das bereits Sammlerpreise erzielen würde. Dem Gast wird wehmütig zumute, wenn er vor den Regalen steht, denn hier erschließt sich noch einmal in voller Blüte der Glanz und die Sehnsucht der Politfreak-Kultur. Wie in Gießharz gegossen die Regenbogen-Suhrkamps, die Seyfried-Comics und die komplette Riege der Kursbücher, die Raubdrucke und Broschüren, die Pamphlete des Anderen Lebens. Wehmütig möchte man den Staub vom »Herrn der Ringe« streichen und von dem China-Buch mit den

Kindern und der Rübe auf dem Titelbild, dann fällt der Blick auf den Ordner mit dem Titel »Frauengruppe '76« und die Broschüre »Schriften für einen sozialistischen Lehrerbund«. Still und unversehrt warten die blauen Bände ganz oben im Regal, die woanders längst an junge Wirtschaftswissenschaftsstudenten verramscht wurden, und verloren steht man zwischen dem kargen *Ficus benjamini* und dem von den Katzen zerfledderten Ledersessel.

Es dauert lange, bis man begreift, daß man zwei Jahrzehnte später lebt und daß bald schon der fiese Versicherungsvertreter den drei Lehrerinnen kündigen wird. Daran führt kein Weg vorbei.

When we get older

Gegen Mitte der 80er Jahre saß Joe oft auf dem Klo und grübelte über die Selbstveränderungsfähigkeit des Menschen.

Nach über einem Jahrzehnt des sozialen Experimentierens war die Bilanz eher vernichtend. Nicht nur, daß sich die Institutionen der Politfreak-Kultur als unbewohnbar erwiesen hatten – von der WG über das Alternativprojekt bis zu den Grünen schien alles eher schlimmer zu werden als in der etablierten Gesellschaft. Nicht nur, daß der Glanz des Politfreaks längst verblaßt war: auch im individuellen Sektor schien die Lage hoffnungslos.

Ein Beweis, wie wenig sich »der Mensch« änderte, war – das Klo. Ein gutes Jahrzehnt hatte Joe auf Klos gesessen, deren Türen nicht abzuschließen waren. Eine Zeitlang waren sogar die Türen ausgehängt worden, damit man sich mit denjenigen unterhalten konnte, die gerade in der Badewanne saßen. Doch Joe hatte sich niemals daran gewöhnt. Es war ihm immer peinlich gewesen, wenn ihm jemand beim Scheißen zusah.

Und galt das nicht auch für alle anderen »bürgerlichen« Gefühle, die der Politfreak so vehement bekämpft hatte? War Joes Eifersuchtskoeffizient im Lauf der Jahre nicht sogar noch größer geworden? Hatte das Bedürfnis nach Privateigentum nicht zugenommen, und ebenso der Wunsch nach Sauberkeit und Verfügbarkeit über das eigene Terrain? Und waren all die Freunde nicht letztlich so geblieben wie vor 15 Jahren? Einmal, als Joe seine alte Abiturklasse wiedersah, fiel ihm auf, was ihm früher nicht aufgefallen war, weil er es sich nicht gestattet hatte: Die Schüchternen waren immer noch schüchtern, die Mutigen mutig, die Schönen schön. Die Selbstbewußten hatten einen guten Job und wunderbare Frauen, und diejenigen, die damals schon unter Minderwertigkeitskomplexen gelitten hatten, waren einfach bieder und brav geworden.

Joe spürte, daß er alt wurde.

Im unsichtbaren Kampf gegen das Altern, der unweigerlich um die 30-Jahres-Grenze beginnt, hat Joe einige Handicaps zu verzeichnen. Weil er immer »intensiv leben« wollte, übertrieb er stets und überzog jahrelang seine Kräfte. Er kurierte Krankheiten nicht richtig aus, hatte jahrelang bis mittags geschlafen, er war und ist kein Typ, der sich jeden

Tag dreimal drei Minuten die Zähne putzt. Er hat den Körper nie als Problem wahrgenommen. Sport – das war in den 70ern allenfalls ein Zeitvertreib für Neurotiker. Das schlägt natürlich irgendwann zurück. Etwa das Rauchen: Joe ist Mitte der 80er soweit, daß er den heroischen Kampf gegen die Zigarette, diesen unvermeidlichen Genossen seiner Kneipenkultur, aufnehmen will. Nach vielen, vielen Anläufen schafft er es tatsächlich. Aber um einen hohen Preis.

Was ist Joe ohne seine Kippe, an der man sich so wunderbar festhalten kann? Die Kippe, das ist die Kneipe, und die Kneipe ist eben nicht nur eine Abfüllstation, sondern eine tragende Wand in Joes sozialer Identität. Wenn Joe mit dem Rauchen aufhört, muß er auch mit dem Alkohol aufhören.

Auch Joe ist schließlich zum Zahnarzt gegangen. Aber was ist Joe auf einem Zahnarztstuhl, hilflos einem Herrn der Schmerzen und dessen Gehilfinnen ausgeliefert? Ein Nichts, ein Ausgelieferter.

Und was sich sonst noch so ins Leben drängt: das häufige Nachdenken über den 40. Geburtstag, der stetig wachsende Bierbauch, der Joe besonders schmerzt, weil die Frauen das nicht mögen; das ausgemergelte Gefühl, das sich nun plötzlich einstellt, wenn er erst um 12 Uhr mittags aus dem Bett kommt.

Und dann stehen Entscheidungen an. Viele von Joes Freunden haben diese Entscheidung bereits gefällt: Martin und Heide haben ein zweites Kind, ebenso der freakige Wolfgang, der alte Politsaufkopf (Gott sei Dank ist das Kind gesund). Hat nicht auch Karla auf einer Postkarte aus Jamaika irgend etwas in dieser Richtung angedeutet? Eine Bürgerinitiative gegen die Kinderseuche sollte man gründen, denkt Joe. Und doch bleibt ihm nichts anderes übrig, als sich mit dem Vorhandensein archaischer Muster abzufinden, gegen die die Freiheitslüste nichts ausrichten können. (Wie gut, denkt Joe manchmal, daß ich mich damals nicht sterilisieren ließ.) Man will sich offenbar um jeden Preis verewigen, und wenn nicht durch die Revolution, dann eben so. Also muß auch Joe überlegen, wie er seine Fortpflanzung organisiert. Wenn er das nicht schafft, spürt er ganz genau, wird sein Leben unweigerlich in eine Depression hineinrutschen, und es wird diesmal mehr sein als eine jener wilden Melancholien, die Joe früher den Müll, die Stadt und das Leben um so intensiver erleben ließen; es wird in einer ganz miesen Resignation enden.

Warum also nicht einfach kapitulieren und zeugen? Joe, das ahnt er manchmal selbst, gehört zum Kreis derer, die zu egozentrisch für Kinder sind, Kinder aber um so mehr brauchen, um ihr übergroßes Ich zu verewigen. In diesen depressiven Momenten fühlt Joe sich als eine Art Mutant, dem der Rückweg in die Illusion des Weiterlebens durch Kinder versperrt ist. Deshalb muß er um so mehr mit dem Skandalon des Todes hadern. Das, so spürt er, die panische Angst vor dem Tod, kann ihn in der zweiten Lebenshälfte die Lebensfreude kosten.

Zudem kommt er in das Alter, in dem die Väter und Mütter krank werden und sterben. Der Tod einer Großmutter oder eines Großvaters ist noch zu verkraften, damit, daß sehr alte Menschen irgendwann das Zeitliche segnen, wird man leben können. Aber wenn der Vater, der schließlich im Zentrum des Aufbegehrens und der Abarbeitung stand, sich als sterblich erweist, dann rüttelt etwas, trotz aller Distanz, an den Grundfesten. Wie soll man sich verhalten? Soll Joe sich blicken lassen, sich sorgen, im Krankenhaus am Bett sitzen? Wäre das nicht reumütige Rückkehr, durch Schwäche erzwungen? Gegen Stärke kann Joe sich wehren, aber angesichts der Schwäche wird er schnell schwach. Und was im Krankenhaus reden? Eine kitschige Versöhnungsszene? Ein letzter tiefer Blick? Ein Abwenden, was er eigentlich gar nicht will, das ihm aber ewig als Schuldgefühl nachhängen wird?

Jenseits der 30-Jahres-Grenze häufen sich solche Fragen. Plötzlich trifft man sich statt auf Demos auf Trauerfeiern wieder, und auch mit einem ordentlichen Rausch ist der Sache nicht beizukommen. Wenn man nicht gerade ein Herz aus Stein hat, verändern diese Abschiede das Leben gründlich, man könnte auch sagen: radikal. Und auf diesem Terrain versagt die starke, vitale Sprache der Politfreak-Ära.

Gastspiel: Matthias Beltz: Unsere Toten. Ein Requiem

Wir wollten nicht nur den Kapitalismus abschaffen, sondern auch den Tod. In der Bibel ist der Tod der Sünde Sold, also Strafe für ein schuldbeladenes Dasein. Schuld aber waren für uns immer die anderen, der Tod eine Tat der kapitalistischen Mordmaschine. Ob Benno Ohnesorg 1968 von einem Polizisten erschossen wurde oder ob Günther Sare 1985 von einem Wasserwerfer überfahren wurde: Es war immer Mord.

Was aber war mit den anderen, die nicht auf den Schlachtfeldern des politischen Kampfes fielen? Hat sie der natürliche Tod ereilt?

Ich kann mich noch sehr genau erinnern, wie ich F. in einem Feriencamp in Italien das letzte Mal sah, es muß 1979 gewesen sein. Er kam plötzlich ohne Brille einen Hügel herunter. F. war stark kurzsichtig, lief jedoch ohne Brille selbst durch den Nachmittags-Verkehr von Florenz, denn er war darauf gekommen, daß die Brille ein Zivilisationsgerät ist, das man durch innere Anstrengung überflüssig machen kann.

F. kam aus Nordhessen, aus der Gegend um Bebra, in den 60ern war er Facharbeiter in Offenbach. Anfang der 70er machte er das Abitur nach. Als wir, Genossen der Politgruppe »Revolutionärer Kampf« (RK), bei Opel in Rüsselsheim arbeiteten – es ging damals noch um die proletarische Revolution –, stand F. morgens um halb fünf zur Frühschicht auf, arbeitete acht Stunden in der Produktion und fuhr nachmittags nach Heidelberg ins Soziologische Seminar. Er wollte um jeden Preis Theoretiker werden.

F. sah nicht aus wie der kleine Angestellte oder Prolet, der er eigentlich war, eher wie ein typischer Intellektueller; mittelgroß, hager, mit Brille und einer frühen Halbglatze. In der Szene galt man als Nicht-Student recht wenig, die Arroganz der intellektuellen Zirkel gab den Ton an. Es existierte das Leitbild des Intellektuellen, es galt das Gesetz des Frankfurter Reflektierens: Jeder praktische Schritt mußte noch einmal nachreflektiert werden. Man war im Wortsinn Weltmeister: In der revolutionären Praxis die Avantgarde, aber auch theoretisch ganz vorne.

F. wollte die Revolution um jeden Preis. Er schrieb eine große Doktorarbeit über Reformismus und Marxismus. Doch ihm fehlte die intellektuelle Arroganz, er erklärte die anderen Positionen nicht für schwachsinnig, wie das damals üblich war. Das machte ihn besonders anfällig für die Krisen, in die die Bewegung geriet, für unsere Zweifel. Zum Beispiel 1976, als anläßlich des Todes von Ulrike Meinhof ein Molotowcocktail in ein Polizeiauto flog und ein Polizist beinahe verbrannte. Einige saßen tagelang im Knast, und danach begann ein großes Nachdenken, an dem sich auch F. beteiligte. Wie sollte es weitergehen? Wir spürten, daß wir eine Revolution machen wollten, an der das Volk gar kein Interesse hatte.

F. sagte daraufhin: Wenn die Praxis unhaltbar ist, müssen wir uns wieder der Theorie zuwenden. Er begann, sich in die Philosophie hineinzugraben, in Philosophie und Erkenntnistheorie. Was kann man überhaupt erkennen in einer Gesellschaft, deren Teil man ist? Später, als er dann langsam abhob von der kruden Realität, erzählte er immer, er habe Kant jetzt endgültig am Haken; er werde ihn jetzt widerlegen. Um 1977 herum begann er sich intensiv mit dem Faschismus auseinanderzusetzen. Es war die Zeit des Deutschen Herbstes, die Polizei rüstete auf, der Staat holte zum letzten Schlag gegen die RAF aus, und wir alle wußten nicht genau, ob wir nicht wieder in eine faschistoide Gesellschaft hineinschlitterten. F. war damals Redaktionsmitglied einer Theoriezeitschrift. Dort wurden immer wieder dieselben Fragen gestellt: Wenn wir es besser wissen als die Massen, wenn wir recht haben mit unserer Gesellschaftsanalyse – warum setzen wir uns nicht durch? Sind wir zu blöd? Machen wir zuwenig Agitation? Oder liegt es daran, daß wir nicht verstehen, daß auch die herrschenden Verhältnisse eine gewisse Faszination haben? Daß gar der Faschismus faszinierend ist – und wir das nur nicht verstehen?

F. besuchte in dieser Zeit einen Buchhändler, der offen sagte: Ich war Mitglied der NSDAP, und das Dritte Reich hatte auch gute Seiten. Er schrieb ein einfühlsames Portrait über diesen Menschen. Es ging ihm bereits nicht mehr um die Unmöglichkeit der Revolution, sondern um die Unmöglichkeit oder Möglichkeit von Erkenntnis überhaupt. Wenn Kant die Unmöglichkeit der Erkenntnis der letzten Dinge formulierte, mußte F. sofort die Gegenthese aufstellen und behaupten, daß man vielleicht *doch* das Wahre und Wirkliche erkennen konnte. Er setzte sich bald zunächst mit Astrologie und dann mit dem Buddhismus auseinander und verschwand eine Zeitlang in Nepal, von wo er ohne Brille zurückkam.

Viele, die ihn kannten, hat F.s Zustand nicht sonderlich beunruhigt. Unser ganzer Polithaufen war auch ein Club von Irren; es wurde überall ein viel zu wirres Zeug geschwätzt. Vielleicht sagten wir manchmal: F. redet ja heute einen Stuß, oder: Jetzt hebt er aber ab; aber der Gedanke, daß ihm ernsthaft etwas fehlen könnte, kam uns nicht, weil wir ja selber alle etwas wild im Kopf waren. Es fiel nur einigen wenigen auf, daß F. aus seiner Wohngemeinschaft auszog und allein lebte, als seine Beziehung zu seiner Freundin in die Brüche ging. Dabei waren gerade Liebesbeziehungen in dieser Zeit wichtig – je mehr sich unser Haufen auflöste, desto mehr mußten sie zur Stabilisierung beitragen.

Nachdem er ohne Brille über den Hügel gekommen war, verschwand er plötzlich aus seiner Frankfurter Wohnung. Er sagte uns, er müsse jetzt ein großes erkenntnistheoretisches Werk schreiben, und dafür müsse er sich in ein Hotel nach Bad Homburg zurückziehen. Ich habe ihn in dieser Zeit ein letztes Mal gesehen, er kam mich in dem Hinterhof-Häuschen besuchen, in dem ich damals lebte, und wir saßen im Hof und tranken ein Glas Wein, er war freundlich, er lachte und amüsierte sich.

Es muß 1980 oder 1981 gewesen sein, als er endgültig verschwand. Er hatte vorher alle seine Bücher verschenkt, war durch die Wohngemeinschaften gezogen, in denen er Bekannte hatte, um mit ihnen noch einmal zu plaudern. Zunächst machte sich niemand Sorgen. Dann kam ein Anruf von der Polizei, daß man im Stuttgarter Hauptbahnhof seine Jacke und seinen Ausweis gefunden habe. Auch das mußte noch nichts Schlimmes bedeuten; vielleicht hatte er mehrere Ausweise, vielleicht wollte er seine Identität abstreifen und eine Weile wirkliche Einsamkeit erleben, vielleicht hatte er sich nach Asien abgesetzt; ich war überzeugt, daß er versuchte, dort in einem Kloster zu überleben.

Viele Jahre später, um 1985 herum, kam ein erneuter Anruf von der Polizei. F. hatte sich schon bald, nachdem er verschwunden war, aus einem fahrenden Zug gestürzt und war überfahren worden; die Polizei hatte es all die Jahre geheimgehalten, weil sie an einen Fememord der RAF glaubte. F. hatte bisweilen schriftlich seine existentielle Zuneigung zur Guerilla bekundet, und die Herren vom BKA hatten das für bare Münze genommen.

Es gibt drei Möglichkeiten zu erklären, woran F. gescheitert ist. Erstens: Die Szene hat sozial versagt. Doch das wäre zu einfach. Die zweite Theorie würde dem widersprechen: F. ist gar nicht gescheitert, weil er ohne die Szene, ohne die politische Bewegung schon viel früher gescheitert wäre. Die dritte These vereinigt beides: Man wollte damals alles – und wenn man es nicht bekam, erlebte man es als persönliches Scheitern. Entweder es klappt – oder alles hat keinen Sinn mehr. Dazu kommt, daß andere aus dem sozialen Zusammenhang »Szene« es viel besser zu schaffen schienen – sie hatten die besseren Theorien, die spannenderen Liebesverhältnisse, die besseren beruflichen Zusammenhänge. Ich glaube, daß unsere Bewegung etwas sehr Mörderisches, Unerotisches gehabt hat: Du erhältst das begehrte Objekt nicht oder nicht sofort. Dieses Unbedingte, eben Unerotische, dieses »Alles-sofort-haben-Wollen« – die Revolution und die Liebe und die Erkenntnis –, das hat, glaube ich, auch etwas mit dem Todestrieb zu tun. F. hat nicht den geringsten Abstand zu diesen Absolutheitsansprüchen gehabt, zwischen ihm und dem »totalen Leben« gab es nicht die leiseste Distanz. Taugte das eine nicht – die Praxis –, stürzte er sich in das andere; war die Praxis am Ende, mußte es die Philosophie bringen. Auf diese Weise hat F. immer wieder einen Kopfsprung gemacht. Zum Schluß aus einem fahrenden Zug.

Der zweite war K. Ich lernte ihn 1966 während des Studiums kennen, er fiel mir von Anfang an auf als ein Mensch, der sehr laut spricht, der etwas Unangenehmes hat, weil er stets im Mittelpunkt stehen und laute Witze reißen muß. Ich wunderte mich, daß er plötzlich bei einer Demonstration dabei war. Als ich ihn Mitte der 70er wiedertraf, hatte er ein Diplom als Psychologe, war festes Mitglied der Szene und sprach schon tagsüber dem Weine zu. Und das nicht zu knapp. Das begann früh – als wir uns dem Proletariat näherten, näherten wir uns auch seinen Gewohnheiten. (Ich weiß noch, wie ich mit dem Kollegen W. bei Opel schon in der Mittagspause um halb elf zwei Flaschen Starkbier und zwei Jägermeister intus hatte.) Aber so sehr wir auch schluckten – es hatte Grenzen. Im Gegensatz zum Einsamkeits-Saufen in den eigenen vier Wänden handelte es sich beim Alkoholismus der Szene stets um ein soziales Saufen; es fand abends in der Stammkneipe statt, und wenn man nicht mehr reden konnte, hörte man auf. Es gab klare Rituale und Richtlinien – Samstag vormittags ging man demonstrieren, abends gab es ein großes Fest.

Vermutlich mußte K. deshalb mehr trinken, weil er Schwierigkeiten mit seiner Rolle in der sozialen Struktur der Szene hatte. Er kam aus den gehobenen Kreisen, er spielte Golf und verkehrte in ganz anderen sozialen Gefilden als unsereins; er gehörte also eigentlich nicht ganz zur Szene. Die rigide Revolutionsmoral war nichts für ihn, in die

Fabrik mochte er nicht gehen, das Proletariat war ihm fremd, also mußte er sich seine Reputation anders beschaffen. Sein Vater besaß eine Möbel-Fabrik in Rödelheim, und K. wollte diese Fabrik, wenn er sie erbte, der Szene als linkes Kulturzentrum zur Verfügung stellen. Damit wäre er zweifelsohne der König der Szene geworden.

K. ist im Scherz oft mit Dany Cohn-Bendit verglichen worden, weil er wie dieser rothaarig war und die Angewohnheit hatte, laut herumzuschreien. Man nannte ihn den »Dany von Eckenheim«, aber während Cohn-Bendit herumschreien konnte, soviel er wollte, ohne seine soziale Reputation zu verlieren, ging man dem lauten, witzemachenden K. lieber aus dem Wege: »O Gott, der schon wieder«, hieß es manchmal, wenn er eine Kneipe betrat. Seine Stellung in der Szene-Hierarchie war denkbar schlecht.

Und dann geriet alles ins Rutschen. Der Fabrik von K.s Vater ging es wirtschaftlich immer schlechter, und als der Vater starb, hinterließ er einen ruinierten Betrieb. K. kannte sich nicht im Erbrecht aus, er hoffte, die Firma irgendwie wieder auf die Beine zu stellen; jedenfalls nahm er das Erbe an – und hatte von einem Tag auf den anderen Hunderttausende Mark Schulden. Er ließ sich nichts anmerken. Nach außen erzählte er weiterhin die Geschichte vom Zentrum, und er schaffte es sogar, Anfang der 80er eine Entziehungskur zu machen. Ich traf ihn danach wieder. Er sah schlank und gesund aus, das aufgedunsene Säufer-Gesicht war verschwunden. Er sagte, die Nummer mit dem Saufen sei vorüber, er werde jetzt eine Praxis eröffnen. Tatsächlich ließ er sich Visitenkarten drucken und versuchte, sich Möbel für sein Büro zu beschaffen – aber niemand gab ihm Kredit. Kurz darauf flog er aus seiner Wohnung, weil er die Miete nicht mehr bezahlen konnte.

Später habe ich ihn noch einige Male getroffen. Er stand schwerbetrunken in einer Kneipe in Sachsenhausen, beschimpfte die Leute als Reaktionäre und machte Propaganda für den Kommunismus. Es waren nicht mehr die besten Zeiten für solche Agitation, und so war es kein Wunder, daß er Prügel bekam und rausflog. Er versuchte mehrmals, mit dem Saufen aufzuhören, mit Mineralwasser und Zitterentzug und alkoholfreiem Bier, aber irgendwann, es muß 1984 gewesen sein, hat es ihn auf die klassische Art erwischt: Er war besoffen, kam nach Hause, hat sich übergeben und ist daran erstickt.

Der dritte war L. Er war ein schöner Mann, aber er litt darunter, daß er hinkte. Er erlebte die glorreichen Tage des Mai 1968 in Paris, kam dann nach Deutschland. Er konnte gut reden, hatte in Frankreich viel erlebt und gehörte zum inneren Zirkel des SDS: eine beeindruckende Figur. Als sich der SDS auflöste, verlor er seine Heiterkeit und ging an eine süddeutsche Universität, heiratete; ich habe ihn eine Zeitlang aus den Augen verloren.

Mitte der 70er wagte er ein Experiment. Als Frankophiler war er oft in Frankreich, fühlte sich der französischen Kultur verpflichtet und irgendwann auch aufgerufen, das Boule-Spiel in Deutschland populär zu machen. Er schloß einen Exklusiv-Vertrag mit einem großen Hersteller ab und verpflichtete sich, eine bestimmte Menge abzusetzen. Das ganze Geschäft führte dazu, daß es eine Zeitlang drei, vier Boule-Mannschaften im Frankfurter Nordend gab, die meisten ihrer Mitglieder waren griechische Emigranten. Wenn es hochkam, wurde er fünfzig Kugeln los. Er hatte sich nicht nur verschuldet, er bekam auch mit, daß sich die Leute königlich über seine Pleite amüsierten.

Er ist auch später seinem individuellen Kurs treu geblieben. Er gehörte zu denen, die bereits nach der ersten Enttäuschung – nach 1968 – an der Revolution verzweifelten. Während K. sich zu sehr auf die Normen der Szene bezog, wollte L. alles nur allein vollbringen. Die sozialen Angebote der Szene nahm er nicht wahr und nicht an; deshalb war sein Scheitern vorprogrammiert, denn bestimmte Dinge waren nur aus einer intakten sozialen Struktur heraus zu schaffen. L. hat nie gesoffen, sah immer wie aus dem Ei gepellt aus, trug immer modische Kleidung, an der nie ein Knopf fehlte, sogar einen Schlips. Während andere versuchten, sich bei den Grünen eine neue Heimat zu schaffen, kümmerte sich L. um Frau und Kind und versuchte, in den Journalismus einzusteigen. Es war nicht einfach, schließlich ging er schon auf die Vierzig zu. Er bekam ein paar freie Aufträge vom Rundfunk, aber mehr wollte ihm nicht gelingen. Schließlich berief man ihn an die Spitze einer Fachzeitschrift für das Fernmeldewesen; er tat immer so, als ob er sich rasend dafür interessiere, in Wirklichkeit empfand er den Job wohl eher als eine Niederlage. So hangelte er sich in die 80er Jahre hinein.

Und dann geschahen zwei Dinge kurz hintereinander: Seine Frau, mit der er nicht zusammenlebte, bekam Krebs, und L. wußte, daß er sich um das Kind kümmern mußte, wenn sie starb. Wenige Tage später bekam er ein überraschendes Angebot für einen lukrativen Posten beim Rundfunk. Am selben Abend ging er aufs Klo und starb dort – plötzliches Herzversagen.

S. kam aus Bielefeld in unsere Stadt. Es ist uns nicht gelungen, die aktive Genossin aufzumuntern; schon früh hat sie immer wieder damit gedroht sich umzubringen, sie hat es viele Male versucht und sich schließlich vom Henninger Turm heruntergestürzt. Oder I., die immer schwindelte und viel erzählte, wenn der Tag lang war, so daß alle ihr ständiges Reden, sie würde eines Tages Krebs bekommen und dran sterben, für Geschwätz hielten; sie bekam tatsächlich Krebs und starb daran. Oder A., der schon auf die Fünfzig zuging, früher ein Autobastler war und immer mehr auf den spirituellen Trip kam; er starb mitten in einer intensiven Therapiesitzung an einem Herzinfarkt. Oder T., der hochsensible Theoretiker, der sich in England vor einen Zug warf, seine Beine verlor und überlebte, bis er es beim nächsten Versuch schaffte. Die Traueranzeigen in der TAZ nehmen zu.

Was F., L. und K. verbindet, der Grund vielleicht für ihre frühen Tode, ist der Horror vor der Normalität. Die Unfähigkeit, nach dem Pathos der Revolte, nach dem Aufbruch und dem großen Reflektieren des Lebens einen ganz normalen Alltag zu leben. Ich kann mir vorstellen, daß durch den massiven Einbruch des Politischen in ihr Leben viele von uns ihren persönlichen Traum nicht mehr gefunden haben – vielleicht, weil man sich eine Karriere als Pilot, Musiker oder Philosoph aus moralischen Gründen nicht mehr zugestand. Statt dessen lebten wir in der Illusion, daß die Revolution die höchste Verwirklichung des Menschen ist, und daß alles, was danach kommt, nur ein Niedergang, ein Abgang, ein Abstieg in etwas ganz Düsteres ist. Als dieser gewaltige Selbstveränderungsprozeß, der die 70er Jahre begleitete, zu Ende war, wurde man plötzlich wieder mit sich selbst konfrontiert. Viele schafften es nicht, das zu tun, was man normalerweise tut, wenn die Jugend vorbei ist und ein neuer Lebenssinn nötig: eine Familie zu gründen und sich damit einen neuen Sinn zu schaffen. Sie waren zwischen 30 und 40 Jahre alt – und standen plötzlich vor einem Leben, in dem alle Träume und Utopien keinen Wert mehr zu haben schienen, weil sie desavouiert, ausgeträumt waren.

Wenn jemand in unseren Kreisen stirbt, gehen wir nicht viel anders damit um als jeder Kleinbürger, nur haben wir noch weniger Rituale, und die Beerdigungen bei uns sind vielleicht noch verlogener und verklemmter. Als die Sache mit F. herauskam, haben wir uns zusammengesetzt und viel geredet: ob wir etwas falsch gemacht haben, ob wir es hätten ahnen können. Eine Trauerfeier gab es nicht, die Überlebenden haben noch nicht einmal ihr Überleben gefeiert.

Wenn in der Familie jemand stirbt, trifft man sich und heult, anschließend wird gelacht und gesoffen und über abwesende Verwandte hergezogen. Auch bei uns wird der Tod dazu benutzt, um dem anderen Flügel der Familie – der Szene – eins auszuwischen. Als 1988 ein Mitglied der ASH (eines der alteingesessenen Alternativprojekte) starb, gab es einen vor Kitsch glühenden Nachruf in der TAZ, der wie eine Propagandaerklärung für die ASH klang und die Klage enthielt, daß soundso viele nicht richtig mitgeholfen hätten beim Projekt. An anderen Gräbern werden flammende Kampfesreden geschwungen – »Er kämpfte aufrecht bis zum letzten Atemzug und mit all seiner Kraft« –, als lebten wir gerade auf den Barrikaden.

Es muß eben immer jemand schuld sein am Tod, als ob es unnatürlich wäre, zu sterben. Die Ideologie unserer Bewegung ist immer davon ausgegangen, daß alles »gemacht« wird – Anarchie zum Beispiel, Herr Nachbar, ist machbar. Und wenn alles »gemacht« wird – die Verhältnisse, die Umweltverschmutzung, die Herrschaft –, dann ist natürlich auch der Tod eines Menschen ein Machwerk.

Das führt zu traurigen Trauerformen: Als R. sich in einer Ärzte-Gemeinschaftspraxis mit einer Überdosis Schlaftabletten umbrachte, gab es eine heftige Debatte, und im Nachruf im Szene-Blatt gab der Kollege und Verfasser zu, sich schuldig zu fühlen. War es die kalte, konkurrente Struktur der Ärztegruppe? Und außerdem sei es doch ein deutliches Signal, daß er sich ausgerechnet in der Praxis getötet habe.

Ich kann mir schwer vorstellen, daß man steinalt wird, wenn man aus unseren Kreisen kommt. Viele von uns haben auf Erholungsphasen verzichtet, die im Leben notwendig sind. Da waren der Alkoholismus und andere Drogen, viel Nikotin, ein Leben ohne Rücksicht auf den Körper. Unsere Mortalitätsrate ist hoch. Man könnte aber auch sagen: Diese Toten haben mehr erlebt in ihrem Leben, das nur 40 Jahre dauerte, als mancher gesunde Greis.

Früher dachte ich: Wenn man tot ist, ist man tot. Aber heute kommt mich wieder zuweilen ein Schauder an, und am schlimmsten schaudert es mich bei dem Gedanken, daß es *nicht* zu Ende sein könnte. Ich war immer religiös, und ich glaube, wir waren es im Herzen alle: voller Glauben.

Die Toten haben eine ungeheure Kraft. Ob es jetzt eine altwestfälische oder eine indische Weisheit ist: Du lebst so lange, wie du im Gedächtnis der Überlebenden bleibst. Aber wer weiß, was intensiver ist: ein eigenes Leben oder die fremde Erinnerung daran?

Teil 2
Die offenen Enden der Emanzipation

»Ich träume davon, endlich wieder einmal etwas zu tun, das *selbstverständlich* ist.«

(Helga, als sie sich nach sechs Jahren Beziehung entschloß, mit Georg zusammenzuziehen)

Die antiemanzipatorischen Kämpfe

Als Joe Mitte der 80er Jahre Abschied von seinem Gemüsegarten nimmt und in die Stadt zurückkehrt, kommt er sich vor wie bei einem Fernsehfilm, den man erst eine halbe Stunde vor Schluß eingeschaltet hat.

Ohne Zweifel hat sich die Stadt, in der er seine Politfreak-Jugend erlebt hat, verändert. Die sympathisch-schlampige Unordnung der 70er Jahre ist verschwunden. Schon der optische Eindruck signalisiert es: Die unzähligen Klecksereien an den Wänden, die Parolen und lustigen Sprüche sind übertüncht, im Zentrum der Stadt, wo Joe einst Plakate geklebt und Parolen gesprüht hat, stehen jetzt Bretterwände, auf denen das »Plakatieren erlaubt« ist. Auf den Straßen beginnt ein neuer Autotypus die Wagen des vergangenen Jahrzehnts abzulösen. Große, fette Autoschiffe mit getönten Scheiben schwimmen jetzt auf den Überholspuren. In der Innenstadt gibt es samstags keine Demonstrationen mehr. Statt dessen bevölkert ein neuer Typus von Jugendlichen die frisch gepflasterten Fußgängerzonen und neueröffneten Boutiquen. Joe kann ihn zunächst nicht einordnen. Eindeutig handelt es sich um eine völlig andere Spezies als den Politfreak. Sie scheint dem Konsum verfallen, andererseits aber auch nicht angepaßt: In den Gesichtern der jungen Typen mit den an den Schläfen ausrasierten Haaren und der schnippischen jungen Frauen liegt auch etwas Trotziges; ein Ausdruck, den Joe aus seiner eigenen Generationsgeschichte zu kennen glaubt.

Es hat sich etwas atmosphärisch geändert in der Stadt. Weil Joe keine Vokabel dafür hat, nennt er das neue Klima wie alle seine Freunde: Wende.

Für Bernd sollte es fast ein Jahrzehnt dauern, bis er begriff, worum es eigentlich ging. Seine Geschichte mit Julia ähnelte einer ganz normalen Beziehung in unseren Kreisen, in der man über die Jahre zwischen Nähebedürfnis und Angst vor zuviel Nähe hin und her schwankte. Man hatte sich Mitte der 70er in einer dieser studentischen Aktionsgruppen kennengelernt, die in Wahrheit Selbsterfahrungsgruppen mit politischem Etikett waren, man hatte sich wacker durch die WGs und Eifersuchtsdramen gekämpft (inklusive der Härtetests, die für den

Einzug in den »harten Kern der Szene« unabdingbar waren: die berüchtigten »Zu-Dritt-Gespräche-bis-ins-Morgengrauen«) und war schließlich in einer weißgetünchten Dreizimmerwohnung hängengeblieben, die das Schicksal und die Politfreak-Evolution irgendwann nach der Jahrzehntwende vorschrieb. Aus dieser »Ehewohnung« zog im Zwei-Jahres-Rhythmus immer wieder einer von beiden aus, vorübergehend zu Freunden und Bekannten aufs Land, um spätestens eine Woche darauf wieder daheim zu sein.

Kurz: Es ging alles seinen gewohnten Gang. Ab und zu hatte Bernd zwar gedacht, irgend etwas an dieser »ganz normalen Beziehung« sei *substantiell* falsch, es sei der Wurm drin, aber schließlich dachte man so etwas immer einmal. Daran, daß Julia die falsche Frau für ihn war, konnte es nicht liegen, da war er sich sicher.

Die Paare, die in der ersten Hälfte der 80er zu Tausenden aus dem Politfreak-Milieu herauskatapultiert wurden, lebten keineswegs auf einer Emanzipationsinsel. Auch Bernd und Julia waren von jenem kleinen Unterschied geprägt, der sich aus der unterschiedlichen Bewertung des Lebensfaktors »Beruf« ergab. Bernd hatte sein Leben stark auf seine Tätigkeit als Pädagoge in einer höherdotierten und sehr kräftezehrenden Stellung ausgerichtet, Julia legte mehr Wert auf das »andere«, sie beschäftigte sich mit Selbsterfahrung und Theaterworkshops, lernte Bauchtanz und avancierte zur Horoskop-Expertin. Bernd hatte schon Anfang der 80er Jahre den Begriff »Leistung« positiv besetzt, Julia verdiente stets weniger Geld als er. Bernd wirkte, wohl auch bedingt durch seinen beruflichen Erfolg, relativ ausgeglichen, Julia tat sich schwerer. Sie hatte mindestens dreimal im Jahr ihre »Löcher« – Phasen, in denen sie sich völlig verkroch und mit sich selbst beschäftigte. Einige ihrer Jobs gingen über solchen »Löchern« in die Brüche – sie war während ihrer Depressionen unfähig, zum Arzt zu gehen und sich krank schreiben zu lassen. Bernd sprang ein – finanziell und psychisch –, half bei der Suche nach einem neuen Job (er kannte aus seiner Szene-Zeit Hinz und Kunz). Aber er ließ auch erkennen, daß er von Julia verlangte, ihren eigenen Lebensunterhalt selbst zu regeln, unabhängig von ihm. »Ich will«, sagte er, »daß wir uns jederzeit trennen können, ohne daß jemand von uns existentiell auf die Nase fällt.« Wenn er so redete, schwieg Julia und starrte an die Wand. Auf die Dauer waren Aggressionen unvermeidbar, denn schließlich war Bernd es, der morgens regelmäßig früh aufstehen mußte, um den Löwenanteil fürs Leben zusammenzutragen, für die Flugreisen nach Gomera, die inzwischen gediegenen Möbel, die Stereoanlage der High-End-Klasse, Julias reichhaltigen Kleiderschrank, ihre teuren Kurse und ihr kleines Auto. Julias »Löcher« wurden trotz einer Therapie nicht kleiner, im Gegenteil. Julia »gönnte sich das«, sie »mußte da durch« und »sehen, wie es auf der anderen Seite ist«, wie sie halbwegs selbstbewußt formulierte, und das war bei ihrem unterentwickelten Selbstwertgefühl schon eine Formulierung, die Bernd als Fortschritt erschien. Auf der anderen Seite schien Julia um so schwerer mit dem Geldverdienen klarzukommen, je älter sie wurde. Im Gegenzug erledigte Bernd Haushaltsdinge zuverlässig; er war einer von jenen Männern, die die Hausarbeit in den Wohngemeinschaften gelernt hatten. Er wollte Julia nicht in die Rolle als Hausfrau drängen. Also übte er einen gelinden, aber kontinuierlichen Druck auf Julia aus: Du mußt die Sache mit deinen Jobs regeln.

Natürlich sah Julia das ein. Überhaupt sah sie alles unentwegt ein. Aber aus einer Schreibstelle an der Uni hatte man sie gekündigt, nachdem sie x-mal erst gegen Mittag angetreten war – einer Freundin ging es saudreckig, sie mußte sich um sie kümmern. In einer Anwaltskanzlei hatte es Ärger mit einem Mitarbeiter gegeben, den Julia körperlich wie psychisch keine Sekunde ertragen konnte, zu einem schlechtbezahlten Job in einer Naturkosthandlung, die ein Freund von Bernd betrieb, hatte sie verständlicherweise keine Lust. Keine zehn Pferde würden sie mehr in dieses Scheißarbeitsamt bringen, wo man sie behandelte wie den letzten Dreck. Debatten um Weiterbildung führten zu nichts (Julia war arbeitslose Lehrerin), und von Alternativprojekten hatte sie endgültig die Nase voll. Also blieb nur Sekretariatsarbeit, »Knechtschaft pur«, wie Julia formulierte.

Wie gesagt, es dauerte zehn Jahre, bis Bernd begriff. Oder besser: neuneinhalb Jahre, im letzten halben ging die Beziehung zwischen Bernd und Julia um ein Haar in die Brüche. Bernd arbeitete wie noch nie, und wenn er abends nach Hause kam, ging es Julia schlecht, weil sie in einem ihrer »Löcher« steckte. Sie rauchte im Bett eine Packung Gitanes nach der anderen, und alle Versuche, ihr irgendwie weiterzuhelfen, fruchteten nichts oder führten zu Wutausbrüchen. Natürlich wußte Bernd um die Macht einer Depression, aber irgend etwas sagte ihm, daß dies keine Depression war, sondern ein Machtkampf.

Eines Nachts, als sie in der Küche saßen – Julia rauchte und weinte, Bernd war hundemüde, und sie hatten sich wieder einmal festgeredet –, wußte Bernd mit einem Male, was er fast zehn Jahre lang nicht hatte wahrhaben wollen. Er starrte auf die leuchtende Kontrollampe der Espressomaschine, hörte das Summen des Kühlschrankes, beobachtete, wie eine Fliege sich auf den Resten der Pasta niederließ – und wußte plötzlich Bescheid. Es war zu naheliegend, als daß jemand, der durch die 70er Jahre geprägt war, es hätte rechtzeitig erkennen können, und es war im Sinne des Emanzipationsgedankens zu skandalös, um es sich einzugestehen.

Julia, wußte er plötzlich, *wollte* überhaupt nicht auf eigenen Füßen stehen. Sie hatte *aus tiefster Seele keine Lust*, eine selbständige, unabhängige Frau zu sein. Sie wollte ganz einfach von ihm *ernährt* werden.

Er überprüfte noch einmal ihre Geschichte. Wie er Julia kennengelernt hatte, wie ihre Beziehung gewachsen war und was sie die letzte halbe Stunde am Küchentisch gesagt hatte. Es war völlig klar. Und im selben Moment wußte Bernd, daß er in der Falle saß.

Julia würde es leugnen, dessen war er sich gewiß. Sie würde ihn anfauchen, heulen und schreien. Seine männlichen Freunde würden ihn milde belächeln und klug von »Projektion« reden, seine weiblichen Bekannten einen Frauenfeind nennen und seine Feststellung ins Reich der Männerphantasie verweisen. Aber im Grunde war das auch egal. Denn *wenn* es so wäre, konnte keine Diskussion das Problem lösen, es war einzig und allein eine Sache zwischen ihm und Julia. Es war ein Kampf. Ein erbarmungsloser Kampf. Es war immer einer gewesen. Die ganzen Rollenkonflikte und nächtlichen Schreiereien, die Konflikte im Urlaub und die Ausbrüche und Auszüge – hatten sie alle nur dem einzigen Ziel gegolten, ihn in die Rolle des klassischen Ernährers zu drängen?

Es war eine späte, fatale Erkenntnis – und gleichzeitig hatte Bernd den Blick auf ein Terrain gerichtet, das bislang im Reich des Politfreaks tabu geblieben war. Es ist das Reich der Anti-Emanzipation.

Jede Bewegung, jede gesellschaftliche Veränderung und jeder Fortschritt in Richtung Emanzipation hat ihre Opfer. Natürlich keine schreienden Opfer, keine Unterdrückten. Aber Opfer sind es dennoch.

In den 70ern hat zwar nicht die Revolution gesiegt, aber die Patterns der Emanzipation sind tief in die »etablierte Gesellschaft« vorgedrungen. Die neuen Werte heißen Selbstverantwortung, Autonomie, Individualität. Eine kleine Avantgarde – ichstark und energiegeladen – lebte tatsächlich nach diesen Devisen, und eine größere Schar versuchte ihr Bestes.

Was aber ist mit den Schüchternen? Denen, die sich nicht artikulieren können? Die den Diskurs der Emanzipation und Psychokultur nicht beherrschen? Die, aus welchen Gründen auch immer, die notwendige Stärke nicht aufbringen? Und gibt es ein Recht auf »Emanzipationsfaulheit«? Darf man es einfach *verweigern*, autonom, stark, berufsfähig, selbstverwaltet, selbstbewußt zu sein? Wo steht geschrieben, daß nicht auch eine gegenseitige Abhängigkeit Teil einer freien Übereinkunft sein kann?

Die Kultur der Emanzipation ist zuallererst einmal eine *Kultur der Trennung*. Sie hat zweifelsohne die alten, dumpfen Verhältnisse auf breiter Front durcheinandergebracht. Sie hat viele dazu gebracht, ihr Leben zu überprüfen und die alten Gewißheiten radikal in Frage zu stellen. Viele, besonders viele Frauen, lernten, sich aus überkommenen Verhältnissen zu lösen. Ehen, die keine Zukunft mehr hatten, wurden endlich aufgegeben. Menschen, die sich gegenseitig nur noch quälten, trennten sich – Erfolge und Spätfolgen der 70er Jahre.

Aber neue Rollen? Gangbare Wege etwa für die Kindererziehung? Für eine Partnerschaft jenseits der alten Regressionen? Es gibt sie, aber sie sind selten, und offenbar muß man eine Art Übermensch sein, um ein tatsächlich stabiler, autonomer, gesunder Mensch zu werden, der keinerlei Fixierungssehnsüchte und Regressionswünsche mit sich herumträgt.

Die Emanzipation entwickelt die Syntax des Neinsagens, des *Dissens*, gegenüber den Anforderungen jedoch, die ein gemeinsames Leben an den *Konsens* stellt, hat sie wenig zu bieten. Sie lehrt uns nichts von der Kunst des Kompromisses und der Ausdauer, des Aushaltens und der Kontinuität, die *auch* dazugehört zu den menschlichen Beziehungen. Viele haben das instinktiv gespürt. Und hier liegt die Antwort auf die Frage, warum so viele die Veränderung der 70er *nicht* vollzogen haben: Sie haben ihre miese, durchschnittliche Ehe betrachtet – und dann die Alternativen. Und dann haben sie abgewogen.

Besonders, wenn Kinder da waren, sah die Bilanz nicht gerade rosig aus für das neue Leben. Ob Wohngemeinschaft oder Arbeitskollektiv, Kinderladen oder »Neue Beziehung« – keine dieser Institutionen der Emanzipationskultur hielt bei näherem Hinsehen, was sie versprach. Draußen, das spürte man, wehte ein anderer Wind. Die Emanzipationskultur machte die Menschen keineswegs zu solidarischen Brüdern und Schwestern, sie schoß sie nur allzuoft auf eine einsame Umlaufbahn. Trotz aller Moralansprüche setzte sie zunächst einmal jenen Prozeß der »wuchernden Moderne« in Gang, bei dem Traditionen zerstört werden, die dem Leben der Menschen jahrhundertelang Sicherheit gaben. Und sie war, das spürten viele, mißbrauchbar. Der geschniegelte Aufsteiger konnte sich bald im Namen der Selbstverwirklichung und Autonomie rechtfertigen, wenn er seine Mutter ins Altersheim abschob.

Der störrische Widerstand gegen die Emanzipation, dieses stumme Beharren auf Abhängigkeit, Kleinsein, Kretinismus – es ist mit der Vokabel »reaktionär« nicht zu fassen. Gut möglich, daß eines Tages auch die Geschichte der Anti-Emanzipation geschrieben wird (so wie es heute unzählige Bücher über Trennung und Ichfindung, über Autonomie und Liebessucht gibt). Es ist eine stumme Geschichte, sie lärmt nicht, denn sie verfügt über keine Sprache, sie formuliert keine Forderungen, denn sie hat keine. Anti-Emanzipation, das ist die dunkle, die abgewandte und unsichtbare (Kehr-)Seite der Emanzipation. Es ist der Unwille, sein Leben ständig aus eigener Kraft zu bewältigen, zu entscheiden und zu überdenken. Es ist oft auch einfach nur Müdigkeit vom Kämpfen, das Bedürfnis, sich einfach fallenzulassen. Die Sehnsucht nach einer Bedingungslosigkeit, die sich nicht begründen muß. Kein Wunder, daß wir sie wütend bekämpfen mußten und ihr jede Existenzberechtigung absprechen: Sie ist im hehren Wertesystem der Emanzipation eine *Störung*. Es ist nicht zuletzt die Unlust an einer Utopie von lauter autonomen, starken Individuen, die in Einzimmer-Eigentumswohnungen leben, strikt die Distanz zueinander halten und jedweden Konsens nur temporär, vernünftig und abgesichert treffen.

Viel später erst, gegen Ende der 80er, begreift Joe, daß die »Wende« keineswegs ein Phänomen war, das nur von außen, vom Terrain des politischen Gegners aus, in Szene gesetzt worden war.

An der »Wende« war die Politik des Politfreaks keineswegs unschuldig. Sie war – nicht nur, aber auch – ein Veto, eine kollektive Äußerung des Mißfallens gegen den Siegeszug der emanzipatorischen Werte ins Herz der Gesellschaft. Sie war das Unbehagen, das viele – nicht nur die Konservativen – befiel, wenn sie die Entwicklung der Emanzipation auf jenen Punkt zentrierten, in dem alle autonome, emanzipierte und letzten Endes einsame Individuen waren.

Die »Wende« war eine gesellschaftliche Regression. Sie wollte alte Rollen und alte Gewißheiten zurückhaben. Sie wollte Schluß machen mit der ewigen Verunsicherung. Aber sie konnte nur historisch wirksam werden, weil sie eine offene Rechnung beglich. Sie entstand exakt in dem Vakuum, das die Kultur der Emanzipation mitten in der Gesellschaft hinterlassen hatte: in der »Emanzipationslücke«. Sie war nichts anderes als die Stimme der Anti-Emanzipation. Sie wird den Siegeszug der Emanzipation nicht aufhalten können. Aber sie erzwang so etwas wie ein Moratorium, ein erneutes Abwägen im Inneren der Alltagskultur.

Vor allem aber zeigte sie uns eines: Wir scheitern selten am Gegner. Praktisch immer resultieren unsere Niederlagen aus den Problemen, die unsere Siege erzeugen.

Coming Home

Als Joe inmitten des Jahrzehnts, das sich gegen ihn zu wenden scheint, in die Stadt zurückkehrt, steht er oft mutterseelenallein in der Kneipe, in der er in den wilden Zeiten als Stammgast verkehrte. Meist harrt er bis Mitternacht aus – und macht sich dann frustriert auf den Heimweg. Wenn einmal zufällig ein alter Freund des Weges kommt, ist Joe regelrecht glücklich. Nicht lange: Bei den Gesprächen stellt sich bald das dumpfe Gefühl ein, als ob das Gegenüber nicht mehr richtig zuhört. Jeder wartet nur darauf, daß Joe ausgeredet hat, um möglichst schnell seine eigenen Geschichten loszuwerden, seine Gedanken und Gefühle. Und jeder scheint derart in seine ureigenste, individuelle Geschichte verstrickt, daß kein Platz mehr für das »Wir« bleibt. Kommunikation – das ist zu einem wechselseitigen Monolog verkommen.

Besonders schwierig ist es mit den Frauen. Im erotisch aufgeheizten Klima der 70er dienten die Kneipen auch als Orte eines ständigen Flirts. Aber fast alle Frauen, die Joe trifft, erzählen gleich als erstes von ihren niedlichen Kindern und den Männern, mit denen sie nun schon seit acht Jahren zusammen sind.

Wo sind sie bloß alle, die Freunde von einst? Und warum verfügt der Fernseher, das neue Sofa und die Stereoanlage in der Altbauwohnung zu zweit plötzlich wieder über eine solche Anziehungskraft, daß praktisch jeder aus Joes Kreisen dahin zurückflüchtet?

Eines Tages traf Joe seinen Freund Martin. Es hatte eine Zeit gegeben, in der sie intensiv befreundet gewesen waren. Als Martin damals ins Hinterhaus eingezogen war, hatte Joe mitbekommen, wie Martin einen harten, stummen Kampf um die Loslösung von seinen Eltern führte, er hatte ihn nach Kräften unterstützt. Martins Eltern machten es allerdings leicht, *gegen* sie zu sein. Es waren spießige Kleinbürger, die irgendwo in den 50er Jahren steckengeblieben zu sein schienen; die gluckenhafte Mütterlichkeit von Martins Mutter – sie tauchte eines Tages mit einem Care-Paket im Hinterhof auf, ausgerechnet mittags, als alle verpennt beim Frühstück saßen – hatte dazu geführt, daß Martin bei dieser Auseinandersetzung fast durchdrehte. Martins Vater hatte auf die Renitenz seines Sohnes prompt mit einem Herzinfarkt reagiert, was ihn für Joe nur noch hassenswerter machte, denn er kannte derlei Erpressungsversuche von seinen eigenen Eltern und wußte, welch psychische Energie man aufbringen mußte, um ihnen innerlich zu widerstehen.

Martins Vater war Handwerksmeister in einem schwäbischen Dorf – Joe hatte der sterilen Reihenhausidylle, in der Martins Eltern lebten, einmal einen Besuch absolviert und danach verstanden, weshalb Martin oft so still, so melancholisch war. Später, nach dem Auszug aus dem Hinterhaus, war Martin nach Berlin gegangen, wo er in die Häuserkämpfe Anfang der 80er geriet, den letzten Höhepunkt der Politfreak-Kultur. In Berlin baute er in einem alternativen Schreinerkollektiv serienweise Hochbetten für die Genossen, machte Tai-Chi und kannte sich bald auch im chinesischen Horoskop aus. Joe verlor ihn aus den Augen.

Um so mehr wunderte es ihn, als er Martin eines Tages auf eine sehr ungewöhnliche Weise wiedertraf. Er war mit dem Fahrrad unterwegs, als sich plötzlich eine Autotür auf den Fahrradweg hin öffnete. Nur durch eine Vollbremsung vermied Joe einen Unfall. Dem Auto, einem beigefarbenen, häßlichen Opel Caravan, entstieg Martin. In großer roter Schrift stand an der Wagentür:

BEHRENDSEN JUNIOR
SCHREINEREI, INNENAUSBAU, ENTWURF

Martin hieß mit Nachnamen Behrendsen, und er hatte eine erstaunliche Wendung in seinem Leben vollzogen. Er lebte jetzt wieder im Dorf seiner Eltern, die ins Altersheim gezogen waren, und hatte die Schreinerei seines Alten übernommen. »Was hätte ich tun sollen?« sagte er. »Als der Häuserkampf zu Ende war, ging alles in die Brüche. In meinem Schreinerkollektiv soff man sich schon tagsüber zu, die Sache mit der Arbeitsteilung kam nur unendlich zäh voran. Der Traum war aus. Und ich verstand plötzlich, daß Berlin nur die andere Ecke von Schwaben ist, ein Antipode, ein Gegengewicht. Und daß, *wenn* sich etwas verändert, sich etwas dort verändert, woher man kommt.«

Joe realisierte plötzlich, daß es in seinem Bekanntenkreis eine wachsende Schar von *Heimkehrern* gab. Leise, langsam und meist unbemerkt verschwanden sie dorthin, wo sie hergekommen waren, in traurige niedersächsische Kleinstädte, in die grauen Häuserballungen des Ruhrgebiets, ins bayrische Land oder in die Marsch. Nicht wenige von ihnen waren weit gereist, hatten Indien gesehen und Gomera,

Marokko und die Walachei – und jetzt lebten sie plötzlich still und unerkannt in einem Kaff in Franken oder in einer jener Provinzstädte wie Paderborn oder Hildesheim, von der sie einst in die Metropolen geflüchtet waren, wo die Kultur des Politfreaks Freiheit und Abenteuer versprach. Manche kamen als Gescheiterte, manche als »wiederhergestellte« Söhne oder Töchter, einige wenige als Sieger. Der eine bezog das Backsteinhaus seiner Eltern mit einer kleinen WG, der andere nahm eine Stelle in einem örtlichen Kleinverlag an – so konnte er die alt und krank gewordenen Eltern leichter besuchen –, die dritte kam mit einem vaterlosen Kind nach Hause zu Mutter und Vater, als lebten wir noch im Mittelalter.

So hart der Bruch zwischen den Generationen auch gewesen war, an dem alten Spruch, nach dem das Blut dicker ist als das Wasser, schien mehr dran zu sein, als Joe wahrhaben wollte.

Anfang der 80er Jahre fing es an. Immer öfter, wenn Joe alte Freunde anrief, kamen oder gingen sie gerade zu ihren Eltern. Manchmal meldete sich eine ältliche Stimme am Telefon, etwas hastig sagte der Freund, der dann sogleich das Telefon übernahm: »Meine Mutter ist gerade zu Besuch.« Er sagte es stets mit einem leicht gequälten Unterton, mit einer Spur innerer Distanzierung, die wie eine Entschuldigung klang: Tut mir leid, aber ich habe ihrem Drängeln nicht nachgeben können (aber nächste Woche stehe ich dir wieder zur Verfügung). Es dauerte lange, bis Joe einsah, daß dies alles kleine Lügen waren. Die »Wiederverelterung« hatte längst begonnen.

Und wie stand es mit Joes eigenen Eltern?

Immer wenn Joe in regelmäßigen Abständen heimkehrt zu den wuchtigen heimatlichen Schrankwänden, zum Rauchquarztisch und jenem leicht muffigen Geruch, der immer in den Resopalküchen hängt, zum immer noch langweiligen Kaffeetrinken, beginnt das alte Spiel von neuem: Bald zwei Jahrzehnte nach seinem Auszug haben sie immer noch nicht begriffen, daß er *kein Sohn mehr ist*. Sie nennen ihn immer noch »unseren Johannes«, immer noch streicht ihm seine Mutter über den Kopf (wenn er nicht aufpaßt), und immer noch meint sein Vater, ihm Ratschläge geben zu können – über das Leben, den Beruf, ja sogar die Liebe. Das, so versteht Joe, wird wohl niemals aufhören. Er beginnt erst jetzt allmählich, davor zu kapitulieren. Und gleichzeitig überfällt ihn immer wieder von hinten das hartnäckige Gefühl, er *ähnele doch irgendwie seinem Vater.*

Dabei könnte Joe doch generös über manche Dinge hinwegsehen.

Denn er kommt eindeutig als *Sieger* nach Hause. Als Vertreter einer Generation, die *es schon immer gesagt hat*. Alles, was vor zehn Jahren bei jedem Besuch daheim automatisch zum nächsten Streit führte – Atomkraft und Rüstung, Korruption der Politiker und Umweltverschmutzung –, ist heute etwas, das vor allem *die Eltern* plagt. Während Joe inzwischen keine Lust mehr hat aufs Demonstrieren und die Nase voll vom ewigen Gerede über Waldsterben und Robbentod, sind Vati und Mutti inzwischen ehrlich in Sorge über den Zustand der Welt. Fast kommt es Joe vor, als wollten sie ihn auffordern, »doch mal etwas zu tun«. Auch sie äußern sich längst heftig gegen Kernkraft und die Chemieindustrie, gegen den besinnungslosen Fortschritt und die Entfremdung durch Konsum.

Wenn er und seine Eltern heute manchmal alte Familienbilder ansehen – und das kommt häufiger vor –, dann kommt es beim Betrachten zu witzigen Effekten. Einerseits kann Joe an den Bildern seine eigene Biographie (und die Biographie seiner Revolte) exakt ablesen, denn immer zu Weihnachten und Ostern bestand der Vater darauf, daß eines dieser peinlichen Fotos gemacht wurde, auf dem alle Familienmitglieder grinsend, steif und mit roten Pupillen in die Kamera starren. Da Joe sich ein ganzes Jahrzehnt lang praktisch nicht fotografieren ließ, weil er damit eher »Bullenstaat« und »Überwachung« assoziierte (und es als spießig empfand), ist in der Hutschachtel, die Joes Eltern sorgsam hüten, seine einzige vollständige Foto-Biographie verborgen.

Die Fotos zeigen in jährlichem Wechsel die Mutationen der Politfreak-Ära. Die kontinuierlich wachsenden Haare, die etwa 1974 ihre volle Länge erreichen. Die Indien-Hemden der ersten Hälfte der 70er, die labberigen T-Shirts der zweiten. Den tranigen, unausgeschlafenen Haschischblick der Woodstock-Ära, den eher trotzig-wütenden der politisierten Phase, den Lama-Pullover und die zerschlissene Lederjacke, die Kaschmir-Pullover der Männergruppen-Zeit, die Blässe des Nie-vor-drei-Uhr-nachmittags-Aufstehens in den wildesten Zeiten, die Moden der Haarlänge, bei der der große Schnitt 1982 erfolgte.

Gleichzeitig aber sind auf den blassen und verwackelten Fotos die mühsamen Modernisierungsprozesse in der Kultur der Eltern dokumentiert. Der wuchtigen Plüschcouch Ende der 60er folgt das Breitcordsofa ('72), das schließlich durch das Nappaledersofa ('81) ersetzt wird und am Ende einer Designer-Sitzgarnitur weicht. Der staksige 50er-Jahre-Tisch mutiert zur Blumenbank, statt dessen wird eine mit Hydraulik heb- und senkbare Nußbaumplatte zum Wohnzimmertisch, die schließlich einer wuchtigen Rauchglasplatte auf Marmorstein weicht.

Und dann die Menschen zwischen den Möbeln. Aus der Mitte der 70er Jahre stammen einige entlarvende Bilder: Für ein, zwei Jahre scheint es, als ob Joes Gestus und Outfit massiv auf die Eltern und seinen jüngeren Bruder abzufärben beginnt. Der Vater läßt sich einen Bart wachsen und schaut ziemlich mürrisch drein. Dafür hat die Mutter einen kessen Ausschnitt, ihr Haar ist plötzlich nicht mehr frisch gelegt, sondern, eine Winzigkeit nur, aus der Form. Ihre Augen sagen deutlich: *Ich will meine alte Rolle nicht mehr.* Der Bruder hat eine auffallende blonde Mähne bis weit über die Ohren, und er und die Schwester gucken so frech und lustig in die Kamera wie die Kinder aus den antiautoritären Kinderläden.

Diese Bilder, weiß Joe, sind ein historisches Dokument. Wie keine soziologische Studie dokumentieren sie präzise die Wirkungen der Revolte. Sie dokumentieren die Zeit, in der die Mutter plötzlich keine Lust mehr am reinen Hausfrauendasein hatte, in der Vater den Schlips ablegte und die Eltern gemeinsam pädagogische Bücher lasen, weil sie sich fest vorgenommen hatten, bei Joes Geschwistern alles besser zu machen. Teils, weil sie Angst hatten, mit den Jüngeren könnte es ihnen ähnlich gehen wie mit Joe, teils, weil sie wirklich etwas begriffen hatten. (Später erzählte Joes Mutter ihm einmal voller Stolz, daß sie auf einer Party bei Freunden Haschisch geraucht hatte. »Mir war nur schlecht«, sagte sie. »Aber einmal mußte ich's probieren.«)

Natürlich ging vieles von diesen Veränderungen wieder verloren, wurde reformistisch »umgebogen« oder »verhungerte« auf halber Strecke. Der Kommunikations-Hunger der 70er etwa fand bei Joes Eltern in einem festen Freundeskreis seinen Ausdruck; man grillte jeden Sonntag gemeinsam, hütete wechselseitig die Kinder und fuhr schon mal gemeinsam auf ein feucht-fröhliches Wochenende nach Paris. Aber bald schlug diese Öffnung der Kleinfamilie, diese neue Nachbarschaft, wieder in gegenseitige Konkurrenz um. Aus den Grillfesten wurden regelrechte Essenseinladungen, aus den Eintöpfen aufwendig zubereitete Fünfgangmenüs, aus dem Sekt Champagner und aus dem Vorspeisen Kaviar (was bald an die Grenzen von Zeit, Geld und Kalorienplan stieß).

Mitte der 80er Jahre herrscht in Joes Familie längst das Vokabular der Psychologie und der Pädagogik, was »Verdrängung« ist und was »Kompensation«, ist keine Frage mehr. Andauernd ist von »Problemen« die Rede, von »Konflikte lösen« und von »Toleranz«. Die alten Autoritätsstrukturen haben, so scheint es, ausgespielt: Der Vater will kein Patriarch sein, längst hat sich durchgesetzt, daß es sich bei einer Ehe um eine »Partnerschaft« handelt.

Doch immer, wenn Joe heute seinen Bruder und seine Schwester beobachtet, wird ihm klar, daß dieser Umschwung auch eine fatale Seite hat. Der Bruder wohnt mit seinen 24 Jahren immer noch zu Hause, ist bereits verlobt, war ohne Murren bei der Bundeswehr und will nichts anderes als Elektrotechniker werden, einen weißen Golf GTI fahren und eine nette Familie gründen. Die Achtzehnjährige geht noch zur Schule, in die Disko, als wäre das die ganze Welt. Keiner von beiden hat auch nur die Spur einer Idee davon, daß das *Dagegensein* wichtig im Leben sein könnte – und daß es ein *anderes* Leben geben könnte.

So haben die Eltern am Ende doch wieder gewonnen. Ihr Plan, daß Joes Geschwister Teil der Familie bleiben, ist aufgegangen. Jene wattige Pädagogisierung, die Joes Eltern als Antwort auf die scharfen Brüche der Revolte entwickelten, hat jeden Widerstand gebrochen, jede Spannung eliminiert. Den Geschwistern, das spürt Joe, fehlt etwas: der Widerspruchsgeist, der Bruch, die Notwendigkeit, sich eine eigene Identität gegen die Widerstände der *alten Welt* zu erkämpfen. Joe schwankt hier zwischen sanftem Zorn und Mitleid. Zorn, weil sich die Jüngeren wie selbstverständlich alle Privilegien nehmen, um die er noch hart und bis zur Psychokrise kämpfen mußte – vom grenzenlosen Fernsehkonsum (einen Fernseher gab es früher nicht) bis zum späten Nachhausekommen, von der Freundin, die schon mit 17 Jahren beim Bruder übernachten darf, bis zur Flugzeug-Urlaubsreise. Der selbstverständlichere Wohlstand, das üppigere Taschengeld, die Kinobesuche jede Woche schüren einen stillen Stachel gegen die Nachgeborenen, die einfach alles absahnen, *ohne etwas aus diesen Privilegien zu machen*, bedrücken ihn andererseits, weil er weiß, daß die Jüngeren niemals anders werden können als *durchschnittlich*. Ihnen fehlt nicht nur die Aufmüpfigkeit, ihnen fehlt auch ein Stück Substanz.

Da ist es wieder: das Gefühl, daß Joes Generation trotz aller existentiellen Nöte, trotz aller Widerstände und Krisen, durch die sie sich hindurcharbeiten mußte, trotz aller Bedrohungen durch soziale Marginalisierung und das böse Ende, am Ende tatsächlich *privilegiert* war.

Der Sog der Familie

Dennoch: Für Joe ist der Begriff »Familie« auch zwanzig Jahre nach seinem Auszug aus dem Familienverband immer noch fest mit den Archetypen ›Onkel‹ und ›Tante‹ verbunden.

Die Tante besaß die charakteristische Wirtschaftswunder-Rundlichkeit, servierte unablässig Kuchen und kam ständig mit einem Kamm, um allen Kindern, deren sie habhaft werden konnte, die Haare zu kämmen. Der Onkel lachte dröhnend, roch nach Zigarre und war irgendwie ekelig, wenn er einen zur Begrüßung und zum Abschied einen feuchten Kuß auf die Backe drückte. Onkel und Tante waren noch aus der anderen, der *alten* Welt, einer Welt von vor dem Krieg, in der die Familien noch aus kompletten Sippschaften bestanden, die wie Pech und Schwefel zusammenhielten. Sie waren die Speerspitze eines ganzen Heeres von inzwischen verstreuten Verwandten, zu denen man jeden Sonntag zum Kaffeetrinken zu erscheinen hatte oder zum Guten-Tag-Sagen, zum Geradesitzen und Sich-Langweilen. Alle schienen auf irgendeine Weise nicht ganz dicht im Kopf zu sein. Bei den einen durfte man dies nicht, bei den anderen das nicht, die eine Tante hatte panische Angst vor Katzen, die andere Angst um ihr Porzellan, und dort, wo man mal etwas durfte, ließen einen die eigenen Eltern nicht hin.

Das Merkwürdigste aber war, daß alle einander spinnefeind waren. Man merkte das nicht auf den ersten Blick, wenn, wie meistens, mehrere von ihnen im Zimmer waren. Aber sobald *einige* dieser Verwandten den Raum verließen, wurde im Flüsterton erbarmungslos über sie hergezogen. Die Großeltern unterstellten den Eltern Geldgier, die Cousinen den Tanten Arroganz, die einen Onkel sahen die anderen auf dem absteigenden Ast, beruflich wie sozial, und besonders über die nichtverheiratete Tante wurde Schlimmes gezischelt.

Das schockierte den sensiblen kleinen Joe zutiefst. Familie, das war offensichtlich ein ewiges Haß-Spiel, ein Keifen, ein Hinter-dem-Rükken-Schlechtmachen, eine Hölle ohne Notausgang. Warum gingen sie nicht einfach auseinander, wenn sie sich nicht leiden konnten? Warum ließen sie sich nicht in Ruhe? Warum tranken sie ewig Kaffee, nur um danach im Auto schlecht über diejenigen zu reden, bei denen sie gerade endlos Kaffee getrunken hatten?

Familie, das wußte Joe, war ein sozialer Zustand, in den er auf keinen Fall wieder zurückwollte. Niemals. Und bis heute achtet er eisern darauf, daß sich in seine Frauenverhältnisse nichts Familiäres einnistet. Wenn die Mutter einer Freundin ihn auch nur andeutungsweise als Schwiegersohn zu definieren begann, verließ er auf der Stelle das feindliche Terrain. Er sorgte dafür, daß sein Verhältnis zu seinen Eltern, das sich ein Jahrzehnt nach den Höhepunkten der Revolte langsam wieder zu normalisieren begann, immer eine vernünftige Distanz behielt. Niemals besuchte er sie öfter als fünf- oder sechsmal im Jahr. Niemals ging er auf die Sentimentalitäten seiner Mutter ein, die ihn in Anfällen liebevoller Regression immer wieder in die Arme schließen wollte.

Der Politfreak mußte Sinn und Kraft immer aus sich selbst schöpfen. Er war Teil eines fragilen sozialen Gebildes, das keine stabilen Rollen garantieren konnte. In der Szene wechseln die Rollen schnell, oft sind sie mit dem Aufstieg und Fall von Ideologien verknüpft. Wer heute ein Busenfreund ist oder ein »führender Genosse«, von dem entfernt man sich morgen schnell und geht seiner Wege. Wer noch heute im Kollektiv wie Pech und Schwefel zusammenhält, ist sich morgen spinnefeind, und wer heute miteinander ins Bett geht, ist übermorgen Teil eines vertrackten Eifersuchtsdramas. Da die Kultur des Politfreaks den *ganzen Menschen* fordert, läßt sie kaum Rollen-Reduktionen zu. Genau darum aber geht es: Wie entwickelt man mit zunehmendem Alter eine Sozialstruktur der *Verläßlichkeit*? Unmöglich kann man sein Leben lang immer wieder von vorne beginnen, Menschen »erobern«, sie verstehen und neu kennenlernen. Je älter man wird, desto weniger.

Hier nun, in diesem Manko der Politfreak-Kultur, entfaltet die Familie ihre stille Kraft. Jenseits ihres Zustands und der Verfaßtheit ihrer Mitglieder erzeugt sie eine verläßliche Matrix sozialer Beziehungen. Egal wie sehr die Tante und der Onkel von Cousinen, Tanten und anderen Anverwandten *gehaßt* werden – sie werden *immer* Onkel und Tante bleiben. Die Familie bildet einen Rollenkonnex, der gerade *wegen seiner Redundanz* so stabil ist. Er garantiert ein Höchstmaß an Sicherheit und Kontinuität. Man könnte vielleicht sogar noch ein Stück weitergehen: Nicht *obwohl*, sondern *weil* sie sich hassen, bleiben Familien zusammen wie Pech und Schwefel. Die Energie, die sich im Haß äußert, wird sogleich in den familiären Kontext »umgetextet«: Sie erzeugt eine Binnen-Ökologie, eine Rangordnung, in der jeder immerhin weiß, welchen Platz er hat.

Besonders deutlich – und prekär – wird die Bedeutung familiärer Rollen, wenn es um Kinder geht. Kinder haben kein Interesse an »Zuneigung« oder »Aufmerksamkeit«, sie haben ein originäres Interesse an klaren Rollen. Die Anzahl der »linken« Kinder, die in großen Gruppen aufgewachsen sind, ist verschwindend gering. Es führt kein Weg an der Erkenntnis vorbei, daß die »Kids« nicht Heidi und Wolfgang möchten, sondern Papi und Mami – und zwar sofort.

Und wenn Joe genau nachdenkt, dann muß er zugeben, daß auch die Politfreak-Kultur das Terrain der Familie in Wahrheit nie wirklich verlassen hat.

Was war dieses stadtübergreifende Sozialgebilde namens »Szene«, auf das sich Joe ein volles Jahrzehnt lang sozial und emotional bezog, anderes, als eine metastasenartig wuchernde (Groß-)Familie? Gab es nicht stets den Patriarchen in der Szene, den Rede-Häuptling, den Eloquentesten, dem niemand so recht widersprechen wollte, und den Kriegshäuptling, den Militantesten, dessen Nähe jeder suchte und der erbittert mit dem Rede-Häuptling um das höchste Ansehen (und die beste Frau) rang? Gab es nicht auch die Clan-Mutter, einschließlich ihres Klein-Clans, die die wesentlichen Richtlinien (»Inhalte«) der Frauenfragen in der Szene ausgab? Verfügte die Szene nicht über eine äußerst subtile, aber sehr verläßliche Hackordnung, Rituale, die eine feine Hierarchiefolge regelten, und andere Rituale, mit denen man plötzlich aus der Szene »ausgeschlossen« werden konnte? Waren nicht manche der »Unterfamilien« (der großen WGs) hoch, andere wenig angesehen, und gab es nicht denselben Streit und Hader, der sonst zwischen Cousinen und Schwagern, zwischen Onkel und Tante tobte, auch zwischen den verschiedenen Fraktionen und Lagern der Szene?

Natürlich gab es das alles. Verwunderlich nur, daß wir so lange glauben konnten, bei uns sei einfach *alles ganz anders.*

Die Sache mit dem Geld

In den glorreichen 70ern ist Joe fest davon überzeugt, daß das Geld eine Sache des Teufels ist. Daß sich alles zum Besseren wendet, wenn man sich seiner entledigt. Wenn die Menschen bewußter mit sich und dem Leben umgingen, soviel ist sicher, könnten sie auf den ganzen Schrott verzichten: die häßlichen Sofas und protzigen Autos, die widerlichen Wohnzimmerschränke und Fressereien, bei denen so viel verpraßt wird, daß ein Kind in der Dritten Welt fünf Jahre davon leben könnte.

In den 80ern hat es sich als unmöglich erwiesen, dem Teufel zu entkommen.

Erstes Telefongespräch

»Du glaubst ja nicht, was in der Szene heute los ist. Was da für ein Geld auf uns zukommt! Das geht Schlag auf Schlag, die Freunde erben; sechsstellige Summen zum Teil. Die Eltern haben gespart und gespart – Nachkriegsgeneration eben, die haben einfach nicht gewußt, wie und daß man Geld überhaupt ausgeben kann –, haben nichts rausgerückt, solange die Söhne und Töchter rebellisch waren; heute sterben sie und hinterlassen plötzlich Häuser und Wertpapiere, alles quellensteuerfrei.

Und dann versucht unsereins, das Geld redlich anzulegen. Manche haben den Dreh schon vor Jahren rausgehabt. In der Corneliusstraße zum Beispiel haben die Genossen vor fünf Jahren für 120000 Mark Vierzimmerwohnungen gekauft – heute sind die 650000 wert. Versuch doch mal, in den einschlägigen Stadtteilen eine Wohnung zu bekommen! Bockenheim ist seit Jahren ausverkauft, da geht nichts mehr. Dito Sachsenhausen, selbst Nordend wird knapp. Ich kenne zig Paare wie wir, die derzeit eine geräumige Wohnung suchen; ›Diks‹ eben, ›Double income, kids‹, ein bißchen komfortabel soll's schon sein, und nicht mehr so versifft wie zu WG-Zeiten. Ich meine – wir verdienen ja jetzt ganz gut. Wir sind ja begehrt in der Wirtschaft. Wir müssen nicht nach Worpswede ins Kreative Haus zum Sensitivity Training, zum Kreativität-Üben, Hierarchien-Abbauen und Sau-Rauslassen – das haben wir alles in unseren wilden Zeiten gelernt – Probleme lösen, Gruppendynamik, Teamwork, hierarchiefrei arbeiten, verstehst du. Und wir haben ganz gute Jobs, wir Doppelverdiener.

Du suchst also eine Wohnung für 1500, so um die 100 Quadratmeter. Glaubst du, so was gibt es? Denkste! Ruf mal einen Makler an, der bietet dir mit Sicherheit eine Wohnung im Westend für Sechsfünf an. Du fragst verwundert nach, und er meint, 650000, zum Kaufen. Mit der Miete bist du ganz schnell an der 2000-Mark-Grenze, das ist die Schallmauer, für 2000 kannst du genausogut kaufen, das überlegst du dir ganz schnell.

Die Szene hat Mehrwert geschaffen, und nicht zu knapp. Wir haben die alten Häuser in den 70ern mit Zähnen und Klauen gegen die Bullen und den Verfall verteidigt, und heute werden sie knallhart als Eigentumswohnungen verhökert. Unter anderem an uns.

Ich seh das ja hier im Stadtteil. Die Emigranten gehen allmählich nach Hause, zurück in die Türkei. Alles wird immer edler, noch ein Stück luxuriöser, da eröffnet eine Galerie nach der anderen, ich weiß gar nicht, wer sich die Bilder alle ansehen soll. Und die Gruppen, die sich vor Jahren mal als Gruppe oder Kollektiv Häuser gekauft haben, sind heillos zerstritten. Statt dessen sitzen die Paare in den Etagen, bunkern sich ein, basteln an ihrem privaten Lifestyle herum und halten alle drunter und drüber für Idioten. Die grüßen sich noch nicht mal. Da neidet der eine Genosse dem anderen, daß er Chefarzt geworden ist und fragt: Wo hat der denn schon wieder den Volvo her, das ist ja Wahnsinn! Es ist wirklich Wahnsinn – dieser Run aufs Private, dieser Hang zum Edel-Yuppietum, gerade in unseren Kreisen; man möchte sein Teil vom Kuchen auch noch abbekommen, bevor es ans Altwerden geht.

Und dann sind da natürlich die anderen, die Verlierer, die mit dem verschuldeten Vater, die es nie zu einem anständigen Beruf gebracht haben. Die Abschlucker an den Szene-Tresen. Das geht dann natürlich ganz übel ab – Unterqualifizierung, Putzengehen, höchstens Taxifahren. Die versuchen eben, billig wohnen zu bleiben in den 80-Quadratmeter-400-Mark-Altbauwohnungen im Nordend oder Bornheim, leben von Aldi und sparen vielleicht mal auf eine 30000-Mark-Hütte in der Toskana.

Ein paar Leute sind richtige Spekulanten geworden. Die haben einen Riecher für Stadtteile und wie sie sich entwickeln, das haben die noch aus der Häuserkampfzeit, da hat man sich schließlich genauestens mit Stadtteilentwicklung beschäftigt, theoretisch und konkret. Die Leute in der Cornelius zum Beispiel, die versuchen zum Teil in billige Wohnungen zu ziehen und ihre Eigentumswohnungen für zwoeinhalb Mille zu vermieten. Aber wie gesagt, finde die mal, die billigen Wohnungen!«

Zweites Telefongespräch

– Ach hör mir doch auf mit dem Geld.

– Nein, ich beschwere mich ja gar nicht. Klar habe ich momentan mehr als andere. Aber hör mir bloß auf. Das bringt nur Ärger.

– Von mir aus kannst du ruhig ironisch werden. Aber komm mal selbst in meine Situation, zum Beispiel diese Scheiße mit A. Ich habe A. – du weißt ja, dieser Typ ist chronisch pleite, und obwohl ich ihn mag, geht mir seine Unfähigkeit, sein Leben halbwegs zu organisieren, auf den Wecker. Aber du kennst das ja, aus alter Freundschaft läßt man sich breitschlagen, schließlich will man nicht als das Arschloch dastehen, die Leute munkeln schon hinter deinem Rücken: *mal sehen, wann der sich den Lamborghini kauft.* Also hab ich A. zehntausend geliehen. Er hat mir hoch und heilig versprochen, in einem halben Jahr zurückzuzahlen. Hat mir sogar die Bestätigung von seinem Arbeitgeber gezeigt, daß er in drei Monaten einen gutbezahlten Sonderjob antritt, irgendwas an der Messe über ein Vierteljahr. Wie es so seine Art ist, hat er sich mit demjenigen verkracht, der ihm den Job besorgt hatte, und nach einem halben Jahr war er unbekannt verzogen. Die Nummer hat er ja schon ein paarmal gebracht. Aber natürlich hab ich ihn bald in der Kneipe getroffen. Er hat noch versucht, durchs Klo abzuhauen, dieser Sack. Und jetzt zahlt er dreihundert im Monat per Dauerauftrag und jammert mir die Ohren voll, seine Ex-Frau und seine zwei Kinder würden ihn ruinieren, und er könne nicht mehr in Urlaub fahren. Weißt du, es geht gar nicht so sehr um die Zehntausend, es geht ums Prinzip. Ich hab keine Lust auf diese Nerverei. Wenn er gesagt hätte: Ich zahl's erst in fünf Jahren, hätte ich gesagt, d'accord, ehrlich währt am längsten. Aber so wirst du doch zum Weihnachtsmann der Szene gemacht, die benutzen dich doch als Pumpstation! Dabei war der Sack erst vor drei Wochen auf Teneriffa! Aber lassen wir das. Viel schlimmer ist diese Scheiße mit den Wohnungen. Hör mir auf. Du weißt doch, in der Wolfgangstraße, die zwei Dreizimmerdinger hab ich gekauft, dritter Stock, phantastische Sicht ins Grüne. Am Anfang war alles klar. In der einen wohnt ein verkrachter Musiker mit seiner Frau, in der anderen eine tatterige Oma. Ich bin zu beiden zum Kaffeetrinken und hab gesagt: Leute, die Baubehörde kommt mir auf den Hals, laßt uns mal überlegen, wie wir das Ding renovieren, ich geh auf alle eure Wünsche ein, ihr könnt die Farbe des Teppichbodens bestimmen, ist ja sowieso nicht mehr sehr gemütlich in dem Siff hier. Hin und her und her und hin. Dann kam irgendwann ein Brief, den die Oma und der Musiker unterzeichnet hatten. Sie wollten keine Renovierung, dann würde ihnen die Miete zu teuer, und sie hätten jetzt eine Bürgerinitiative gegründet »Keine Sanierung im mittleren Westend« oder so ähnlich, und ich sollte doch meinen Briefverkehr in Zukunft über deren Anwalt...

Völlig bescheuert, mit denen kannst du nicht mehr reden wie mit normalen Menschen. Ich meine, ich komm ja nicht in Anzug und Schlips als Bullen-Rollkommando, sondern mit Kuchen – und dann so was. Mein Gott, die wohnen seit zehn Jahren drin, 100 Quadratmeter, 450 Mark kalt, das mußt du dir mal vorstellen! Da ist Schimmel in der Wand und der Putz bröckelt, aber das nehmen die eher in Kauf als ein paar Mark Miete mehr. Dabei habe ich ihnen schon eine Kulanzregelung gemacht, der Quadratmeter hätte am Ende achtfünfzig gekostet, mit Marmorbad und Teppichboden und allem Drum und Dran! Aber nein, lieber im Armutsloch leben bleiben. Willst du nicht zwei billige Eigentumswohnungen?

– Na, kann ich verstehen, aber –.

– Ist ja schon gut, ich hör ja schon auf. Will dich nicht langweilen, ehrlich nicht. Aber da siehst du mal, auf welchen Trip man da kommt, man muß sich für jeden Furz legitimieren. Das Getratsche in der Szene, egal wo du hinkommst, das macht mich am meisten fertig. Ärger, sag ich dir, nichts als Ärger. Und Rennerei. Zum Grundbuchamt und zum Bundeswohnungsamt und zum Notar wegen irgendwelcher Leihgeschichten und Geschäftsverträge und Zweit- und Drittausfertigung. Dann der Steuerberater, der dich nervt. Du kannst ja gar nicht aufhören mit dem Geldverdienen, wenn mal die Steuer zuschlägt! Und dann hast du endlich mal eine Wohnung, in der dir nicht der Putz von der Decke rieselt, und dann mußt du dauernd aufräumen und saubermachen, ja, lach nur, die Putzfrau mag ja in Ordnung sein, wir bezahlen die traumhaft, 20 Mark die Stunde – nee, ich beute niemanden aus –, aber die kommt einmal die Woche und Huschlawutsch ist sie wieder draußen. Aber den täglichen Scheiß, da hilft dir keiner. Dann ist die Spülmaschine kaputt, und der neue Schrank wird geliefert, während man auf Geschäftsreise ist, und die Leute wuchten ihn die Treppe hoch und machen das ganze Haus rebellisch, und das Scheiß-Designersofa kommt und kommt nicht, aber du hast schon die Gäste zum Fest geladen. Nein, das sag ich dir, unsere WG damals, das war ein echtes Paradies, das kommt so schnell nicht wieder. Man hat eine Matratze gehabt, die Anlage und ein Bücherregal, und man hat Spaghetti gekocht und aus! Das war noch was, damals.

Gefühle in Läden und Autos

Die ersten Anzeichen, daß Joe endgültig ins Lager der Schweine und Verräter wechseln würde, zeigten sich in seinem *Samstagsmorgengefühl*.

Das Samstagsmorgengefühl machte sich zuerst zu jenem Zeitpunkt bemerkbar, dem es seinen Namen verdankte. Samstagmorgen, das war in Joes Lebenswandel gegen 12 Uhr, und das hieß Wochenendeinkauf im Supermarkt um die Ecke. Es war einer dieser typischen deutschen Supermärkte, in denen Dudelmusik aus den Deckenlautsprechern rieselt. Eine Welt, in der schnauzbärtige, picklige Verkaufsleiter unbeholfene Lehrmädchen malträtierten und gebeugte Sozialhilfe-Omas Preisetiketten musterten. Mit einem Wort: eine Hölle. Kaufhäuser und Supermärkte – das waren für Joe immer Höllen gewesen, kaputte Kathedralen einer kranken Gesellschaft.

Nun aber, in der Mitte der 80er Jahre, als im Supermarkt die Luxusecken wucherten und einen neuen Bruttosozialprodukt-Schub signalisierten (»Crème fraîche direkt aus Frankreich / Balsamessig / Kosten Sie den erlesenen Geschmack von erlesenen Wachteleiern aus dem Perigord«), begann Joe, sich in seinem Supermarkt am Samstagmorgen plötzlich richtig wohl zu fühlen. Nicht nur, daß er sich immer häufiger bei dekadenten Genüssen ertappte, er registrierte, daß ihm die ungehinderte Sicht auf die vollen Regale, die überquellenden Körbe mit Früchten aus aller Herren Länder und die opulenten Berge aus Käse und Fleisch ein *Gefühl der Genugtuung* vermittelten. Erschrokken zuckte er dann zusammen und versuchte, wieder an die Dritte Welt zu denken.

Das am meisten Irritierende aber war, daß mit dem wohligen Gefühl des Konsums auch eine eindeutig soziale Komponente verbunden war. Das machte es schwierig, Joes Zustand einfach auf einen Anfall von ideologischer Aufweichung, von stiller Korruption und zivilisatorischer Dekadenz zu reduzieren, wie sie jedem Politfreak einmal passieren kann. Der Samstagmittag-Besuch im Supermarkt hatte ersetzt, was früher die Demonstration gewesen war. Kurz vor Geschäftsschluß traf man die Mitglieder des eigenen sozialen Milieus, die sich, wie man selbst, erst gegen elf aus den Federn gequält hatten, weil sie am Abend vorher wieder einmal zu lange aufgeblieben waren. Die verschiedensten Sub- und Subsubkulturen der Politfreak-Ära (oder dessen, was von ihr übriggeblieben war) gaben sich ein Stelldichein. Um 12 Uhr traf man an der Wursttheke die Junkie-Frau und den Ziegenbart-Öko-Freak, den Heavy-Metal-Typen mit seiner dicken Tussi und den spindeldürren Meditations-Freak, den Punk und die Henna-Frau aus der Schwanz-ab-Fraktion. Ihr gemeinsamer Konsens, ihr gemeinsamer Kontext war eben der Supermarkt. Und in der Dimension »Supermarkt« drückte sich begrifflich etwas aus, das Joe tief in der Seele schon lange spürte: daß seine Kultur, die Kultur des Politfreaks, längst zu einem Supermarkt geworden war.

Mit anderen Worten: Wenn er am Samstagmittag seinen Einkaufswagen durch die Labyrinthe der Konsumgesellschaft fuhr, befiel ihn ein tiefgreifendes, ketzerisches Gefühl von *Normalität*. Etwas am Vorhandensein all dieser liebenswürdigen Gestalten, die unausgeschlafen und von der letzten Nacht gezeichnet hinter ihren Einkaufswagen herschlurften, war zutiefst *in Ordnung*. Es gab überhaupt nicht das geringste Interesse, daran etwas zu verändern.

Eine weitere Irritation verdankte sich der Tatsache, daß auch innerhalb des eigenen »Kulturkreises« längst Klassenschranken härtester Art existierten.

Daß dies so ist, wurde Joe beim Autofahren klar.

Er war beruflich unterwegs in seinem gebrauchten Golf, für den er lange gespart hatte, vor der Reise hatte er ihn durch die Waschstraße gefahren. Auf der Raststätte Göttingen sprach ihn ein Tramper an, ein Profi, Mitte 40, irgendwo an der Grenze zwischen Freak und Penner.

»Na, Alter«, sagte der Tramper, »du nimmst mich bestimmt mit. Ich muß unbedingt meine Oma besuchen, die liegt im Sterben.«

Die Art, in der der Tramper dies sagte und mit seinen gelben Fingern auf den Raststätten-Tisch trommelte, auf dem Joe gerade eine Currywurst verzehrte, ging Joe auf der Stelle auf die Nerven. Er konnte diese miese, rattenhafte Tour, Tränendrüsen-Geschichten zu erzählen, nicht ausstehen, sie schien ihm geeignet, jedes wirkliche Elend zu sabotieren. Dieser abgewrackte Tramper in der Raststätte Göttingen ließ nicht den geringsten Zweifel daran, daß ein Typ wie Joe zu seinesgleichen gehörte, ein Kumpel aus alten Tagen war (lag es an den langen Haaren? Der Lederjacke? Dem verblaßten AKW-Nee-Schild am

Heck – das Scheißding ging nicht mehr ab) und ihn schlichtweg mitnehmen *mußte*, wollte er sich nicht als angepaßtes Schwein disqualifizieren. Joe ertappte sich plötzlich bei mehreren Reaktionen gleichzeitig. Er wurde plötzlich von einem Anfall von radikalem Rassismus geschüttelt; ohne daß er es verhindern konnte, dachte es plötzlich in ihm:

– *Tramper stinken.* Dieser Typ hier stinkt wirklich widerlich. Und haben nicht auch viele der anderen, die ich mitgenommen habe, so gestunken, daß ich danach das Auto tagelang lüften mußte? Warum soll ich eigentlich 300 Kilometer lang diesen ungewaschenen Geruch ertragen?

– *Tramper nerven.* Mein Gott, immer dieses Geschwätz. Zwischen zwei Autobahnabfahrten erzählen sie dir ihr halbes Leben, ob du es hören willst oder nicht. Natürlich ist es stets eine Jammergeschichte, bei der die Gesellschaft Schuld an allen Widrigkeiten des Lebens hat. Oder sie behämmern dich mit irgendeiner kruden Freak-Ideologie der naivsten Sorte; Wiedergeburt, Apokalypse now, Der-Sex-ist-das-einzige-was-uns-erlösen-kann; LSD ist das Größte, der Tagesschausprecher ist ein CIA-Agent – keine Theorie ist blöd genug, und dann gibt es natürlich noch die Stummen, die sich auf der Rückbank die Fingernägel schneiden.

– *Tramper sind faul.* Warum können diese Typen sich nicht so um ihr Leben kümmern, daß sie sich eine Zugfahrkarte oder ein klapprige Ente leisten können? Warum muß immer *ich* mich darum kümmern, daß die Karre fährt und dafür einen Job in Kauf nehmen, der mich an den Schreibtisch bindet? Warum müssen immer *andere* kommen und an meinem bescheidenen Wohlstand teilhaben wollen?

Natürlich war die letzte Überlegung blödsinnig. Tramper zeichneten sich ja gerade dadurch aus, daß sie sich den Zug und die Ente nicht leisten *konnten* und nicht leisten *wollten*. Und natürlich gab es, das wußte auch Joe, viele angenehme Typen unter ihnen.

Aber dieser hier nicht. Der reizte ihn zur Weißglut.

»Nein«, sagte Joe.

»Warum nicht?« fragte der Tramper. Jetzt sah Joe, daß er total *zu* war. Alkohol oder irgendwelche Tabletten. Joe hätte sich nun eine Ausrede einfallen lassen können, wie er es schon oft getan hatte: daß sein Auto altersschwach sei oder er zuviel Gepäck hätte oder seine Mitfahrer sich gerade auf dem Klo befänden, oder er – Standardausrede – sowieso an der nächsten Ausfahrt abfahren würde. Statt dessen sagte er nur:

»Weil ich keine Lust habe.«

In der Sekunde, als Joe das ausgesprochen hatte, merkte er, daß die Welt nie mehr so sein würde wie früher.

Der Tramper stierte ihn aus unterlaufenen Augen an und sagte: »Schwein«, und dann griff er Joe an die Lederjacke. »SCHWEIN«, wiederholte er und zerrte an der Jacke. »Trägt Boss-Jacketts und kann noch nicht mal einen armen Tramper mitnehmen. SCHWEIN.«

Obwohl Joe wußte, daß der Mann kaputt, am Ende war, hätte er ihn am liebsten verprügelt. Statt dessen stand er auf, löste die Hand dieses Ungeheuers entschlossen von seiner Jacke und ging, ohne sich umzudrehen. Der Tramper grölte ihm hinterher, daß die Freaks heutzutage die größten Ausbeuter seien, die Säcke im Mercedes wären dagegen noch richtig in Ordnung. Joe stieg in seinen Golf und trat aufs Gas. Er schwitzte. Die Hände zitterten ihm am Lenkrad. Es war nicht nur die psychische und physische Massivität des Penner-Trampers, die Blicke der umsitzenden Autofahrer, die Peinlichkeit der Situation. Etwas an dieser Szene hatte Joe tief getroffen, und dies hatte etwas mit Erinnerung zu tun, der Erinnerung an Zeiten, als Joe selbst ungewaschen und wahrscheinlich auch nicht wohlriechend quer durch Europa getrampt war. Nun gut, er war weder aufdringlich noch besoffen gewesen, er hatte sich stets bemüht, ein bescheidener und sympathischer Hippie zu sein, der niemandem zur Last fiel und seine Dankbarkeit gegenüber Gastfreundschaft jedweder Art offen zeigte. Aber auch mehr als einmal in Not und heilfroh, wenn einer sich erbarmte und ihn mitnahm.

Da war sie wieder: die goldene Trompete des Verrats. *Du kannst sagen, was du willst,* blies sie ihm den Marsch, *du bist längst Teilhaber der herrschenden Klasse. Du hast ein Auto, das fährt. Du hast eine Wohnung ohne Küchenschaben, in der die Wände in einem vernünftigen Weiß gestrichen sind, und wo Möbel herumstehen, die nicht nachts von der Straße geholt oder von dieser skandinavischen Firma zusammengezimmert sind. Du kannst in die Kneipe gehen und ein Steak essen, wenn dich danach gelüstet, und du kannst die diversen Gläubiger, die dir im Leben auflauern, zumindest glaubhaft vertrösten. Du fährst jedes Jahr sechs Wochen lang in Urlaub, und das nicht nur ins Sauerland. Mehr noch: Du hast gleich drei Kreditkarten. Also rede dich nicht heraus. Du bist ein Yuppieschwein. Objektiv!*

Einige Thesen zum Geld:
Geld allein macht nicht unglücklich. Dieses Bonmot von Hans Magnus Enzensberger (Politische Brosamen, Frankfurt 1985) ist wohl der klügste Satz zum Thema, er ist von einer hinterhältigen Ironie, die dennoch alle »Aber« offen läßt. Affirmativ gelesen bedeutet er schlicht, daß zum Unglück eben noch anderes gehört: verpfuschte Beziehungen, Kulturlosigkeit, verhunzte Seelen und Gemüter, Dummheit, Mangel an Geschmack, an Stil und – ja doch – an Moral. Um den Satz in seiner vollen Breitseite zu verstehen, muß man ihn »von hinten« lesen. Erst wenn man Geld irgendwann einmal als schmutzig und verderbt empfunden hat, entfaltet das kleine Theorem seine vollständige hinterfotzige Wirkung. Es impliziert nämlich eine versteckt integrierte Gegenthese: *Der Mangel an Geld macht dumm.* Aber sind nicht unsere Klügsten und Besten stets arm gewesen? Das ist relativ. Während viel Geld im Lebensalter zwischen 12 und 25 eher dazu führt, den Kontoinhaber zu verflachen, weil er mit dem Geld die fruchtbaren und notwendigen Reibungspunkte zwischen sich und der Umwelt auspolstert (also schlichtweg keine Erfahrungen macht, die ihn als Menschen *interessant* machen könnten), zeugt das Jahrzehnt zwischen 30 und 40 schon wieder eine andere Regel. Der Mangel an materiellen Möglichkeiten in dieser Lebensdekade birgt mit die Gefahr der mentalen und ideologischen Stagnation.

Man kann Gefahr Numero eins – das zu frühe Geld – leicht an jenen strunzdummen Jugendlichen studieren, die mit dem von Papi zum 20sten spendierten weißen Golf Kabrio herumfahren und ständig von Ibiza und »Sült« erzählen. (Diese Spezies ist selbstverständlich ein Klischee, aber eines der größten Probleme mit den Klischees ist, daß sie in den allermeisten Fällen von der Realität noch übertroffen werden.) Die zweite Gefahr ist sehr einfach an den alten Freunden zu exemplifizieren, die es jenseits der 35 nicht geschafft haben, ihren Kontostand wenigstens halbwegs in Ordnung zu bringen. Entweder sie haben eine milde Gelassenheit, eine frühe Lebensklugheit, oder aber, weit häufiger, sie verschanzen sich hinter einer ideologischen Verhärtung. Ihre real existierende Armut, aus der sie kein Entkommen sehen, treibt sie den alten Dogmatismen in die Arme. Das Sein bestimmt das Bewußtsein, deshalb neigen sie zu einem asketischen, verbitterten Fundamentalismus, der mit 20 interessant, mit 30 ehrenwert, ab 35 aber nervtötend ist. Mitte 30 mußt du ungefähr wissen, wer du bist, auch beruflich.

Das Bonmot ist wahr. Mit spätestens 40 bist du für dein Gesicht verantwortlich. Und nicht nur für dein Gesicht.

Es kommt weniger darauf an, was man *hat*, wenn man es hat, sondern was man sich mit seiner Hilfe *erspart*: Geld ist eine notwendige Distanzwaffe: Mit ihm kann man sich vieles vom Leibe halten, was mit zunehmendem Alter immer mehr auf die Nerven geht: schlechte Betten im Urlaub, Vermieter der Wadelbeißer-Sorte, Konflikte um Autos, gemeinsam benutzte Handtücher, Telefone und so fort.

Gott sei Dank schaffen einige der alten Freunde den gesellschaftlichen Aufstieg, ohne sich nachhaltig zu verändern. Sie bleiben in ihren alten Jeans sitzen und reden wie früher: ganz normal. Sie brauchen keinen Tick mit Kaschmir oder schnellen Autos, sie *weigern sich, die Klasse zu wechseln, nur weil sie Geld haben*. (Trotzdem findet ein sozialer Entfremdungsprozeß oft auch bei ihnen statt. Aber die Distanzierung stammt nicht von *ihnen*, sondern von den *anderen*. Nun sind es plötzlich diejenigen, die eben *nicht* zu Geld und Job gekommen sind, die heimlich, still und leise die Freundschaft aufkündigen. Sie finden, der Freund müsse sich jetzt *ja eigentlich* grundlegend geändert haben, basta!)

Dabei ist ein Wohlstand ohne Piefigkeit vielleicht das, was am Ende als bescheidenes utopisches Material übrigbleibt. Das wäre, in Deutschland allemal, ein Stück Moderne. Die deutsche Kultur ist bis weit in die Nachkriegsgesellschaft hinein immer noch von der alten deutschen Ständegesellschaft geprägt gewesen; wer arm war, hatte auch sparsam zu sein und sich entsprechend zu ducken, wer dem Stand nicht entsprach, hatte das Maul zu halten, wer unten war, kam nicht hoch, sosehr er auch ackerte.

Zum Geld gehört Kultur. Zugegeben: Diesen Satz könnte auch der konservative Onkel gesagt haben, der in Wahrheit immer nur seine Privilegien wahren wollte. Aber es geht nicht um Wagner-Aufführungen und Goethe-Buchrücken im Eichenholzschrank, sondern um *Genußfähigkeit*, darum, wie zäh sich die alten Verhaltensweisen halten. Zum Beispiel beim Essen. Noch immer gilt in der deutschen Alltagskultur das Primat der großen Portionen, noch immer wird tonnenweise Kuchen gefressen, werden riesige Braten vertilgt, als hätten wir die Hungerjahre gerade erst hinter uns. Und noch immer wird während des Essens pausenlos über nichts anderes als übers Essen geredet.

In der hedonistischen Kultur, aus der Joe stammt, sieht es nicht viel anders aus. Wenn Joe mit seinen Kumpanen tafeln geht, läßt das Völlegefühl nicht lange auf sich warten. Meist ist es der Alkohol, der bereits um 11 Uhr das Gefühl absoluter Sattheit erzeugt, ein Sentiment des Überdrusses hinterläßt. Aber das hat weniger mit dem Essen zu tun. Die alten Freunde, findet Joe, sind einfallslos geworden. Auch sie reden nun zumeist über das Essen, wenn sie essen, und wenn nicht, erzählen sie unaufhörlich Geschichten von sich selbst, vom Urlaub in Gomera und Kenia, vom Tai-Chi-Kurs in der Bretagne.

Vielleicht, denkt Joe, *liegt es daran, daß wir nicht mehr miteinander flirten.*

Weisheit 1: Wer das Schlemmen zum Programm erhebt, verliert den Genuß.

Weisheit 2: Zum Luxus gehört auch Askese.

Weisheit 3: Der Wohlstand kommt meistens zu spät. Die Designer-Couch wird immer erst dann gliefert, wenn die Freunde längst ausbleiben, sie verstaubt in den leeren, weißen, großen Räumen, und das Paar, das sich nach einem lebendigen, netten Freundeskreis sehnte, ist längst sterbenslangweilig geworden. Das tolle Auto wird gekauft, wenn das Autofahren keinen rechten Spaß mehr macht, und die hemmungslosen Acht-Gänge-Menüs zelebriert man eigentlich immer erst dann, wenn man sich nicht mehr allzuviel zu sagen hat.

Schade um den Luxus.

Schade um das viele Geld.

Wer aber darf richten, welche Kommission soll entscheiden, daß die Reise auf die Malediven verboten gehört, die in den Bayerischen Wald aber erlaubt ist? Wo ist die objektiv feststellbare Grenze zwischen, sagen wir, legitimem Luxus und sinnlosem Protzen, zwischen »authentischem« Genuß und purer Verschwendung?

So, denkt Joe, haben wir nicht gewettet. Der Rest der Menschheit frißt und säuft, kauft geschmackloses Zeug und plündert den Planeten – und unsereins steht daneben und setzt die Büßermiene auf. Du mühst dich in der alten Kiste im dritten Gang die Kasseler Berge hoch, während die BMW-Idioten auf der linken Spur hohnlachend vorbeifegen. Warum sollen wir immer nur verzichten? Warum nicht einen besseren Fernseher, einen schöneren Tisch, warum nicht eine besondere Lampe im »Wohnraum-Studio« aussuchen? Vielleicht mal die alten Bestecke vom Flohmarkt gegen die klassisch-eleganten Messer und

Gabeln austauschen? Der Konsum ist unendlich, und kaum ist er vollbracht, beginnt schon wieder die nächste Verfeinerungsstufe. Aus dem Weg mit den Geschmacklosen! Platz frei für die Stilsicheren! Her mit dem schönen Mantel zu 887 Mark aus der Schweizer Kollektion, der Ledertasche aus Italien, dem Computer mit Laserdisk und schneewittchenweißem Bildschirm, der auf Maß gearbeiteten Couch, von Kalle exklusiv gefertigt, dem ... Oder nicht?

Joe und die Kids

Anfang der 80er zog Joe mit Marina und deren Sohn Jonas zusammen. Joe gehörte damals zu den Männern, die einen passablen Onkel abgaben. Der Onkel-Bedarf war groß, denn in der Politfreak-Szene tummelten sich inzwischen vaterlose Kinder *en gros*, die ihre alleinerziehenden Mütter hoffnungslos überforderten.

Joe kümmerte sich also um den sechzehnjährigen Jonas, aus einer alten, keuschen Freundschaft zu Marina heraus und aus einer großen Sentimentalität (und Haßliebe) Kindern gegenüber, die immer dann stark wurde, wenn Joes Leben sich wieder der Krise näherte. Marina war es nur recht, daß Joe immer öfter mit Jonas unterwegs war, ins Kino, auf Ausflügen mit dem Rad, einmal sogar in einen kurzen Urlaub, daß er ihm bisweilen auch bei den Schularbeiten half. So konnte er unmittelbar Zeuge werden von jener seltsamen Haltung, aus der heraus die »Kids«, wie die Jugendlichen bald genannt wurden, die Errungenschaften von Joes Generation in Frage stellten.

Zunächst schien alles noch seinen gewohnten Gang zu gehen. Jonas, ein hyperintelligenter und altkluger Junge (so waren nun einmal die Szene-Kinder), geriet, wie sich das gehörte, in eine Phase des Trotzes und des Aufruhrs. Die Wertsysteme, die Marina und Joe vertraten, waren ihm deutlich zuwider. Das Politische war ihm ein Greuel, und ausgerechnet im Jahr von Tschernobyl färbte er sich die Haare schwarz, lief in langen schwarzen Trenchcoats herum, roch übermäßig nach Rasierwasser und zeigte sich kein bißchen betroffen von der Katastrophe. Statt dessen machte er blöde Sprüche über »Betroffenheit« und »Diskutieren« und »Bequerel-Soße«, aß grundsätzlich nur Plastikfraß und hörte eine blutleere, seltsam kodierte Stakkato-Musik.

Joe war hin- und hergerissen: Einerseits war logisch, daß Jonas sich irgendwann gegen das linksalternative Weltbild seiner Mutter wenden mußte; andererseits ging ihm diese gekünstelte Existentialistenpose, die Jonas nun in einer Clique von blassen Schulkameraden pflegte, die mit ihren freirasierten Ohren aussahen, als seien sie den Schaufensterpuppen neueren Typs nachgebildet, gewaltig auf die Nerven. Sie erschien ihm manieriert, affig, hohl, gänzlich ohne Substanz. Ein Begriff ging ihm nicht aus dem Kopf, den er am liebsten tief in sein Inneres verbannt hätte: Allüren. Jonas hatte *Allüren*.

Allüren, das war einmal ein Kampfbegriff von Joes Eltern gewesen, wenn er nachts um eins nach Hause kam, wenn er sich weigerte, den Mülleimer herunterzutragen, die Schule schwänzte, sich in seinem Zimmer vergrub, um seine eigene Musik zu hören, waren das stets »Allüren«. Doch bei Jonas war alles anders. Man hatte seine »Allüren« eher gefördert. »Wehr dich«, hieß es da, und: »Laß dir von uns Erwachsenen nicht alles gefallen.« Und: »Du mußt deine eigenen Interessen, deinen eigenen Stil entwickeln.«

Als Jonas auf die 17 zuging, verschärfte sich die Situation. Er verwahrloste. Marina hatte ihm nie befohlen, wann er nach Hause zu kommen hatte. Schon mit 10 Jahren übernachtete er bei Freunden, mit 14 kam er nach Mitternacht nach Hause, und jetzt wurde es meistens 3 oder 4 Uhr morgens, bis er von den ausgedehnten Streifzügen mit seinen Freunden aus der Stadt zurückkehrte. Kein Wunder, daß die Schule darunter litt. Marina und Joe versuchten es mit dem, was in einer freien Erziehung zur Verfügung steht: mit Engelszungen. Sie argumentierten. Sie lockten mit einer Studentenbude, falls er das Abitur schaffen sollte, und nachdem dies längst außer Sichtweite gerückt war, versprachen sie, sich um eine gute Lehrstelle zu kümmern, falls Jonas wenigstens die mittlere Reife schaffte. Vergebens. Mittags quälte er sich stöhnend aus dem Bett und murmelte von Kopfweh. Als er nach einer Woche Kopfweh immer noch nicht zum Arzt gegangen war, behauptete er, es handele sich um »psychisches Kopfweh«, das habe Marina damals ja schließlich auch gehabt, als sie im Beziehungsclinch mit diesem blöden Werner lag – oder wie hieß dieser blöde Typ noch gleich? Bald ließ er sich überhaupt nicht mehr auf Diskussionen ein, das sei doch alles »Wortmüllerei«. Und außerdem, so argumentierte er schlau, hätten Marina und Joe ja schließlich auch in ihrer Jugend am intensivsten gelebt, die Schule geschwänzt, und außerdem sei das *sein* Leben. Das hätten sie ihm immer gepredigt.

Nicht, daß Marina und Joe daraufhin endgültig sprachlos geworden wären; sie hatten noch *ein* Argument in der Reserve. Während sie selbst »damals« ihre ganze Energie darauf verwandten, möglichst bald Geld für den Auszug aus dem eigenen Elternhaus zu verdienen, dachte Jonas nicht im Traum daran, sich mit seinen finsteren Freunden in einer eigenen Bude zu amüsieren. Den (zwar bescheidenen, aber immerhin) Luxus von Marinas Stuckdecken-Altbauwohnung inklusive Waschmaschine, Telefon und inzwischen fast 150 Mark Taschengeld (bezog man die Extraausgaben für die meistens teuren Kleidungsstücke ein, die Jonas unbedingt haben mußte, wurde es weitaus mehr), nahm er gerne in Kauf.

Bockigkeit, sagte eine Stimme tief in Joe. *Das Bübchen ist verwöhnt. Man sollte ihm die Flausen...*

Marina und Joe gaben es nicht auf, sich mit Jonas »auseinanderzusetzen«. Ein Sisyphuskampf. Mal versuchten sie es mit der harten Methode und stellten Jonas die Mülltüte in sein Zimmer, die er mal wieder nicht heruntergetragen hatte (mit dem Erfolg, daß sie einfach in Jonas' Zimmer vor sich hinschimmelte und er daraufhin die nächsten Tage bei seinen Freunden übernachtete). Mal argumentierten sie mit Moral: Dies sei eine Lebensgemeinschaft, und sie hätten keine Lust, sich ausbeuten zu lassen. Jonas, der ansonsten absolut unpolitisch war, konnte, ging es um die Schule, plötzlich zu wahren Systemexegesen ausholen. Das System des Lernterrors verhindere ja jede Selbstentfaltung, es ließe Jugendlichen keine Chance zur Individualität, es unterdrücke Außenseiter gnadenlos, weil ja nur Fachkräfte für die Elektronikindustrie gebraucht würden, um Bomben zu bauen – warum also mittlere Reife machen, warum Abitur, da käme doch eh nur Scheiße heraus, außerdem sei bei dieser Lage des Ozonlochs in zehn, fünfzehn Jahren eh alles vorbei. Die Lehrer seien völlig unfähig, die könnten einen ja noch nicht mal *richtig motivieren*!

Anspruchsdenken, dachte es in Joe.

Als Jonas 17 geworden war, wechselte er noch einmal gründlich sein Outfit. Er wurde chic. Er wusch sich plötzlich regelmäßig, cremte sich mit allen erreichbaren Pickelsalben ein, die Hosen hatten eine Bügelfalte (die bügelte er sogar selbst hinein!), der düstere Existentialistengestus verschwand. Jonas begann, Sport zu treiben, und dann hatte er plötzlich eine Freundin. Sie nahm Geigen- und Jazztanz-Stunden und machte den Eindruck, als hätte sie mit 16 schon zwei Scheidungen hinter sich. Mit dieser Kleindiva (Vater: Rechtsanwalt) verzog sich Jonas endgültig in sein Zimmer. Als er fast 18 war, führte er dort eine perfekte Ehe (natürlich waren die Eltern des Mädchens nicht so tolerant; Jonas durfte in der Villa im Vorort nicht übernachten, so daß das junge Paar den ganzen Tag in Marinas und Joes Wohnung herumhing). Die beiden ließen sich keine Sekunde aus den Augen. Sie badeten jeden Tag eine Stunde, es roch in der ganzen Wohnung nach Rosenduschbad. In den Ferien und wenn die beiden die Schule schwänzten, lief ununterbrochen der Fernseher. Samstagabends ging es in die Disko. Die zwei schienen Geld zu haben, Jonas lieh es sich bei Schulkameraden, gab es aber nie zurück. Er borgte sich auch Comics aus Joes umfangreicher Underground-Bibliothek aus, wertvolle 20 Jahre alte Stücke von Crumb und Shelton, die er weiterverlieh und die niemals wieder auftauchten, dasselbe geschah mit Platten und Hemden, Schreibgeräten und Zigarettenpackungen.

Schmarotzerpack, dachte es in Joe, und er versuchte, Marina dazu zu bewegen, eine Wohnung für Jonas zu mieten, doch Marina wollte Jonas behalten, denn sie war, soviel sie auch herumschreien konnte, eine Mutter, die sich geschworen hatte, bei ihrem eigenen Kind alles anders und alles besser zu machen als ihre Eltern mit ihr.

Ende der 80er Jahre ging Joe oft an der Zimmertür vorbei, hinter der das Klatschen und Grölen vom neuesten Bud-Spencer-Film oder der Sound des neuen Michael-Jackson-Videos zu hören war – das glückliche Paar hatte sich irgendwie eine Videoanlage beschafft. Joe war jetzt ohne Groll. So wie der Krieg zwischen den Geschlechtern nicht beendet war, wenn die Emanzipation siegte, kämpften auch die Generationen wohl bis zum Ende aller Tage gegeneinander, hatten Menschen zwischen 16 und 25 einfach *substantiell andere Interessen*. Eine der größten Illusionen der Politfreak-Ära war gewesen, es könnte einen friedlichen, toleranten Umgang zwischen Eltern und Kindern geben, einen Kontrakt, ein höfliches Agreement. Über diese Illusion mußte man hinauswachsen.

Die andere Erkenntnis war komplizierter. Sie schmerzte noch mehr. Wenn Jonas alle Eigenschaften in sich vereinte, die Joe einst von *seinen* Eltern vorgeworfen bekommen hatte – Schmarotzertum, Allüren, Verwöhntheit –, wenn er über alles verfügte, was nicht völlig angepaßte Jugendliche offenbar *ausmachte* – er war faul, gefräßig, arrogant, altklug, picklig und verwöhnt, er suchte die Schuld grundsätzlich nur bei den anderen, zimmerte sich seine Theorien immer nach dem jeweiligen subjektiven Bedarf zusammen, reagierte hypersensibel, narzißtisch und hoffnungslos weltfremd –, dann war das Selbstbild vom jugendlichen Rebellen, das Joe seit seinem erfolgreichen Kampf gegen seine Eltern mit sich herumtrug (und auf dem ein Großteil seiner Identität aufbaute), womöglich nichts als Selbstbetrug. Von damals zu heute gab es *einen* Unterschied: Die Revolte-Zeiten hatten alles in ein rosiges Licht getaucht. Damals war es erstens neu und zweitens politisch, schlampig, rücksichtslos und verwahrlost zu sein. Es war heldenhaft, einfach *nein* zu sagen, weil so gut wie niemand jemals nein gesagt hatte. Das verlieh den Neinsagern einen Heiligenschein, gegen den Joes Eltern damals genausowenig ankamen wie Joe heute gegen Jonas' frühreife Eloquenz.

Joe erinnerte sich plötzlich nachhaltig an alte Zeiten. Er betrachtete sich selbst als Freak Anfang 20 in der Wohngemeinschaft. War da nicht auch immer die Sache mit dem Mülleimer, den keiner runtertrug, das aber immer den anderen ideologisch in die Schuhe schob? Und hatte er selbst damals nicht unentwegt jeden, der ihm über den Weg lief, um Geld angepumpt? Es nie oder immer zu spät zurückgegeben? Bücher geliehen und verschlampt? An allem herumgenölt, den Verhältnissen, den Bullen, dem Staat, den Professoren an der Uni? Und immer andere für den Schlamassel verantwortlich gemacht, die Kapitalisten, die Verräter in den eigenen Reihen, diejenigen, die den Arsch nicht hochkriegten für politische Aktionen?

Jonas, so erkannte Joe, hatte ihm einen Spiegel vorgehalten.

Aber die trotzige Stimme in ihm ließ nicht locker:

Wir haben wenigstens noch an etwas geglaubt, an eine andere Gesellschaft, eine Utopie.

Wir haben wenigstens noch...

... gedient!

Der Fundamentalist in uns

Elf Altlasten des Radikalismus

1. Die ideologische Querulanz. Nehmen wir die TAZ zur Hand, unzweifelhaft immer noch das Zentralorgan der Politfreak-Kultur. Studieren wir hier besonders die Leserbriefseite. Nichts führt uns so deutlich die Schattenseiten der radikalistischen Kultur vor Augen. Wenn Ihr weiterhin solche Leute wie xy schreiben laßt, schreibt Olle aus Hamburg, dann kündige ich auf der Stelle mein Abo – derart wird fast jeden Tag mit Liebesentzug gedroht, falls nicht sofort die richtige Gesinnung Einzug hält. Bedenklicher wird es schon bei jener kaum verhüllten Drohung, mit der ein »Joe Flametti« aus selbstredend Kreuzberg anmerkt, daß man gegenüber »diesen Typen« (gemeint ist eine nicht genehme Fraktion des linken Kulturkreises) »sich etwas deutlicher ausdrücken sollte«. Auch die Basisstimmen, die nicht als Kritik einherkommen, sondern als Bestätigung und Kommentar, sind nur auf den ersten Blick komisch, etwa wenn Karl aus Heidesheim davon schreibt, daß »hier natürlich wieder die Schergen des internationalen kapitalistischen Ausbeutersystems das Sagen hatten«, oder Petra aus Gelsenkirchen anmerkt: »... ist doch klar: der widerstand soll gebrochen und gespalten werden, und dazu ist den herrschenden wie immer jedes mittel recht.«

Mag sein, daß sich auf der TAZ-Leserbriefseite die Ewiggestrigen der 70er Jahre austoben. Gleichzeitig erhalten wir in diesen Leserbrief-Gebetsmühlentexten jedoch einen Eindruck davon, wie nachhaltig die alten, platten Weltbilder aus der Steinzeit der Revolte noch heute nachwirken und immer aufs neue Gesinnungskultur reproduzieren. Das Schlicht-Denken, das die Welt fein säuberlich in Schwein und Mensch, in Staat und Widerstand, in Gut und Böse teilt, reicht auch heute noch weit über die Leserbriefseite hinaus. Daß Ideologie schnell zur Denunziation verführt, daß unter dem Mantel der »Betroffenheit« und »Empörung« an reaktionärsten Weltbildern gestrickt wird, fällt nicht weiter auf. Wer die Stimmen aus dem Politfreak-Volk genau liest, dem wird schnell klar, daß das kleine Einmaleins der Demokratie hier nicht gelernt wurde. Zeitungen sind Propagandainstrumente, die die eigenen Weisheiten unendlich reproduzieren müssen – alles andere, die offene Debatte, der streitbare Diskurs, ist rattenhaft, Verrat, Lüge.

2. Die Regression.

– mein Schmusebärchen
– es grüßt Dich Dein Superbär
– wilde Grüße von Deinem Knaddel-Daddel-Mäuschen
– Mausi liebt Hasi, aber ganz doll
– Oh mein scharfer Lollipop
– Dein Bärli ist ganz wild auf Dich

Das sind keineswegs zufällig aufgeschnappte Zitate aus einem Hostessenclub, sondern willkürlich herausgegriffene Bonmots aus dem Umfeld der Politfreak-Kultur, aus Kleinanzeigen in Stadtzeitungen, aus der TAZ (Seite »Wiese«), aus Wunsch-Sendungen links angehauchter Privatsender. Auffallend ist die rasende Regression, die Geschwindigkeit, mit der sich Verliebte auch in der Szene Hasi, Putzi und Schnuckelchen nennen.

Ein Indiz für den unstillbaren Regressionswunsch auch des Politfreaks sind die Erscheinungen, mit denen sich seine Kultur vermasst hat. In der studentisch geprägten post-alternativen Paar-Kultur, wie sie sich in allen Universitätsstädten in den 80ern entwickelte, ist man selbstredend »für« die Dritte Welt und »für« Greenpeace und »gegen« den Staat und die Polizei. Auf den Heckklappen der dazugehörigen Golfs jedoch klebt kein AKW-Nein-Danke-Aufkleber mehr, sondern Garfield, der fette, müde Kater. Überall finden sich die Insignien der Regression, im Spitzendeckcheninterieur, der artigen Beziehungs-Literatur, den Sponti-Sprüchen zum Discountpreis, den rührigen Happy-Ends in den neuen deutschen Filmkomödien.

Eines der großen Axiome der 70er Jahre bestand in der Annahme, »der Mensch« sei im Grunde seiner Seele interessengleich. Alle Institutionen des Politfreaks, seien es Wohngemeinschaften, Alternativprojekte oder Beziehungen, basieren bis heute auf der Annahme, daß wir alle prima solidarische Kumpels sind, die am gleichen Strang ziehen (wenn nur Staat und Gesellschaft nicht immer wieder alles sabotieren würden). Eine der hartnäckigsten Lebenslügen unseres Milieus lautet, daß die aufreibenden Konflikte in den Alternativ-Institutionen auf unsere »bürgerliche Sozialisation« zurückzuführen sind, die uns gründlich verdorben und »entsolidarisiert« hat. Dieses im Kern harmonistische Weltbild findet sich in den politischen Theoremen wieder: Die romantische Anarchie, die basisdemokratische Räterepublik, die landesweite Alternativkommune oder der Indianerstamm – all diese Modelle aus der utopischen Schatzkammer der Revolte fußen auf der

Annahme, daß *im Grunde* keine innergesellschaftlichen Grundkonflikte existieren (die man mit Puffer-Institutionen wie Staat/Justiz etc. austarieren und entschärfen müßte).

Um so größer muß die Enttäuschung sein, wenn sich schon in der WG, dem Projekt der Männergruppe, herausstellt, daß es verschiedene Interessen gibt, die sich, bürgerliche Sozialisation hin oder her, partout nicht unter einen Hut bringen lassen wollen. Das klassische Politfreak-Kollektiv krankt von Anbeginn an der hemmungslosen Geborgenheitssehnsucht seiner Mitglieder, die auf schnellstem Wege die emotionalen Ressourcen der Gruppe verbraucht und hernach, wenn die große Harmonie sich nicht einstellen will, von den »Menschen« enttäuscht ist. Und um so leichter ist man natürlich bereit, Egon als verbürgerlicht, Frieda als zweierfixiert und Karl als arrogant zu bezeichnen. (Auch der linke »Menschenkonsumismus« – die Tatsache, daß im Politfreak-Milieu sehr schnell Menschen idolisiert und wieder »verworfen« werden – erzählt die Geschichte dieser permanenten Enttäuschung.)

3. Der billige Beifall. Wir alle kennen den Agenten des kleinen Mannes. Mit Sicherheit tritt er auf allen Groß-Ritualen der Politfreak-Kultur auf. Etwa bei den Hörsaal-Veranstaltungen. Egal, wie die Diskutanten sich schlagen, nach einer halben Stunde ertönt so sicher wie das Amen in der Kirche seine dünne Stimme aus dem Publikum: Er fände das hier alles total abstrakt, es müsse doch einmal konkret gesagt werden, was das heißt, heute arbeitslos zu sein oder in der Dritten Welt zu hungern...

Hier erntet der Agent des kleinen Mannes seinen ersten Beifall: Er gibt sich als Anwalt der Wirklichkeit zu erkennen, und die ewig Unzufriedenen im Publikum, die sich chronisch vom Podium mißverstanden/nicht repräsentiert/verarscht/verschaukelt vorkommen, applaudieren heftig. Aber so konkret meint es unser Agent gar nicht. Fast immer folgt ein zweiter Teil der Rede: Man könne das nicht so sehen, wie hier behauptet, das sei doch Schwachsinn, naiv, vielmehr müsse man doch einmal Tacheles reden, auf den Punkt bringen, worum es in Wirklichkeit gehe, nämlich... Hier folgt dann eine Formel (»Profitinteresse«, »Unterdrückung der Völker«, »Imperialismus« etc.). Donnernder Applaus. Noch heute trifft man diesen Typus überall dort, wo eine Diskussionsrunde versammelt ist. Immer noch sind jene Gestalten unterwegs, die bei allem und jedem sogleich von »Vernichtung«

reden und ein heiliges Glühen in den Augen bekommen, wenn es um Tierversuche (oder ein anderes Thema) geht. Sie machen Jagd nach dem billigen Beifall, und dazu pflegen sie das richtige Feindbild, die schlichteste Polemik, die schönste wohlklingende Dummheit. Irgend etwas mit Staat und Lebenwollen, irgendeine Emphase, ein Witz über Helmut Kohl oder eine Attacke auf die Bullen, eine Ablenkung (»Ihr labert immer nur von euch selbst – aber wie sieht es bei den Asylanten aus?«) – und der Saal rast. Heute längst auch in jeder öffentlich-rechtlichen Talkshow.

4. Das Lagerdenken

– Du redest ja wie Genscher
– Das könnte aber auch Kohl gesagt haben, mein Lieber
– Klingt ja wie ein Yuppie in der Neonbar
– Da würde sich das BKA aber freuen

Die Gesinnungskultur zeigt immer nur auf eine Frage: Nützt uns das, oder nicht? Schürt es unsere Gewißheiten? Klärt es die Fronten? Ihre einzige Triebfeder ist die Angst vor dem Verrat, ihre Grammatik die Lust an der Entlarvung, ihre Sehnsucht die Zensur. Sie produziert deshalb so fatale Ergebnisse, weil sie jede Debatte über die eigene Unsicherheit, das eigene Manko verhindert. Auf diese Weise sorgt sie dafür, daß wir unsere Inhalte mit schönster Regelmäßigkeit *an den Gegner verlieren*.

Valeska von Roques hat diesen Effekt im Spiegel präzise für die Abtreibungsdebatte erläutert: Da die Liberalisierung der Abtreibung gegen den politischen Gegner mit Mühen und Kämpfen durchgesetzt wurde, durfte man sie *intern* nicht problematisieren, und schon gar nicht öffentlich. Die Folge war ein neues Denkverbot, nur diesmal von unserer Seite: Abtreibung hatte einfach okay zu sein, ein technischer Vorgang, problemlos, eine Routinesache für die Frauen, schließlich hatte man sie ja als »selbstverständliches Recht« durchgesetzt. Jede Diskussion darum, wie furchtbar eine Abtreibung auch sein kann, darüber, daß sie für die Frauen eben *nicht* einfach nur ein Routineeingriff ist, hätte womöglich der politische Gegner ideologisch ausnutzen können, um den Paragraphen wieder zu verschärfen.

Auf diese Weise erzeugt das Lagerdenken Denkverbote, Diskussionsverbote, Selbstbetrug und schließlich eine hartnäckige Lüge. Die Folge: Das, worum es geht, wird auf die Dauer unglaubwürdig, weil es dem Diskurs entzogen ist und nicht weiterdiskutiert und -problematisiert wird, es verkommt zur leeren Hülse, zur Parole. Wer aus Angst vor Beifall aus dem rechten Lager jahrelang die Schweinereien des real existierenden Sozialismus ignoriert (wenn nicht gar verteidigt), der wird in Sachen Freiheit unglaubwürdig. Wer das Reaktionäre immer nur im Gegner sieht, nie aber in der eigenen (Sub-)Kultur, der wird den politischen Kampf verlieren. Irgendwann kann der politische Gegner das Terrain mühelos zurückerobern, weil niemand mehr da ist, der es gegen die Attacken von außen glaubwürdig verteidigen könnte.

5. Die Identifikationssehnsucht. Keine Halbheiten bitte! Es muß der ganze Mensch sein! Keine Kompromisse. Wenn ich schon etwas tue auf dieser vom Kapital und seinen Interessen verhunzten Welt, dann will ich mich *ganz* einbringen, mit Haut, Haaren und Seele, Kopf und Bauch, Herz und Hand.

Folge: Jede Niederlage wird zum Untergang, jeder Konflikt zur existentiellen Bedrohung. Die Sehnsucht nach Identifikation erzeugt mit zunehmender Dauer lebensgeschichtliche Einbahnstraßen. Sie führt dazu, daß man »klammert«, wenn man etwas mehr Distanz bitter nötig hätte, sie ermöglicht nicht den Spielraum, den man zu wirklicher Kontinuität benötigt. Man wird regelrecht *süchtig* – nach Menschen und Orten, nach intensiven sozialen Erfahrungen, in denen man »ganz aufgeht«.

Die Identifikationssehnsucht ist der zentrale Motor für jene Biographien, die von einer Totalität zur anderen hüpfen, die ein geschlossenes Weltbild nach dem anderen verschleißen und es unter einer »großen Sache« wie Bhagwan oder AAO, der allesverzehrenden Liebe oder dem künstlerischen Superprojekt, dem ökologischen Untergang oder dem Wassermannzeitalter nicht mehr machen. Die Folgeschäden sind in jenem Rigorismus zu besichtigen, der ihre Protagonisten sukzessive zu emotionalen Einsiedlern formt. Voll und ganz »steht« Gerhard jetzt zu seiner Familie, hundertprozentig ist Christoph jetzt in seinem Job als Kreativer in der Werbeagentur aufgegangen, und Angela setzt sich »total« mit dem Leben auf dem Land auseinander. Solche 100-Prozent-Menschen sind schnell uninteressant, weil ihre Weltbilder keine produktiven Widersprüche zulassen.

6. Die Besserwisserei. Hören wir eine Weile Bernie zu, unserem Altgenossen, Freund und Kumpel. Der Neuhausen da vom Staatstheater, sagt Bernie, oder der Hansdampf vom Hamburger Thalia, das sind doch Flaschen. Diese Inszenierungen sind gequirlte Scheiße. Eine Ideologie kommt da raus, daß es die Sau graust, und dann schafft er es noch nicht einmal, die Schauspieler richtig einzusetzen. Neulich stand da eine Hymne im Stern, total daneben. Überhaupt der Stern: Wer liest denn schon dieses lahme Blatt? Das ist doch grauenhaft, dieser Scheckbuchjournalismus. Die Zeit bringt auch nur noch Bonzenliberalismus. Und der Spiegel, dieses Pseudo-Intellektuellen-Gequake – Augstein wird alt. Sollte mehr in die Privatsender investieren und sich aus der Redaktion raushalten. Apropos diese Privatsender! Gedudel von früh bis abends. Obwohl, was da im NDR läuft, ist sowieso miesester Durchschnitt, schlimmer kann es gar nicht werden. Talkshows ohne Ecken und Kanten, Magazine ohne Biß. Ach übrigens: Erwin macht da mit, du weißt schon, dieser Österreicher, der damals mit im AStA war. Ist heute verheiratet, hat ein Kind und arbeitet als Redakteur. Schlimm, sag ich dir. Diese Ehe möchte ich sehen, wahrscheinlich schlägt er die Frau, nein, der ist toootal verbürgerlicht. Der sollte doch...

Wir wollen uns aus diesem Monolog ausblenden, bevor unser Freund über die Bundesliga, die evangelische Kirche, die Bonner Politik, die Außenpolitik Zimbabwes (da war er mal), die Beziehung unserer gemeinsamen Freundin Elfie, Prince und Fidel Castro referiert. Dabei geht es gar nicht darum, ob Bernie recht hat, das Problem ist, daß Bernie nicht nur Meinungen verbreitet, sondern niemanden im unklaren läßt, daß er, wäre *er* am Drücker, auch alles besser machen würde. Er weiß aus dem Effeff, wie man mit den Russen und Amerikanern verhandelt, wie man ein Theaterstück inszeniert und eine Zeitung macht, er kennt sich aus, wie man eine Talkshow moderiert und sich als Fußballtrainer oder Innenminister verhält. Deshalb will es einfach keinen rechten Spaß mehr machen, sich mit ihm zu unterhalten. Ihm fehlt eine elementare Eigenschaft, die zu jeder Kommunikation notwendig ist: die Neugier.

Der Zufall will nun, daß Bernie keinen blassen Schimmer von Theater hat, daß ihm auch die Probleme, mit der sich eine Redaktion herumschlagen muß, fremd sind. Dazu kommt, daß Bernies Kritik nicht ganz frei von Eigeninteresse zu sein scheint. Je besser er jemanden kennt, und je mehr sich das Sujet auf einem Terrain befindet, das auch seine Interessen berührt, desto madiger muß er es machen. Die Rundfunkfeatures von P. etwa findet er ganz besonders beschissen – rein zufällig ist er selbst freier Mitarbeiter beim Rundfunk.

In Bernies Universal-Expertentum vernehmen wir noch einmal den Anmaßungs-Sound der radikalen Ära. Er speist sich aus einem genialen Dilettantismus, mit dem wir alles sein wollten und konnten, Künstler, Heimwerker, Politiker, Sicherheitsexperten und Energieökonomen, Gärtner und Handwerker. In dieser Anmaßung spiegeln sich bis heute die pubertären Selbstbehauptungskämpfe der Politfreak-Revolte. Sie hat jedoch, in anderer Form, durchaus ihre Vorteile. Das Besserwissen ist eine Art gesunder Volkssport geworden, mit dem man die Demokratie vorantreibt: Wenn nicht Zigtausende sich in den letzten 15 Jahren »angemaßt« hätten, selber Experten in Sachen Energieversorgung zu sein, würden uns die Atomkraftlobbyisten wohl immer noch unbemerkt ein Atomkraftwerk ums andere vor die Nase setzen, ohne daß irgend jemand – wenigstens – am Bauzaun rüttelt. Im Besserwissen steckt die Kraft der Kritik – solange die Neugier, die Fähigkeit am Selbstzweifel erhalten bleibt. Wenn es jedoch wahllos und unkompetent auf alles zielt, was ihm in den Weg kommt, wenn alles Fremde, andere nicht respektiert wird, und vor allem, wenn sich das Besserwissen ins Private einmischt, wird es unproduktiv. Und mischen wir uns nicht ständig in Dinge ein, die uns nichts angehen? Daß H. und G. ein Kind bekommen haben, daß L. und F. zusammenziehen und J. diesen Job in X. angenommen hat. Obwohl wir sie zwei Jahre nicht gesehen haben, sind wir selbstverständlich der Meinung, daß die Sache mit L. und F. vollkommen danebengehen wird, daß G. sicher keine gute Mutter abgeben kann, und daß J. von seinem Job in X. mit Sicherheit korrumpiert wird.

In Wirklichkeit haben wir keine Ahnung.

7. *Nostalgia.* Ruth, 33, denkt heute selbstredend nicht mehr in den alten Dogmatismen. Sie ist toleranter geworden. Obwohl: Sie hat ihre Prinzipien. Nach wie vor!

Etwa, daß die Amerikaner in Mittelamerika eine Schweinepolitik betreiben. Etwa, daß Männer Frauen unterdrücken, wo sie nur können. Etwa, daß der Planet vor dem Umkippen steht, daß es noch nie so schlimm war wie heute mit der Umweltverschmutzung und der Unterdrückung der Dritten Welt.

Liebe Ruth, möchten wir ihr gerne sagen, wir bestreiten das alles nicht. Aber die Aufrechterhaltung dieser allgemeinen Wahrheiten sagt noch nichts darüber aus, *was sie in der Wirklichkeit bedeuten.*

Die Politfreak-Kultur reagiert, wie alle Subkulturen (und wohl alle

Kulturen überhaupt) auf Chiffren, Zeichen und Symbole. Sie hat ein kohärentes Zeichen-System entwickelt, das spielend in der Lage ist, komplexe Realitäten auf sehr einfache Nenner zu reduzieren. Die Chiffren »Widerstand« und »Minderheit« etwa bilden in diesem Kosmos eine geradezu ehrfurchtgebietende Sinn-Einheit; bei Erwähnung dieser Symbole kann es sich nur um eine gute, gerechte Sache handeln, und hier wird automatisch das dritte Zeichen aktiviert: Solidarität (Prädikat: besonders wertvoll).

Natürlich funktionieren solche Zeichen-Systeme nur aus einer Distanz, die genügend Grobkörnigkeit zuläßt. Dann aber sind sie fast unschlagbar. Die iranische Revolution etwa – um ein politisches Beispiel zu nehmen – war noch lange, nachdem sich herausgestellt hatte, daß ein autoritär-religiöses System die Macht übernommen hatte, eine *eigentlich gute Sache*. In den linken Zeitungen und Zeitschriften dauerte es lange, bis man die Artikel, in denen mühsam die kulturrevolutionären Aspekte des Schadors und die »im Prinzip« ja richtige antiimperialistische Haltung der islamischen Revolutionäre legitimiert wurden, – ja was? – nicht revidierte, sondern stillschweigend vergaß. Oder: Der baskische Widerstand und die nordirische Erhebung werden wohl auf ewig positiv »besetzt« bleiben, weil die dazugehörigen Befreiungsbewegungen nicht gewinnen *können*. Gewännen ETA und IRA ihre jeweiligen Bürgerkriege, so würde sich wohl schnell herausstellen, daß dies nationalistische Regimes finster-reaktionären Zuschnitts an die Macht brächte; man müßte sich also bald einen anderen gerechten Kampf ausdenken. (Auf die Idee, daß in Nicaragua vielleicht eine Clique die Macht ergriffen hat, die zwar gutwillig und idealistisch ist, mit ihrer Vorstellung eines romantischen Kriegskommunismus das Land jedoch zwangsläufig ruinieren muß, ist auch noch niemand so recht gekommen – man bleibt lieber bei der bewährten Erkenntnis, daß der Yankee-Imperialismus mit dem kleinen Land übel umspringt.)

Eine andere Methode, die alten Theoreme der Revolte nostalgisch aufrechtzuerhalten, besteht in der *Universalisierung*. Über das Detail wird das Große gestülpt. Es geht ja längst nicht mehr nur um Flüsse, Fische, Wasser, es geht um den Gesamtzusammenhang Weltuntergang. Durch diese Überzeichnung entsteht ein Ermattungseffekt. Wenn der Weltuntergang aufs wiederholte nicht eingetreten ist, werden auch die Details unglaubwürdig. Wer schon hundertmal gesagt bekommen hat, daß die Nordsee mausetot, der Wein vergiftet, das

Grundwasser tödlich und die Wiesen auf Ewigkeiten radioaktiv verseucht sind, der muß entweder resignieren, oder er entwickelt ein gesundes Mißtrauen auch gegen die Unkenrufer.

8. Der Opferstatus. Die blinde Glorifizierung des Kleinen und Gerechten entwickelt eine Affinität zur Niederlage. Gerade weil der Politfreak so viele siegreiche Revolutionen sich in finstere Regime verwandeln sah, hat sich in sein kollektives Bewußtsein unverrückbar eingeprägt, daß nur das Unterlegene rein bleibt; und es liegt nahe, diese Erkenntnis auch auf sich selbst, seinen persönlichen Bereich anzuwenden. Es ist besser, Opfer der Verhältnisse, Unterlegener, Unterdrückter zu bleiben, als in die Bredouille einer – wie auch immer gearteten – »Täterschaft« zu geraten.

Man erlebt diesen Effekt immer wieder bei den Veteranen der Politfreak-Ära, die den »subjektiven Faktor« immer nur als rein politische Kategorie mißverstanden haben und sich allzu fest in die Rede vom »System« eingesponnen haben – vom System, das jede unentfremdete Tätigkeit unmöglich macht. Obwohl es sich bei ihnen zumeist um chancenreiche Leute handelt, legen sie sich wie ein Käfer auf den Rükken. Alles, was ihnen nicht gelingt – von der Wohnungssuche bis zum Job – führen sie auf »die Gesellschaft« zurück. Irgendwann ist diese Sichtweise dann zur Biographie, zum Schicksal geronnen. Wenn die Selbstdefinition als »Opfer der Gesellschaft« erst einmal »eingerastet« ist, funktioniert sie wie eine Psycho-Maschine, die ständig Bestätigungen für die Prämisse produziert, daß in dieser verdorbenen Welt nichts gelingen kann. Überall tauchen Feinde aus dem Nichts auf. Schließlich beginnt man, die Waffen bereits vor dem ersten Schuß zu strecken – und fällt in Agonie. (Was nicht heißt, daß es nicht schwierig wäre, eine Wohnung, einen guten Job zu finden. Die Frage ist nur, ob man den real existierenden Verhältnissen noch eine Selbstverhinderung hinzufügen muß, indem man sich in der Opferrolle einrichtet.)

9. Der Sozialneid. Keine Angst, wir wollen diesen Begriff aus dem Gruselkabinett des politischen Gegners nicht übernehmen, wir wollen ihn uns lediglich zu Demonstrationszwecken kurz ausleihen.

Machen wir also mit Bernie einen Besuch bei A. und M. Es hat sich etwas getan bei den beiden, das sehen wir auf den ersten Blick. Die Wohnung ist hell, groß und geschmackvoll eingerichtet, man bittet uns, in weichen, weißen Sesseln Platz zu nehmen, ein Tisch ist gedeckt mit Langusten und vorzüglichen Soßen, es gibt einen hervorragenden Aperitif. M. ist Verlagsvertreter, ein Beruf, in dem man bekanntlich einiges Geld verdienen kann.

Wir setzen uns also, und Bernie behält als erstes mal seine knarzende Lederjacke an. Er tut so, als ob ihn fröstelt, und man merkt ihm an, daß er allzugerne seine schweren Motorradstiefel auf den Designertisch legen möchte, was nur durch den etwas strengen Blick von A. verhindert wird. Statt jetzt gemeinsam den Erfolg von A. und M. zu feiern – das letztemal, als wir sie sahen, wohnten sie noch in einer ziemlich verbauten Wohnung –, fällt Bernie sogleich in einen nöligen Tonfall. Er rülpst ausgiebig nach der ersten Languste und lenkt das Gespräch auf die Politik der Multis in Mittelamerika. Nach der Vorspeise springt er auf und wühlt im Bücherregal. Er läßt allerlei fallen und kommt dann triumphal mit einer verstaubten Schwarte von Marighuela über den Guerillakampf im Dschungel zurück – rechtzeitig zum Hauptgang. Triumphierend hält er ihn uns vor die Nase: Da seht ihr mal, wie ihr euch verändert habt, von damals nach heute.

Wir müssen die Geschichte nicht zu Ende erzählen: Der Abend war versaut, bevor er überhaupt begonnen hatte. Jeden Ansatz eines Gespräches – und A. und M. gehören zu den seltenen Paaren, mit denen man sich überaus anregend unterhalten kann – wurde von Bernie, der immer tiefer in den weißen Sessel sackte und dabei innerhalb einer Stunde eine ganze Flasche Champagner leerte, sogleich sabotiert. Warum M. denn einen Saab fahre, für seinen Job täte es doch auch eine normale Karre, und nicht so eine Yuppie-Schüssel. Außerdem würden sowieso viel zu viele Bücher gedruckt, das meiste sei tierischer Schrott.

Warum kann Bernie nicht einfach einmal das gute Essen genießen und sich mit Freunden unterhalten? Und warum, zum Teufel, kann er nicht A. und M., die für ihr Designersofa und ihren Saab hart gearbeitet haben, den Erfolg ein wenig gönnen? M. hat jahrelang sein letztes Geld in Alternativprojekte gesteckt, A. hat jahrelang ihr karges Geld mit Nachtwachen im Krankenhaus verdient. M. hat wie ein Tier geschuftet, bis er erst einmal das Vertrauen der Buchhändler erworben hatte. Er ist wochenlang unterwegs, der Beruf ist ein Streßjob. A. hat es heute ein wenig leichter. Sie ist Buchillustratorin, und ihre Zeichnungen sind plötzlich gefragt. Dabei wissen wir, weil wir Bernie ganz gut kennen, daß auch er sich nichts sehnlichster wünscht, als reich und berühmt zu werden.

Das Problem ist nicht der Kampf der Armut gegen den Reichtum. Der wäre allemal legitim: Wenn ein armer Arbeitsloser A. und M. die Bude zertrümmerte, würden sie diskret die Versicherung und nicht die Polizei bemühen. Das Problem ist die *ideologisierte* Armut. Sie ist künstlich. Bernie, der Geldverächter, ist dermaßen auf das Geld fixiert, daß es ihn sozial inkompatibel macht. Mehr als jeder Kapitalist erklärt er es zum Maßstab aller Dinge.

10. Die Vermischung der Sphären. Warum schafft es G., mit wenig geschäftlichem Talent einen Kinokonzern aus dem Boden zu stampfen, während es K. einfach nicht gelingen will, ihre kleine Boutique zum Laufen zu bringen? Die Antwort lautet: G. führt seine Geschäfte konsequent nach dem (Spießbürger-)Motto »Dienst ist Dienst, und Schnaps ist Schnaps«, während K. ihr kleines Unternehmen nach den alten Regeln der Politfreak-Solidarität betreibt. Sie behandelt ihre Geschäftspartner als gute Freunde, während G. auch in den besten Freunden nur deren Arbeitskraft sieht, wenn es ums Geschäft geht. K. läßt Freundinnen im Laden aushelfen, und weil diese Freundinnen oft arm dran sind, gibt sie ihnen einen Stundenlohn, den die Boutique niemals erwirtschaften wird. Der Lieferant ist ein alter Kumpel, wen sie mag, dem gibt sie Prozente. Mit anderen Worten: Sie vermischt die Sphären »Beruflich« und »Privat«.

Dies ist auch im späten Politfreak-Milieu eine weitverbreitete Eigenart. Die Zahl blendender unternehmerischer Ideen in der Szene, die durch Vetternwirtschaft und Psychogewurschtel zu nichts als horrenden Schulden geführt haben, dürfte gigantisch sein. Das chronische Scheitern hat mit der alten Illusion vom »Identischen« zu tun, von der Politfreak-Vision des »Lebens – Liebens – Arbeitens«. Doch wo Politik wie eine WG betrieben wird (siehe Grüne), im Privaten das Primat der Politik herrscht oder die Produktion entlang den Cliquenstrukturen organisiert wird, entsteht nicht nur eine riesige Menge Sand im Getriebe, es entsteht auch ein zäher Filz aus undefinierbaren Interessen, in dem sich kein Mensch mehr zurechtfinden kann. Das »Identische« scheitert nicht nur an ökonomischen Faktoren. Irgendwann wird alles grau, unterschiedslos und unerträglich. Man könnte auch sagen: *undifferenziert.*

11. Der Zwang zur Zuspitzung. Wir sind uns nicht sicher, ob der Hang zur Zuspitzung wirklich zu den Eigenschaften des Politfreaks zählt, die wir lieber heute als morgen abschaffen möchten. Indem er seine Finger auf die gesellschaftlichen Wunden gelegt hat, vieles überspitzt darstellte und ausagierte, indem er *die Dinge auf den Punkt brachte*, hat er politische Wirkung entfalten können. Die Übertreibung ist eine notwendige Waffe gegen mangelndes Bewußtsein. Als die RAF verfolgt wurde, sah der Politfreak sogleich den Faschismus marschieren, bei der Volkszählung die Demokratie abgeschafft, beim Waldsterben den globalen ökologischen Holocaust. Nur hanebüchene Verkürzungen, aufgeregte Übertreibungen, unverantwortliche Vergleiche? Oder am Ende nicht auch pädagogische, im besten Sinne »aufklärerische« Metaphern?

Die »Kultur der Zuspitzung« sprang ziemlich schnell auch auf das Private über. Sie treibt dort bis heute als Seelen-Seziererei ihr Unwesen. In der Wohngemeinschaft hieß es bald: *Im Grunde willst du mich emotional ausbeuten.* In der Beziehung: *In Wirklichkeit klammerst du ja nur an mir,* im Alternativprojekt: *In Wirklichkeit funktionalisiert ihr mich.*

Im Grunde, in Wirklichkeit, in Wahrheit: der ewige Stachel der Zuspitzung. Sein Gebrauch macht süchtig. Das Bedürfnis, die Dinge »auf den Punkt zu bringen«, unterliegt einem rasanten Verselbständigungsprozeß. Gespeist wird es von einem großen Mißtrauen, das wir von unserer Auseinandersetzung mit der »bürgerlichen Welt« mitgeschleppt haben: Wir fürchten dauernd, auf *Fassaden* zu stoßen, die etwas verbergen, ein Drama, eine Tragödie, etwas Ungelebtes, Unausgesprochenes. Wer einmal mit seinem Partner glücklich ist, wird sofort von einer unheilbaren Lust befallen, nachzubohren: Ist das echt? Oder haben wir uns in einer falschen Idylle eingerichtet? Meint er mich, oder nur ein Bild von mir? Er wird so lange bohren und forschen, bis er etwas gefunden hat, was *grundsätzlich faul* ist. Das Mißtrauen verselbständigt sich, wird immer größer, erzeugt seine eigenen Beweismittel: Die Konsequenz der konsequenten Zuspitzung ist die totale Beziehungsunfähigkeit.

Das Fatale ist, daß der »Zuspitzer« immer recht hat. Liebe birgt immer einen Anteil Abhängigkeit, und in einer Gruppe gibt es immer ein gewisses Maß an gegenseitiger Ausbeutung. Die Formulierung *im Grunde* führt, konsequent in allen Sektoren des Lebens eingesetzt, ins Nichts.

Viele der Überlebenden und Nachfahren der Politfreak-Kultur sind *Im-Grunde*-Typen geworden. Gründlich und intensiv hinterfragen sie alles, tragen jeden Konflikt aus, und wenn keiner da ist, provozieren sie ihn. So weben sie sich ein in einen Kokon aus Unmöglichkeiten.

Dort, »wo es einem gutgeht«, sind meistens die Zwischenräume, die Lücken, die windstillen Räume zwischen den Problemen. Die meisten Zustände, die »glücklich« machen, entstehen nicht durch eine gründliche Hinterfragung und Problematisierung, sondern durch das genaue Gegenteil: ein *Loslassen*. Und das haben wir verdammt schlecht gelernt.

Wir Kinder der Sozialdemokratie

Was den »geläuterten« Politfreak unserer Tage mit dem »klassischen« Fundamentalisten verbindet, wie wir ihn noch bei den Grünen erleben, ist der unterschwellige Haß auf die Sozialdemokratie, der mit der Partei SPD relativ wenig zu tun hat. Er gilt vielmehr dem »Sozialdemokraten in uns«, dem ewigen Reformisten. Der »innere Sozialdemokrat« ist das kleine Teufelchen, das ständig nachgeben, vom Kampf ablassen, die Prinzipien verraten, Kompromisse schließen will. Was in der RAF-Sprache die Ratte, das Verräterschwein war, ist in der inneren Welt des Politfreaks der Sozialdemokrat.

Natürlich liegt die Vermutung nahe, daß wir es mit einem Projektionsprozeß allerersten Güte zu tun haben, einem Schattenboxen, das seine Vehemenz nicht aus der Stärke, sondern einer elementaren Unsicherheit bezieht, die es um jeden Preis gegen die Versuchung immun zu machen gilt. Um das Phänomen zu verstehen, müssen wir zurückblicken auf die Zeiten vor 1968 und einen etwas anderen Blick auf die Entwicklungsgeschichte dieser Republik werfen.

Wenn man »Revolution« nicht als simplen Machtwechsel begreift, sondern als fundamentalen Umwälzungsprozeß der Schichten und Klassen, dann ist das einzige wirklich revolutionäre Jahrzehnt in der deutschen Geschichte dieses Jahrhunderts ausgerechnet dasjenige, das uns gezeugt hat: die 50er Jahre. Eine solche Behauptung klingt auf den ersten Blick völlig absurd: Die Epoche der Tütenlampen und Goggos, der ungehemmten Spießigkeit und des Siegeszuges der Resopalküche, der erneuten Verbannung der Frauen an Heim und Herd, der Restauration und der großen Verdrängung, bei der Nazi-Richter und -Politiker anstandslos wieder in Amt und Würden kamen – ausgerechnet dieses Jahrzehnt soll revolutionär gewesen sein?

Noch einmal: Revolution ist eine grundlegende Umwälzung der gesellschaftlichen Schichten und Klassen. Die meisten Revolutionen, die uns aus der Geschichte bekannt sind, waren lediglich Putsche; in ihnen wurde keineswegs die Gesellschaft umgeschichtet, sondern nur die Machtverhältnisse. Und in diesem Sinne war das Jahrzehnt der 50er Jahre *in der Tat* revolutionär.

Es war allerdings keine Revolution mit Fahnen und Trompeten, sondern eine stumme, schleichende Umformung, und gerade deshalb war sie so nachhaltig wirksam. In den 50er Jahren erst entstand in Deutschland jene Gesellschaft, die für uns Fluch und Segen zugleich war: die Mittelstandsgesellschaft.

Als Adolf Hitler 1930 von der »Verelendung des deutschen Volkes« dröhnte, hatte er recht. Die Sozialstruktur der Weimarer Republik (und auch des Wilhelminischen Deutschland) sah komplett anders aus als diejenige, die sich im Verlauf jener rasanten Expansion der Produktivkräfte entwickelte, die man »Wirtschaftswunder« nannte. »Mittelschicht«, das war vor dem Zweiten Weltkrieg eine Minderheit von oberen Beamten und Angestellten, politisch unartikuliert, ökonomisch irrelevant und ideologisch schwankend. Die Gesellschaft war im klassischen Sinne eine Klassengesellschaft, mit hermetisch abgeschirmten Milieus (»Arbeiterschaft«, »Beamtentum«, »Oberschicht«), die jede für sich ihre Riten und Rituale lebte, ihren »Staat im Staate« bildete. 70 Prozent der Bevölkerung, Arbeiter, kleine Beamte und einfache Angestellte, Tagelöhner und Bauern, waren arm, sie lebten am Existenzminimum, nach unseren heutigen Maßstäben eher darunter. Kein Wunder, daß die Konflikte dieser Gesellschaft immer zur »Systemfrage« kulminierten. Eine Gesellschaft, die derart antagonistisch konstruiert ist, kann nicht über längere Zeit stabil bleiben, jede kleine ökonomische Krise wirft sie aus dem Gleis, sozialer Konsens ist praktisch unmöglich, denn es gibt in ihr nichts umzuverteilen, ihre einzige Perspektive ist der Umsturz (ich gebrauche dieses Wort absichtlich im Unterschied zu »Revolution«). Ein Volk, ein Reich, ein Führer – das war die – fatale – »Ganzheits«-Utopie, die die lähmenden Klassen-Abgründe der Gesellschaft überwinden sollte. Und der militante Nationalismus konnte nur deshalb so perfekt funktionieren, weil er gegen die antagonistische Struktur der Weimar-Gesellschaft das große »Wir« setzte.

In den beiden Jahrzehnten, die uns heranwachsen sahen – die 50er und die 60er Jahre –, geschah tatsächlich so etwas wie ein Wunder. Plötzlich hatte der normale Angestellte die Möglichkeit, ein Auto zu kaufen, der Arbeiter eine Couchgarnitur, einen Urlaub, einen Rührmix. Inmitten der Gesellschaft »explodierte« die Mittelschicht und verschob die Mehrheitsverhältnisse rapide, in der Mitte des Klassen-Antagonismus wuchs wie ein riesiger Wattebausch, der alle Konflikte abfederte, jener Mittelstandsbauch, dessen Interessen bis heute unsere Gesellschaft prägen.

Eine Gesellschaft, in der die Mittelschicht die absolute Mehrheit darstellt, wird zwangsläufig träge. Ihre Vision ist nicht mehr auf Veränderung gerichtet, sondern auf Vermehrung des Wohlstands, auf Besitzstandswahrung. Und wie soll eine Jugend gesellschaftliche Utopien und rebellische Visionen entwickeln angesichts einer diffusen hegemonialen Klasse, die weder unterdrückt noch Unterdrücker ist, die den materiellen Reichtum gerade in der ersten Generation erlebt und wild entschlossen ist, ihn auszukosten? Jede Attacke gegen die Kultur und Moral dieser amorphen Klasse erweist sich als ein Schlagen in Zuckerwatte. Also gilt es, ganz besonders radikal zu sein. Zur Not halluziniert man eine revolutionäre Situation, eine Klassenstruktur, die zum Umsturz drängt, einfach herbei – nicht gerade wenige von uns haben das in ihrer politischen Biographie immer wieder versucht.

Die hegemoniale Mehrheits-Kaste der jungen Republik, die Mittelstandsbürger also, hatten für jedwede Form von utopischem Denken nicht mehr das geringste Verständnis. Sie hatten ihre eigenen Jugend-Emphasen mit knapper Not überlebt und waren mit fleißiger Verdrängungsarbeit dem Hunger nach dem Kriege entkommen – kein Wunder, daß sie die Revolte der Jugend als äußerst störend empfinden mußten. Dazu kam, daß das westdeutsche Wert- und Moralgefüge weit hinter der Ökonomie zurückgeblieben war: Die moderne, demokratische Gesellschaft existierte zwar in Form von Couchgarnituren, Warenströmen und Grundgesetz – aber in den Köpfen (und Herzen) hatte es keinen entsprechenden Prozeß gegeben. Die kulturellen und politischen Normen stammten noch aus dem alten, deutschen Autoritarismus. Die Väter mochten keine expliziten Faschisten mehr sein – aber Demokraten waren sie auch keine.

Kein Wunder, daß es in der Bundesrepublik gründlicher und radikaler zum Bruch zwischen den Generationen kommen mußte als in anderen westlichen Ländern, kein Wunder auch, daß die Revolte länger andauerte, mehr Menschen erfaßte – und mehr zu verändern hatte.

Die 50er Jahre – das war gleichzeitig das Jahrzehnt, in dem der Grundstein für den Sieg der Sozialdemokratie gelegt werden sollte. Nicht mehr das alte Vorkriegs-Modell mit Fahnen und Proletenstammtisch kam zum Zuge, die Mittelstandsgesellschaft machte den modernen Sozialdemokratismus realistisch: Nur wo üppig Bruttosozialprodukt erwirtschaftet wird, kann die Idee der Umverteilung Wirklichkeit werden, nur wo die Mehrheit ein Interesse an Sicherheit und Absicherung, an Kompromiß und dem Beibehalten des Status quo hat, kann der gesellschaftsübergreifende soziale Konsensus überhaupt funktionieren.

Denken wir weiter: Wir sind nicht nur die Kinder der Wirtschaftswunder-Ära und der »konsensualen Sozialdemokratie«, wir sind auch, in unserem weiteren Werdegang, ihre *Mutanten*. Weil wir die erste Generation waren, die ohne Krieg und Unterentwicklung heranwachsen konnte, weil wir obendrein auch in besonderem Maße diejenigen waren, die es einmal besser haben sollten. Besonders die Generation der Großeltern, denen zwei Kriege mit Hunger und Not in den Knochen steckten, tat alles, um an uns Enkeln Wiedergutmachung zu vollziehen. Was an Luxus fehlte, wurde uns oft noch durch Zuwendung vergolten. Uns setzte man nicht vor den Fernseher (gewiß, es gab Ausnahmen), unsere Väter kutschierten uns mit dem neuen Auto über die Autobahn, die Großeltern bemühten sich rührend um unsere kindlichen und pubertären Seelen. Auch wenn diese Art familiärer Fürsorge spätestens mit dem ersten Freund oder der ersten Freundin zur Zudringlichkeit wurde, auch wenn sie uns bisweilen erstickte – wir waren die erste Generation, in der so etwas wie »Verwöhnung« zu kollektiver Erfahrung wurde. Und weil wir – immer im Vergleich zu vorangegangenen Generationen – verwöhnt waren, wurden wir ungeheuer sensibel. Die Revolte der 70er, das Entstehen der Politfreak-Kultur mit all ihren Anmaßungen und Regressionen – das war nicht zuletzt ein Aufstand der Übersensiblen, der empfindlichen Mittelklasse-Kinder.

Viele Erfahrungen von Nichtverständnis und seelischer Grausamkeit in der Spießbürger-Wüste der 60er Jahre mögen zunächst gegen eine solche Interpretation der Dinge sprechen. Aber es führt kein Weg am Eingeständnis vorbei, daß wir tatsächlich *privilegiert* waren, nicht *obwohl*, sondern *weil* der Wohlstand noch in den Anfängen steckte. Der junge Wohlstand vermittelte noch originäre Lüste – die Carrera-Autobahn zu Weihnachten, das neue Auto der Eltern, das erste Grundig-Tonbandgerät: das waren noch echte Pioniererfahrungen, von keiner Übersättigung und keinem ökologischen Gewissen überschattet. Wir erlebten noch Mütter als Mütter und Väter als Väter – von den quälenden Scheidungsdramen der Neuzeit blieben wir weitgehend verschont, die traditionellen Elternrollen waren noch nicht in Frage gestellt.

Als wir unsere Pubertät durchlebt hatten, befand sich die sozialdemokratische Dekade in ihrem Zenit. Wir hatten die einmalige Chance, ein geschlossenes Lebensmodell unserer Eltern *abzulehnen* – und dadurch an Konturen zu gewinnen. Und eine zweite »Revolution« nahm uns in ihre (damals noch) weitgeöffneten Arme. Sie hörte auf den bescheidenen Namen »Bildungsreform«.

Die Explosion des Terrains Universität mit allen sozialdemokratisch geprägten Bildungsinstitutionen, die daranhingen – vom Zweiten Bildungsweg bis zur Volkshochschule, von der Bundeszentrale für politische Bildung bis zu den Fachhochschulen –, war die zweite große soziale Umschichtung nach dem Krieg. 1960 studierten lediglich 7,5 Prozent der westdeutschen Jugendlichen, 1973, als ich zu studieren begann, waren es schon 20, Ende der 70er lag der Anteil schon an der 30-Prozent-Grenze.

Natürlich war die Bildungsreform kein großzügiges Geschenk an die Jugend; sie wurde vor allem deshalb forciert, weil die sich rasch modernisierende Industrie dringend einen höheren Ausbildungsstandard benötigte. Doch man muß sich noch einmal ihre »Sekundärfolgen« in Erinnerung rufen: Für einen wesentlichen Teil der Jugend war es plötzlich möglich, die Zeit vor dem Geldverdienen drastisch zu verlängern. Es war nicht mehr nötig, zu heiraten, um von zu Hause wegzukommen. Studieren – das war nicht nur Ausbildung, das war vor allem Lebens- und Erfahrungsraum. Die 68er-Revolte hatte die Universitäten der frühen 70er Jahre in *open houses* verwandelt, in denen man staunend und verwirrt umherirrte; das wundersame Chaos, in dem Gedanken, Experimente und wilde Lebens-Gebäude wucherten, strahlte nach außen ab auf die gesamte Gesellschaft. Eine Art Bildungs-Goldrausch: Viele Fakultäten waren aus dem Nichts aus dem Boden gestampft worden, es blieb den Planern gar nichts anderes übrig, als die klassischen Achtundsechziger einzukaufen und zu Professoren und Dozenten zu küren. Natürlich bekamen die sozialdemokratischen Planer bald Angst vor der eigenen Courage und mußten etwas gegen das Geschrei der Rechten unternehmen. Aber während hie und da ein kommunistischer Briefträger oder ein Kommilitone, der sich allzusehr aus dem Fenster gehängt hatte, via Berufsverbot gemaßregelt wurde, wurden andernorts ganze Leitungsgremien von Achtundsechzigern stillschweigend verbeamtet.

Zugleich brachte die Bildungsexplosion den gewohnten Generationsablauf ins Schlingern: Zum erstenmal entstand eine breite Schicht junger Leute, die viel besser gebildet und ausgebildet waren als ihre Eltern. Jetzt war der Sohn des kleinen Angestellten plötzlich Jura-Student, und die Tochter des braven Schaffners wurde Politologin.

Wer heute durch die universitären Mittelstädte wie Tübingen und Freiburg, Erlangen und Heidelberg, Marburg und Göttingen geht, sieht schnell, wie eng die Politfreak-Kultur mit den Universitäten verschweißt war – hier kann man, meist in mittelalterlichen Fachwerk-Stadtkernen, die Errungenschaften der 70er Jahre noch heute wie in einer Vitrine beobachten, vom Wolladen bis zur Freakkneipe, vom linken Buchladen bis zur studentischen Mutter aus der Stillgruppe. Die Geschichte des Politfreaks ist ohne die wunderbar chaotischen, spielwiesenhaften Universitäten der 70er Jahre, ohne die Freiräume dieses Terrains nicht zu denken. In bildungspolitischem Sinne waren wir die Neureichen der Gesellschaft. Wie immer bei hektischen Aufbauprozessen gab es einen kurzen Sommer der Anarchie, und wie immer, wenn »neureiche« Schichten aufsteigen, stellen sie die Privilegien der alten Schichten (des Bildungsbürgertums) in Frage.

Die Erfahrungen dieser Freiräume haben, ob wir wollen oder nicht, unsere *Mentalitäten* und unsere Sicht der Dinge geprägt. Auch wenn der selige Franz Josef Strauß uns damals Schmarotzer schimpfte, sollten wir den Mut haben einzugestehen, daß uns Versorgungsmentalitäten nicht gerade fremd waren. Freunde, die nicht mehr studierten, ließen sich nicht gerade zimperlich und mit allen Tricks vom Sozial- und Arbeitsamt alimentieren, in sämtlichen Alternativprojekten beherrschte man das Jonglieren mit ABM-Stellen, an der Uni war irgendwo immer noch eine Aushilfsstelle frei, auch wenn es nur eine halbe war, man brauchte ja nicht allzuviel Geld, schließlich wohnte man in der Wohngemeinschaft. Daß die sozialen Absicherungen eines Tages nicht mehr funktionieren, daß Bafög nicht mehr wie ein Brünnlein fließen könnte, kam uns überhaupt nicht in den Sinn.

Um keine Mißverständnisse aufkommen zu lassen: Wir waren keinesfalls reich (und was wir im Tausch für unsere Privilegien der Gesellschaft zurückgaben, dazu später). Unser Reichtum war nicht materiell, er bestand in *verfügbarer Zeit*. Trotz monatlicher Geldbeträge, die heute mancher 14jährige als Taschengeld einstreicht, gingen wir jeden Abend in die Kneipe und fuhren jedes Jahr zwei-, dreimal in Urlaub, auch wenn wir uns dort von Rotwein und Käse ernähren mußten. Richtigen Mangel litten wir nur selten, auch wenn bisweilen drei Wochen Spaghetti mit Margarine angesagt waren. In unseren studentischen Kulturen lebten wir im Kleinen vor, was in der großen Gesellschaft längst besiegelt schien: Umverteilung. Es gab Zeiten, in denen das Geld in den Cliquen, Projekten und WGs der Politfreak-Kultur tatsächlich sozialisiert war. Irgend jemand hatte immer einen kleinen Scheck von der Oma, oder einen Verdienst, weil er gejobbt hatte.

Und die Sozialdemokratie? Schließlich waren wir Brandts Jungwähler, und da wir so viele waren (die Hörsäle waren rappelvoll, auf den Demos wurden wir immer noch mehr), würden wir die Sozialdemokratie schon zwingen, weiterhin Alimente, Bafög und Stütze herauszurükken. Wir ahnten mehr als wir wußten, daß wir neben den Arbeitern das zweite Standbein der SPD darstellten, ein nicht unwesentliches Segment von Jungwählern, das die SPD bedienen mußte, wollte sie nicht die Macht verlieren. Mit unsereinem war die Sozialdemokratie an die Macht gekommen, jetzt erwarteten wir *cash* dafür.

Man kann die Spuren unserer Anspruchsmentalität bis in die feinsten Verästelungen der Politfreak-Ideologien weiterverfolgen. In einer abstrakteren Variante manifestierte sie sich in unserem Bewußtsein, daß für alles, was uns widerfuhr, die »Gesellschaft« verantwortlich war. Wenn einer von uns heroinabhängig wurde, war klar, daß die Gesellschaft ihn soweit getrieben hatte; sie mußte es also via Drogeninstitutionen, »guten« Therapien etc. wieder ausbügeln. Wenn einer von uns beruflich oder in der Ausbildung auf die Nase fiel, war selbstredend der Chef, die Behörde, der Bildungsweg verantwortlich. Wir Staatsfeinde hegten in Wahrheit ein Urvertrauen in den Staat, der es schon richten würde. Am verblüffendsten spiegelte sich das in jenem Militanz-Milieu, das sich Randale und Zoff auf die Fahnen geschrieben hatte. Wenn man aus der Distanz von mehr als einem Jahrzehnt genau hinhört (und nachliest), dann schwingt in den Verlautbarungen der Militanten (bis hin zur RAF) stets so etwas wie ungläubige Empörung über den »uneingelösten Sozialkontrakt« mit. Die Kämpfer wollten, um es im Originalton der Rechten auszudrücken, erst Steine schmeißen und dann auch noch gut behandelt werden. Man wollte »es wissen« (manche sogar bis zur bitteren Neige), aber trotz aller Neo-Faschismus-Bilder, die man vom Staat an die Wand malte, war man verwundert, wenn es tatsächlich ernst wurde. Der Staat sollte stets fürsorglich und verzeihend, gesetzestreu, fair und verständnisvoll reagieren. Daß er statt dessen böse, unterdrückerisch und brutal wurde, hatte man zwar theoretisch immer prophezeit, als es aber dann eintrat, waren diejenigen, die zur Attacke geblasen hatten, völlig konsterniert. Fast schien es, als wolle man ausprobieren, wie weit man gehen konnte, bis die große Mutter Sozialdemokratie richtig wütend wurde.

Nun sollen hier nicht die hysterischen Reaktionen des Staates auf die Revolte legitimiert werden. Es geht um das Verständnis unserer eigenen psychischen Konstitution, unserer weltanschaulichen Prägungen, und darum, warum die Revolte Ende der 70er Jahre, als das sozialdemokratische Zeitalter zu Ende ging, zwangsläufig kollabieren mußte. Zwar entwickelte die Politfreak-Kultur immer wieder Tendenzen, die dem Versorgungsdenken entgegenwirkten. Mit den Alternativ-Ideen versuchten wir ja eine Art Ausstieg aus der Versorgungsgesellschaft, in den Debatten um Autonomie und Landleben wuchs rasch der Wunsch, von den großen Versorgungssystemen autark zu werden. Aber die überwältigende Mehrheit in unseren Kreisen blieb der Idee »endloser Sozialstaat« fest verhaftet – bis es zu spät war. Dafür, daß wirklich *alle* in den Jagdgründen der Sozialdemokratisierung als Tagungsleiter und Dozenten, Bildungsverwalter und Professoren unterkommen konnten, waren wir einfach zu viele.

Unsere chronische Abneigung gegen die Sozialdemokratie spiegelt also auch unser schlechtes Gewissen hinsichtlich der Privilegien unserer Generation. Sie waren in der Tat beträchtlich, und je mehr die Zeit voranschreitet, desto größer wird ihr Gewicht, denn die Privilegien der nachfolgenden Generationen sind längst wieder im Abnehmen begriffen. Wohl kaum eine andere Jugend hat sich dermaßen austoben können wie wir. In Sachen Lebensexperimente, sexuelle Freiheit und berufliche Chancen hatten wir, bei Licht betrachtet, die wenigsten Probleme von allen Altersschichten. Die Utopien waren weitgehend unverbraucht (jedenfalls befanden wir uns in diesem Glauben). Die »alte Welt« war eine solide Herausforderung, die Bigotterie und Langeweile der Nachkriegsgesellschaft eine willkommene Gelegenheit, das *ganz Andere* zu suchen – mit Herz und Seele.

Nicht, daß wir der guten alten Sozialdemokratie jetzt in die Arme fallen sollten – das wäre lediglich die Umkehrung des alten Unsinns. Doch geradezu groteske Formen nimmt die alte Haßliebe an, wenn man die Programme jener Institution studiert, die wie keine andere von der Kultur des Politfreaks geprägt wurde: die Grünen. Überliest man die ideologischen Schnörkel, bleibt bei den meisten Themen am Ende nur ein perfektioniertes sozialdemokratisches Programm übrig. Mehr Geld für Bildung und Jugendarbeit, für Stadtteilzentren und Kindergärten, mehr Geld für die Armen und Entrechteten, und das vor allem konsequent. Ob es das Stadtteilzentrum oder das Nottelefon für Frauen ist, die behindertenfreundliche Telefonzelle oder das Zentrum für autonome Kleingärtnerei – der wackere Grüne verläßt im Grunde niemals den sozialdemokratischen Konsens. Er will ihn nur gründlicher. Er will mehr Sozialarbeiter, Streetworker, Drogenberater und Betreuer im offenen Strafvollzug, mehr Tagungshäuser und Kulturzentrumspersonal, mehr Helfer und Helfershelfer. Er betreibt nicht zuletzt seine eigene Besitzstandswahrung: den Ausbau des gesellschaftlichen Sektors, der ihn selbst hervorbrachte (und in der Tat befällt mich manchmal das Gefühl, die Mehrheit in unseren Kreisen wählt nur deshalb noch Grüne, um die Sozialdemokratie zu retten).

Wir kommen also vom alten Gespenst der Sozialdemokratie nicht los. Muß uns das schrecken? Bricht es uns einen Zacken aus der Krone, wenn wir gestehen, daß gerade wir von diesem »historischen Kompromiß« profitiert haben, diesem gesellschaftlichen Pakt zwischen den Klassen und Schichten, den die Sozialdemokratie in den frühen 70er Jahren geschmiedet und besiegelt hat? Vielleicht weist uns das nur auf eine Binsenweisheit hin: auf einer strukturellen, man könnte auch sagen, »radikalen« Ebene ist unsere Gesellschaft längst unwiderruflich »sozialdemokratisiert«. Auch die sogenannte »Wende« hat dies nicht ändern können (im Gegenteil, sie hat es nur besonders deutlich gemacht). Der watteweiche Konsens der konfliktscheuen Mittelklasse, die uns hervorgebracht hat, ist der Gesellschaft in Fleisch und Blut übergegangen. Man kann hier einige Sozialarbeiterstellen streichen, dort einige Fäden im sozialen Netz zu kappen versuchen – an der Gesamtkonstruktion ändert das wenig. Sozialdemokratisierung, das ist nichts anderes als das politische Kleid der industriellen Mittelklassegesellschaft, egal, ob von der CDU, der SPD, den Grünen, der FDP oder sogar von der CSU daran herumgeschneidert wird. Man kann es nicht einfach ausziehen, denn es ist maßgeschneidert. Es sei denn, man riskierte den Zusammenbruch.

Wahrscheinlich können hochentwickelte Industriegesellschaften niemals etwas anderes produzieren als faule Kompromisse zwischen den Interessen, mit soviel Umverteilung wie nötig und einer möglichst zähen Bürokratie, die den Antagonismus zwischen Schichten, Klassen und Minderheiten in Aktenordnern verwaltet. Wenn sie diesen miesen, kompromißlerischen Status negieren und zum Sonnenstaat werden – in linker oder rechter Version – wird es höchste Zeit, wieder auf die Barrikaden zu gehen.

Rehabilitation eines vielgeschmähten Begriffs

Irgendwann jenseits der 30-Jahres-Grenze befällt Joe ein Gefühl, als ob »er sich nicht wahrhaben« möchte. Etwas »klemmt« in seiner Selbstwahrnehmung. Er findet sich häßlich, unmöglich, er denkt: Das da bin nicht ich. Ein Gesicht Mitte 30 ist ein Gesicht an der Schwelle zum endgültigen Erwachsenwerden. Ein Gesicht, für das man mit einer gewissen Endgültigkeit verantwortlich ist. Die Last, für sein älter werdendes Gesicht die Verantwortung zu übernehmen, überfordert Joe.

Eineinhalb Jahrzehnte dachte er stets, er sei einfach ein Typ, der seine eigenen Wege geht, ein unverwechselbares Individuum mit klaren Konturen. Aber das ist ein Irrtum. Weil sein Vater ein Ordnungsfanatiker war, ist für ihn das Chaos heilig. Weil in der Gesellschaft Leistung verlangt wird, ist Faulheit dringend erforderlich. Weil Leute, die Geld haben, hochangesehen sind, muß man sie verachten. Weil behauptet wird, Frauen und Männer sind ungleich, muß man dafür kämpfen, daß sie gleich sind. Und so weiter.

Es sind die alten Antiweisheiten, an denen er festhängt, und die ihm ständig das Gefühl vermitteln, im nächsten Moment Verrat zu begehen. Er ist im Grunde nie von seinem Vater losgekommen. Er ist immer noch ein Sklave »der Gesellschaft«. Er hat immer noch keine wirkliche Autonomie. Fast 20 Jahre nach Beginn der Revolte plappert er immer noch nach – nur in umgekehrter Richtung.

Joe ist so etwas wie eine »Antikopie«. Das Projekt der Emanzipation ist noch nicht beendet. Es fängt gerade erst an.

Wenn alle Werte und moralischen Imperative der Politfreak-Ära heute verbraucht sind, sich in leere Formeln oder einen neuen Konservativismus aufgelöst haben, wenn wir die Welt beim besten Willen nicht mehr nach Maßstäben wie »Authentizität«, »Ehrlichkeit« oder »Fortschrittlichkeit« beurteilen können – welche Maßstäbe bleiben uns noch?

Ich möchte ein sehr einfaches Kriterium vorschlagen. Kriterium wäre schon zuviel gesagt: Es handelt sich eher um so etwas wie eine Haltung, eine Perspektive. Um das zu erläutern, bedarf es einer kleinen Szene im Fernsehen.

Es ist Talkshow-Zeit. Das gesellschaftskritische Thema lautet: »Ist die Schule am Ende?« Im blaudekorierten Rund findet sich die übliche paritätische Mischung: ein eifriger Oberstudienrat, ein 68er-Lehrer mit der obligaten Pfeife, auf der Schülerseite eine etwas rundliche 14jährige aus einer Oberhausener Gesamtschule, mit einem kecken Kußmund, der unaufhörlich Kaugummi kaut. Neben ihr ein etwas steifer Gymnasiast. Als Einheizerin eine enorm pfiffige Schulsprecherin mit gelben Strähnen im New-Wave-Schopf. Als Sündenböcke sind geladen: ein farbloser Subalterner aus dem Bundesbildungsministerium (der Minister hat in letzter Minute abgesagt) und eine ergraute Studienrätin mit Hornbrille, die etwas lispelt.

Der Kampf entbrennt sofort nach den bekannten Regeln des modernen Diskurses: Der Beamte aus dem Ministerium verweist auf die Versäumnisse der sozialliberalen Koalition, die Kaugummikauerin mümmelt, daß sie überhaupt nicht weiß, was das Wort bedeutet, der Mann soll mal deutsch reden! Die Schulsprecherin geht sofort in die vollen, sie geißelt die Unfähigkeit der Lehrer, den Lehrstoff spannend zu vermitteln. Der 68er-Lehrer veranstaltet prompt einen Kniefall vor ihr und preist nun seinen Projekt-Öko-Unterricht in freier Natur, wobei er erheblich die Redezeit überschreitet. Der ältere Studienrat quetscht eine kleine Etüde über die Auswirkungen der modernen Medien auf das jugendliche Gemüt hervor, in der er sich peinlich bemüht, das Wort »Disziplin« zu vermeiden. Es ist, als hätte er kein Wort gesagt, denn ausgerechnet die Kaugummi-Schülerin, die inzwischen in ihrem Sessel vollständig verschwunden ist, nölt jetzt plötzlich über die allgemeine Hänger-Haltung ihrer Mitschüler, die noch nicht einmal bei der Umweltwoche mitgemacht haben, was aber nur an den Lehrern liegt. Die Schulsprecherin fordert mehr Pausenräume, bessere Video-Ausstattungen (»Wir wollen auch einfach mal 'nen geilen Film im Unterricht sehen können«), worauf der Studienrat zu einer umständlichen Verteidigung des Frontalunterrichtens ausholt. Die Kaugummikauerin wagt noch einen Ausfall, indem sie Lehrer fordert, die »sich echt durchsetzen können, nicht solche Laschis, sie sollten auch gut aussehen und sich anständig anziehen«. Das findet der Moderator, der sich sichtlich zurückhält, interessant und möchte mehr darüber wissen.

Nach gut einer Stunde, der Moderator blickt schon unruhig auf die Uhr, fällt plötzlich die dünne Stimme der Studienrätin in eine Sprechpause. »So«, sagt die, »kann das nicht gehen. Ihr könnt nicht immer andere und bessere und perfektere Lehrer fordern. Wir können ja auch keine anderen Schüler fordern. Da muß schon von beiden Seiten etwas kommen, irgend etwas wie vielleicht Respekt oder Sich-Mühe-Geben oder ...« Der Rest ihres Satzes geht im Dixieland unter, der die Sendung beendet.

Das ist schade. Denn diese dünne, etwas zitternde Stimme war die Stimme des Gesunden Menschenverstandes. In den Antagonismen, die die anderen Teilnehmer der Rede-Runde systematisch aufbauten, im professionellen Delegieren des Problems an die Gegenseite muß diese kleine Stimme untergehen. Sie sagt ja nicht viel. Sie sagt ja nur: In diesem Stil kommen wir nicht weiter.

Nun mag es ja sein, daß die blaustrumpfige Dame in Wahrheit erzreaktionär war, für die Schüler eine Tyrannin, dumm, borniert und von vorgestern. Aber selbst wenn – es änderte nichts an der Tatsache, daß das, was uns vor allem daran hindert, ihr zuzuhören, ihr Mangel an Parteilichkeit ist. Wir haben uns daran gewöhnt, in jenem öffentlichen Diskurs, von dem die Talkshow nur eine Variante ist, wenigstens einen *Standpunkt* einzunehmen. Natürlich möchten wir uns mit den Schülern, und seien sie noch so besserwisserisch, gegen die Pädagogenmafia verbünden – schließlich sind sie eindeutig die Schwächeren. Das haben wir immer schon so gemacht. Das gehört sich so. Das sind wir unserer Vergangenheit schuldig.

Aber sind heute die Schüler wirklich die Schwächeren?

Wir sind beim ersten Merkmal des Gesunden Menschenverstandes angelangt: Es ist ihm nicht ohne weiteres möglich, sogleich parteilich zu sein. Er kann sich mit jener Bekenntnis-Haltung, die von der Politfreak-Kultur in geradezu absurde Dimensionen getrieben wurde – zu allem muß man sich ständig bekennen oder distanzieren, stets für die Unterdrückten Partei ergreifen (oder für die, die man dafür hält) –, nicht abfinden. Er weigert sich hartnäckig, eingängige Kategorialsysteme unbesehen zu akzeptieren.

Nun ist der Begriff »Gesunder Menschenverstand« zugegebenermaßen kaum definitionsfähig und nicht unproblematisch; wir haben ihn, wenn wir uns recht erinnern, schon einige Male gehört. Von unseren Eltern, die ihn als Disziplinierungsargument mißbrauchten, als »Hör endlich auf mit dem Unsinn« oder »Mach dir nicht die Finger schmutzig«.

Der Gesunde Menschenverstand ist so ziemlich das Gegenteil vom Gesunden Volksempfinden. Da sein Blickwinkel stets der des Beobachters ist, dem keine Interessen in das Betrachten des Gegenstandes hineinrutschen, ist er in der Lage, eine gewisse Unruhe zu erzeugen. Weil er ohne Rücksicht auf Loyalitäten abwägt, wirkt er manchmal recht schneidend. Das bringt ihn in den Verdacht, ein »Blick der Kälte« zu sein. Das stimmt nur vordergründig. In Wirklichkeit kommt der Gesunde Menschenverstand ohne Selbstironie und Menschenfreundlichkeit nicht aus. Er ist allergisch gegen jedwede Form der Übertreibung, egal, um welches Sujet es sich handelt. Er mißtraut vor allem den Medien. Er fragt hartnäckig, ob die Robben in der Nordsee nicht vielleicht doch an einer Infektionskrankheit gestorben sein können, ob die Neue Armut tatsächlich »immer neue Schichten« erfaßt, ob der atomare Holocaust tatsächlich unmittelbar bevorsteht. Nicht, weil er verharmlosen will. Weil es ihm um ein realistisches Bild der Dinge geht, ist er skeptisch gerade gegenüber denjenigen, denen man einen guten Willen unterstellen kann. Den großen Würfen, mit denen die Welt erklärt wird, steht er grundsätzlich mißtrauisch gegenüber, egal, ob es sich um den besseren Sozialismus oder um spektakuläre Erfolge in der Krebsbekämpfung durch Strahlenkanonen handelt. Er weigert sich, in irgend etwas »große Zeichen« zu sehen, die unweigerlich einen Gesamtzusammenhang konstruieren (»weltweite Repression«, »weltweiter Wohlstand« usw.). Ihm geht es einzig und allein darum, die *Dinge zurechtzurücken auf ihr wahres Maß*.

Das gefällt vielen nicht. Dem Pressesprecher eines Chemieunternehmens, der um Verständnis für die internationale Konkurrenzlage bettelt, ebensowenig wie unserem aufrechten Untergangsapostel. Und meistens auch uns selbst nicht, denn wir alle haben ein mehr oder minder großes Bedürfnis nach irgendeinem großen Prinzip, mit dem wir die Welt erklären können.

Der Gesunde Menschenverstand zeigt hartnäckig auf profane Weisheiten. Er sagt: Wenn man ein Kind hat, liebe Christa, sind die Gesetze, die für die Organisation des Alltages, für die Beziehung oder das Leben gelten, andere, als wenn man keines hat. Oder: Wenn man nicht irgendwann im Leben mal ordentlich ranklotzt, lieber Bernie, wird einen im Alter wahrscheinlich der Geldmangel plagen, egal, wie blöde man feste Jobs und berufliche Festlegungen auch findet (und egal, ob sich die menschliche Zivilisation auf dem absteigenden Ast befindet oder nicht). Ab und zu veranstaltet der Gesunde Menschenverstand überraschende Attacken, die man auf den ersten Blick gar nicht als solche wahrnimmt. Er spricht etwa in Gestalt von A., der anläßlich einer Versammlung in den späten 70er Jahren, als es um die Emigration aufs Land und das antiapokalyptische Leben am Busen der Natur ging, mitten in die Diskussion plötzlich mit folgendem Satz hineinplatzte: »Klar kann ich meine Kartoffeln selbst anbauen. Aber ich will nicht!«

Der Gesunde Menschenverstand hat die Eigenschaft, *die Dinge zu entkleiden*. Er macht mit der Wirklichkeit das, was das Kind mit dem Kaiser machte, als es rief: »Er hat ja gar nichts an.« Wenn zwei etwa dauernd unter ihrem gigantischen Beziehungsknatsch leiden, fragt der Gesunde Menschenverstand irgendwann mit seinem naiven Charme danach, ob es vielleicht an der simplen Tatsache liegen könnte, daß die zwei sich nicht lieben. Wenn einer wortreich an seinen Problemen herumknobelt, wird der Gesunde Menschenverstand sein Augenmerk auf Felder richten, die im Eifer des Gefechtes gar nicht in den Blick gekommen sind. Daß G. so unausgeglichen und depressiv ist, liegt vielleicht weder an seiner Freundin noch am Wetter in Deutschland oder dem politischen Klima im Spätkapitalismus, sondern womöglich nur an der Tatsache, daß er zuviel säuft. (Umgekehrt wird er, wenn jener smarte Pressesprecher einer großen Chemiefirma von »integrierten Entsorgungskonzepten« faselt, natürlich sanft darauf hinweisen, daß Müll Müll ist und Dreck Dreck, ob integriert oder nicht.)

Das heißt aber nun keineswegs, daß der Gesunde Menschenverstand alles nur simplifiziert. Denn er bezieht aus einem reichen Erfahrungsschatz die wache Gewißheit, daß *alles nicht so einfach ist*.

Nehmen wir etwa an, daß in einer Diskussionsrunde ein gutmeinender, aufrechter Ökologe unserer Tage sagt: »Die Menschen auf dem Land werden doch ins Auto gezwungen, weil die Bundesbahn ihre Strecken stillegt.«

Ohne Zweifel enthält dieser Satz zumindest einen Teil Wahrheit. Aber der Gesunde Menschenverstand – vielmehr sein Inhaber – wird dennoch stutzen. Ein kleiner Film wird ablaufen. Er wird sich eine Millisekunde lang aufs Land begeben und *nachsehen*. Was er dort sieht, macht ein anderes Bild. In den Garagen wird eifrig lackiert und geschraubt, die Leute, besonders die Jugendlichen, kaufen sich vom ersten Geld sofort ein Auto und hegen und pflegen es. Von einer Demonstration am örtlichen Bahnhof, in der gegen die Streckenstillegung protestiert wird, hat man nichts gesehen. Vor allem deshalb kann die Bundesbahn ohne viel Aufhebens ihre Strecken stilllegen.

Bis hierhin wird der gute Ökologe, der um die regionalen Verkehrssysteme bangt, vielleicht noch mitziehen. Die Leute lassen nur deshalb nicht vom Auto, wird er jedoch einwenden, weil die Automobilindustrie und die Medien in ihnen falsche Begehrlichkeiten erzeugt haben, die sie geradezu dazu *konditionieren*, ihre Identität mit Blech zu verkleiden.

An dieser Stelle läuft in unserem Träger des Gesunden Menschenverstandes, der zufällig auf dem Land aufgewachsen ist, wieder ein kleiner Film ab: Wie er als junger Mensch zum erstenmal in ein Auto steigen und einfach aus seinem Dorf *wegfahren* konnte. Da es sich in der Erinnerung um ein geradezu paradiesisches Gefühl der Befreiung handelte (und er dieser Erinnerung traut), muß die Übermotorisierung der Republik noch andere Triebfedern haben, vielleicht eine falschverstandene, aber zumindest legitime Lust an der rein individuellen, an keinen Fahrplan gebundenen Mobilität.

Der Gesunde Menschenverstand hat nicht sofort eine Lösung parat. Er weiß nur: wenn man *das* ignoriert, wird man die Übermotorisierung der Republik niemals in den Griff bekommen können – oder nur um einen viel zu hohen Preis (etwa in dem man die Leute *zwingt* und gegen sich aufbringt).

Der Gesunde Menschenverstand hat vor allem *eine* Erfahrung zur Grundvoraussetzung: 90 Prozent unserer Haltungen, Meinungen sind Projektionen. Ob einer den Tod in Stammheim für einen staatlich verordneten Mord hält oder das Ableben von Uwe Barschel für den Anschlag eines ominösen Dunkelmannes – es sagt zuallererst etwas über die Konsistenz seiner Weltbilder aus. Zu oft sehen wir die Welt so, wie wir sie sehen *wollen*. Ein Gerücht über einen Menschen, ein Urteil über einen Sachverhalt verfliegt schnell, wenn man sich ihm nähert. Heute noch fanden wir, daß L. ein Mensch mit fragwürdigem Charakter ist. Jetzt aber haben wir länger mit ihm geredet, und irgendwie sind wir inzwischen nicht mehr ganz sicher, ob O., die sich über ihn ausließ, die Dinge nicht etwas zu einseitig sah.

Es liegt auf der Hand, daß der Gesunde Menschenverstand zur Zurückhaltung, ja zur Bescheidenheit neigt. Die Problemlösung, das entschlossene Handeln, fällt ihm eher schwer. Dies ist, zugegeben, ein schweres Handicap. Wie soll man so etwas ändern? Wie soll der Gesunde Menschenverstand Atomkraftwerksbetreiber und Waffeningenieure, Gentechnologen und Chemiebosse beeinflussen? Wie sein Programm in die Tat umsetzen?

Ehrlich gesagt: Ich habe keine Ahnung. Nur soviel ist gewiß: Wenn es uns je gelingen sollte, unserer existentiellen Bedrohungen Herr zu werden, dann wird dies nicht an der Tapferkeit einiger besonders aufrechter Kämpfer für die gute Sache liegen, nicht an den Drohungen und Mahnungen unserer Freunde von der apokalyptischen und kulturpessimistischen Fraktion, nicht an den Hundertprozentigen und nicht an den Hundertfünfzigprozentigen. Sondern daran, daß sich – wie auch immer – der Gesunde Menschenverstand als ansteckend erwiesen hat.

Kleines Wörterbuch des Gesunden Menschenverstandes

(Auszüge / Versuche)

Autorität, die (→ Hierarchie). Allgemeine Annahme: Verschwinden der A. ist Maßstab und Meßlatte für das Gelingen oder Verderben der Revolte. In den »pseudoegalitären« Gruppen der Alternativzeit wird jedoch deutlich, wie unkontrollierbar die A. wird, wenn man versucht, sie abzuschaffen. Eliminiert man sie aus menschlichen Sozialverhältnissen, treibt sie sogleich neue Blüten. Das Kollektiv, in dem alle gleich sind, entwickelt sogleich informelle A.-Strukturen, die sehr viel schwerer zu kontrollieren sind. In der informellen A.-Struktur sind Beziehungen und persönliche Sympathien Regulativ und Mittel zur Machtausübung.

Außerdem scheint A. menschliche Beziehungen zu entlasten. Das weiß besonders derjenige, der längere Zeit in »amorphen Gruppen« gelebt hat. Nichts geht voran, keine Arbeit, keine emotionale Beziehung, um jeden Scheißdreck wird endlos gestritten.

Vermutung 1: Die Sehnsucht nach *authentischer* A. ist unstillbar. Sie bringt im Kollektiv sogleich wieder Führer, Häuptlinge, Idole hervor. Wer A. nicht findet, projiziert sie.

Vermutung 2: Authentische A. ist eine Voraussetzung für mentales Wachstum. Ihr standzuhalten, sich sinnvoll an ihr abzuarbeiten, hat etwas mit dem Wesen des Erwachsenwerdens zu tun.

In Zukunft muß unterschieden werden: A. als dumme Anmaßung und Machtausübung (weiterhin erbittert bekämpfen) und A., die aus Souveränität, Integrität und Sachkenntnis rührt.

Beziehung, die (→ Beziehungsterror, → Beziehungskiste). Es gibt zwei Sorten von B.n, die sich radikal voneinander unterscheiden: B.n mit Kindern und B.n ohne Kinder.

Die B. ohne Kinder basiert auf der Dynamik des Eros und des Sexus, der Freiheit des Andersfühlenden, des ständigen Streites um Selbst- und Fremdbilder. Ihre Kombattanten kämpfen mit den Waffen des psychologischen Vokabulars um Aufmerksamkeit und Selbstwertgefühl. Geheimes Kernstück des B.-Spiels ohne Kinder ist die Frage: Wer ist stärker? Wer kann den anderen am ausgestreckten Arm seiner Bedürfnisse zappeln lassen?

Die B. mit Kindern hingegen ist eine Interessengemeinschaft. In ihr stört alles, was die B. ohne Kinder vorangetrieben hat. Ihre Logik ist eine haushälterische, ihre Erotik besteht im Nestbau, ihre *ultima ratio* ist, sosehr sie auch das Gegenteil behauptet, das Kind. Erotische und existentielle Fragen sind in der B. mit Kindern möglichst schnell zu eliminieren. Werden sie wichtig oder gar übermächtig, ist großes Unglück gewiß.

Gewißheit: Das größte und das tragischste (und weitverbreitetste) Unglück ist die Vermischung der beiden B.-Modelle. Im Laufe seiner Biographie stolpert der Politfreak leicht von Typ A in Typ B, aber er ist außerstande, die neuen Gesetze anzuerkennen, denn die Werte des Eros sind ihm heilig, und er würde sich lieber vierteilen lassen, als einzugestehen, daß seine Jugend und seine Freiheit vorbei sind. So greift heillose Verwirrung um sich, auf Kosten von Eltern und Kindern.

Dritte Welt (→ Imperialismus, → Ausbeutung). Totschlagsargument. Ihr Erwähnen stoppt jede Debatte, die sich auf etwas Wichtiges zubewegt. Das wäre ja auch zynisch, angesichts des unendlichen Hungers und des unendlichen Leids. Wer sind wir denn, daß wir hier über Psyche und so weiter labern, wenn Leute in der DW verhungern!

Das DW-Argument ist wohlfeil. Es ist eine Ausrede. Wer es benutzt, denkt nicht an die DW, sondern protzt mit der moralischen Integrität seiner Person. Wir gedenken unserer Sünden.

Das Argument DW ist Synonym für unser schlechtes Gewissen, in der Ersten zu leben.

Vermutung: die antiimperialistische Debatte als Rosenkranzbeten, DW als Metapher für Schuld/sich schuldig fühlen – internalisierter Protestantismus.

Gewißheit 1: Den Leuten in der DW hilft unsere Andacht nicht im geringsten. Im Gegenteil: sie werden dadurch noch einmal kolonialisiert. Das DW-Argument basiert obendrein auf Mißverständnissen und unbewiesenen Prämissen. Etwa: Daß die Menschen in der DW unverdorbener, reiner wären, oder daß sie, wenn man sie ließe, andere Wege gingen als den, unseren Lebensstandard möglichst schnell zu kopieren.

Gewißheit 2: Nur die Menschen in der DW können für ihre Interessen sprechen. Unser Sprechen muß zwangsläufig verlogen sein.

Vermutung: Ein »industrielles Abrüsten« der Ersten Welt, wie von unserem DW-Freund gefordert, nützt der DW nicht das geringste.

Planspiel: Besonders nervös reagiert der Freund der DW, wenn man ihm einen gelungenen Prozeß des »Aufstandes« in der DW vor Augen führt. Die brachiale Industrialisierung Japans, Koreas und einiger anderer Länder in Fernost ist nichts anders als ein entschlossener Versuch, dem Elend der DW-Länder zu entkommen. Das Peinliche an diesem Versuch ist nur: Er ist erfolgreich. Er arbeitet obendrein mit den alten Tugenden des Sozialismus: Disziplin, Arbeitsmoral, Kollektiv, ihm ist aber auch jedes Mittel des Kapitalismus recht. In den Arbeitsbataillonen der japanischen Computerindustrie ist sie Wirklichkeit geworden, die phantasmagorische Guerilla-Armee der DW, die die Erste das Fürchten lehrt.

So hatte unser Freund der DW sich das nicht vorgestellt. *Seine* Unterdrückten definieren sich dadurch, daß sie unterlegen bleiben, tugendhafte Bewohner des Ghettos, Opfer allemal.

Grüne, die (→ Trauerarbeit). Partei des Politfreaks. Herzblut. Größter Erfolg der jüngeren Generationen seit 1945. Spiegelt wie kein anderes Phänomen Glanz und Elend, Irrtümer und Erkenntnisse, Aufstieg und Fall des Politfreaks.

Moral, doppelte, die (→ Korruption). Das Menschenideal des Politfreaks ist ein heroisches: »Du widersprichst dir selbst« ist immer noch ein hartes Urteil, der Vorwurf der Inkonsequenz ein Dauerbrenner. Der Kern dieses Menschenbildes basiert auf dem Theorem der → Abschaffung: das Böse im Menschen, die Korruption, die Unehrlichkeit, die Lüge gehören abgeschafft.

Beispiel: In einer fortgeschrittenen Liebesgeschichte (→ Beziehung) kommt es zwangsläufig zu sexuellen Ermüdungserscheinungen. Manchmal gelingt es nicht, der Versuchung zu widerstehen, mit einem anderen ins Bett zu gehen. Im Stammland der Politfreak-Kultur zeugt dies endlose Komplikationen, weil der Sündenfall meist sofort gestanden wird, mit anschließenden Versuchen, das Problem zu dritt »auszudiskutieren« (→ seelische Grausamkeit, → Psychoterror).

In der verlogenen Welt der Doppelmoral (→ bürgerlich) gibt es gegen solche Unannehmlichkeiten vor allem *ein* Mittel: Diskretion. Sie ist hilfreich, weil sie oft wahrer ist als die sogenannte Ehrlichkeit. Erst durch die Beichte entsteht oftmals jenes Gewicht, das aus einem nächtlichen Abenteuer eine Affaire macht.

Vermutung: Solange das Böse nicht ausgerottet ist (also solange sich die Erde um die Sonne dreht), wird die Doppelmoral existieren. Der aufrechte Moralist ist ein Zombie. In einer Gesellschaft, in der die Doppelmoral ausgerottet ist, kann man es nicht aushalten.

Außerdem: Eine Moral hie muß nicht eine Moral dort sein. Für die Privatsphäre gilt eine andere Moral als in der Politik, bei der Orgie eine andere als beim Energiesparen. Schafft Drei-, Vier-, Fünffachmoral!

Parlamentarische Demokratie (→ Schweinesystem). Da die Kultur des Politfreaks vom »Identischen« ausgeht, kann sie sich auch die politische Organisationsform nur »identisch« (→ Basisdemokratie) denken. Also: Weiler X schickt einen Delegierten Y, der im Rat Z die Interessen von Weiler X vertreten soll, andernfalls er abgewählt wird. Abgesehen davon, daß dieses Modell nur in einer echten Weiler-Gesellschaft funktionieren könnte, ist unklar, aus was »die Interessen des Weilers X« eigentlich bestehen. Es droht die Partikularisierung, das allgemeine St. Florian (Weiler X gegen Weiler A gegen Weiler B). Wir müssen zudem davon ausgehen, daß der Delegierte Y sich im Gremium Z *verändert*, denn er bewegt sich auf einem höheren politischen Abstraktionsniveau, er »lernt also anders denken« (über die Angelegenheiten der Weiler). Gleichzeitig erlernt er Tricks und Kniffe, wie er die Interessen des Heimatweilers besser durchbekommt, seine Qualifizierung steigt also. Wählt Weiler X ihn nun ab, hat dort bald keiner mehr die rechte Lust, im Gremium Z das harte Brot der Politik zu betreiben (→ Grüne).

Vermutung: Die Differenz zwischen »Basis« und »Politischer Kaste« ist ein Perpetuum mobile und keineswegs nur ein Fluch. Nicht nur, weil es praktisch und befreiend wirkt, wenn man auf die Herrschenden fluchen und ihnen die Schuld für alle Miseren der Welt in die Tasche schieben kann (→ Psychohygiene), sondern auch, weil die Dynamik einer »Basis« immer eine andere sein muß als die eines gut subventionierten Kreises, der dafür angestellt ist, Entscheidungen zu fällen. Beim Pfälzerwein und beim Gratis-Cognac ist man bisweilen etwas gutmütiger und zögerlicher als am heimischen Stammtisch. Das »Volk«, selbst das klügste und »fortschrittlichste«, brütet bisweilen Basisbeschlüsse aus, die über die Stränge schlagen. (Würde man es basisdemokratisch nach seiner Meinung fragen, bescherte es uns heutzutage sogleich die Todesstrafe, die radikalste Benzinverbilligung und das Schuldprinzip bei Scheidungen.)

Mit anderen Worten: Es ist nicht immer sinnlos, von »oben«, aus der Ecke der Schwatzbudenbewohner, dem Volk ab und zu zu widersprechen.

Revolution, die (→ Aufstand, → Erhebung, → Revolte, → andere Gesellschaft). Der Mythos R. ist in der Kultur des Politfreaks niemals radikal in Frage gestellt worden (einzelne Schlaumeier ausgenommen). Heute heißt das: »In der Bundesrepublik ist das nicht zu machen. Die Leute sind total korrumpiert. Zuviel Kabelfernsehen, Neckermänner, Konsumdreck. Die RAF hat ja gezeigt, daß das aussichtslos ist.«

Dabei ist die R. in den allermeisten Fällen nicht nur ein blutiges, sondern auch ein hoffnungsloses Geschäft: Sie führt nach einem kurzen Karneval roter Nelken oder Rosen in altbekannte Probleme. So gut die Revolutionäre es auch meinen – für die nachfolgenden Generationen sind sie fast immer eine Clique, die ihre Privilegien wahren will.

These: R. ist die Resignation an der Gesellschaft. Da man keine Hoffnung mehr sieht, die Gesellschaft *wirklich* zu verändern, träumt man das große Umkrempeln. Zukünftig unterscheiden in »Befreiung« (von Diktatoren, korrupten Regimen, Schweinen etc., was allemal ein nötiger, legitimer Akt sein kann), und R., die stets zu bitterer Enttäuschung führen muß, die man zwar wollen, aber auch mit aller Kraft verhindern muß (→ Nicaragua, → Iran, → Utopie etc.)

Sozialismus, Sozialist, der. Nostalgikum. Der Politfreak ist und bleibt im Herzen ein S., denn er glaubt an das Gute. Der »real existierende S.« ist für den Politfreak immer noch ein »falscher« S., eine »Fehlentwicklung«.

Bittere Vermutung: Beim »real existierenden« handelt es sich keineswegs um eine Verirrung, sondern um die Konsequenz des Sozialismus. Wie man es auch dreht und biegt, die »Vergesellschaftung der Produktionsmittel« führt zu einer Wasserkopf-Bürokratie, selbst wenn im Zentralkomitee die besten, aufgeschlossensten und unkorruptesten Männer und Frauen sitzen. Wer nicht für sich selbst, für seine verachtenswerten Ego-Interessen wirtschaftet, produziert Schlamperei (→ WG-Flur); eine Gesellschaft, in der der Egoismus keine gesellschaftliche Kraft entwickeln kann, fällt in Agonie.

Als Romantiker muß der Politfreak aber an den alten Prämissen festhalten. Er ist der Idee der Gleichheit verpflichtet, gerade *weil* er ein rechter Individualist ist, gewissermaßen zur Austarierung des inneren ideologischen Haushalts. Er vergißt dabei, daß die Vorteile einer »Gesellschaft der Gleichen« dadurch aufgewogen werden, daß in einer ungleichen Gesellschaft der einzelne wenigstens *träumen* kann, er käme aus dem Schlamassel heraus (→ Amerikanischer Traum).

Utopie, die (→ Hoffnung, → andere Gesellschaft). Weitverbreitete Klage bis tief in die 80er hinein: Es mangelt an U. Niemand hat mehr eine U.! Keiner ist mehr fähig, eine gesellschaftliche U. zu entwickeln!

Verdacht: Eine U. ist immer eine Reduzierung von komplexen gesellschaftlichen Suchverhalten auf eine oder zwei Grundvoraussetzungen. Eine U. ist deshalb immer »richtig«, muß aber stets »falsch« sein, wenn man sie wörtlich nimmt. Kommt man ihr zu nahe, wird sie irgendwann als schlechtes Abziehbild Realität – und das widerspricht zutiefst ihrem utopischen Charakter (→ Landkommune, → Alternativprojekt).

Loblied: Die U. ist lebenswichtig, denn sie erzeugt eine Spannung zur Realität, die uns erlaubt, diese besser zu verstehen. Sie ist ein Spiegel, in dem wir sehen können, was vor sich geht. Lars Gustafsson: »Eine Utopie ist nicht nur ein Vorschlag, sie ist durch ihre Kontrastwirkung auch ein Bild des bestehenden Gesellschaftszustandes. In diesem indirekten Sinne bildet sie etwas ab, was vollauf wirklich ist« (aus: Utopien. Essays. München/Wien 1970).

Und wer sagt, daß eine U. stets revolutionär zu sein hat? Dort, wo Utopisches real zu sehen und zu spüren ist (etwa in ›spannenden‹ Beziehungen, Freundschaften und Gruppen, die über lange Jahre zusammenhalten), hat man in einem melancholischen Prozeß die große U. losgelassen, so daß der Weg frei wurde für die Wirklichkeit.

Einfache Faustregel: Die U. muß man pflegen und hegen, darf ihr aber niemals nahekommen.

Teil 3
When the music is over

»Hättet ihr weniger erklärt – wir hätten mehr verstanden.«

(Graffiti an einer Reform-Gesamtschule 1988)

Die Überlebenden der RAF

Es gibt Geschichten, die sich anhören wie von blauäugigen Idealisten erfunden. Eine dieser Geschichten beginnt am 1. November 1977 in einer Telefonzelle am Stadtrand von Amsterdam. Gegen 10 Uhr werden die RAF-Terroristen Christoph Wackernagel und Gerd Schneider, die auf dem Rückweg von einem militärischen Training im Nahen Osten auf dem Flughafen Shiphol gelandet sind, von einem schwerbewaffneten Trupp Polizisten gestellt. Es gibt ein Feuergefecht wie im Wilden Westen, Gerd Schneider wird von neun Kugeln getroffen, er überlebt nur durch den massiven Einsatz medizinischer Technik. Wakkernagel bleibt wie durch ein Wunder nur leicht verletzt. Für die beiden beginnt die »bleierne Zeit« – Verhöre, Isolationshaft, verbissener Widerstand gegen die Gefängnisbehörden, Hungerstreiks bis an den Rand des Todes. Die holländischen Behörden liefern Schneider und Wackernagel nach Deutschland aus, wo sie zu 15 Jahren Haft verurteilt werden.

Während all der Jahre, die noch vergehen, bis sich das Duo vom Terrorismus lossagt, erkundigt sich immer wieder ein Holländer nach ihrem Gesundheitszustand. Der Mann heißt van Hochem, ist Kommissar der Amsterdamer Stadtpolizei und war 1977 Kommandeur des Antiterror-Sonderkommandos der Polizei. Als für die beiden Inhaftierten nach siebeneinhalb Jahren eine erste Entlassungsmöglichkeit besteht, schreibt van Hochem einen Brief an die deutschen Behörden, in dem er die Freilassung befürwortet. Die beiden hätten, so seine Argumentation, aus idealistischen Motiven gehandelt; ihnen sei allemal mehr Respekt entgegenzubringen als Tätern, die aus purem Eigennutz gehandelt hätten.

In der Folge wird er, der selbst bei der Schießerei verletzt wurde, diejenigen, die auf ihn schossen, immer mehr unter seine Fittiche nehmen. Er sammelt Zeitungsausschnitte, in denen etwas über Schneider und Wackernagel zu lesen ist. Er beginnt, mit den Inhaftierten zu korrespondieren. Als die beiden Terroristen sich Schritt für Schritt von der RAF lossagen, besucht er sie mehrmals. Und als sie im Herbst des Jahres 1987 nach zehn Jahren Haft in Freiheit gelangen, ist van Hochem der erste, der mit seiner Frau zur Gratulation anreist. Man feiert die Nacht über in einer italienischen Kneipe, danach sind die van

Hochems ganz selbstverständlich Gast in der Wohnung von Wackernagels Freundin, wo Christoph Wackernagel seine erste Nacht in Freiheit verbringt.

Wackernagel wohnt heute in Bochum im Parterre eines gesichtslosen Wohnblocks. In seinem Arbeitszimmer summt ein moderner Schreibcomputer, auf dem Regal stehen immer noch die blauen Bände der Marx-Engels-Werke, mit unzähligen Notizzettelchen darin – drei Jahre lang haben Schneider und Wackernagel im Gefängnis versucht, durch eine penible Marx-Exegese den Fehlern der RAF auf die Spur zu kommen, »ursprünglich wollten wir die RAF theoretisch retten. Aber dann zerbröckelte uns das ganze Denk-Gebäude zwischen den Fingern.« Noch heute trifft sich Wackernagel mit seinem ehemaligen Feind, dem Polizisten, besucht ihn und seine Frau in deren gemütlichem Amsterdamer Reihenhaus. »Vom Schießen zum Reden zu kommen – das war wie eine Art Trip«, sagt er. »Daß es möglich war, hängt auch damit zusammen, daß van Hochem ein Polizist ganz anderer Art ist – leider ein seltenes Exemplar. Für ihn war es eine moralische Niederlage, daß er seine Waffe gegen uns benutzen mußte. Irgend etwas stimmte nicht in der Welt des bewaffneten Kampfes, wenn ein Bulle so reagierte.«

Die Fahndungsfotos von Wackernagel zeigen einen langhaarigen, verträumten jungen Mann. Heute ist der Sohn eines Opernintendanten und einer Schauspielerin ein Mann in den Vierzigern, mit schütterem Haar, aber immer noch mit leuchtenden Augen und einer gespannten Aufmerksamkeit. Das Gefängnis hat ihn nicht gebrochen, im Gegenteil, er kann auch über seine Vergangenheit Witze machen. Er bezieht Arbeitslosengeld und möchte wieder in seinem alten Beruf arbeiten, als Schauspieler. Aber wer weiß noch, daß er in diesem Beruf 1967 als jugendlicher Schönling die Hauptrolle in Johannes Schaafs »Tätowierungen« spielte, lange bevor er sich für die RAF entschied? Immerhin bleibt ihm der Traum, eines Tages wieder auf der Bühne oder vor der Kamera zu stehen.

Gerd Schneider hat es da schwerer. Ein hagerer, stiller, melancholischer Mann mit einem asketischen, scharfgeschnittenen Gesicht. Ein Grübler. Drei der Polizeikugeln stecken immer noch in seinem spindeldürren Körper. Schneider ist nach seiner Haftentlassung zu Freunden nach Frankfurt gezogen, er will vergessen, er mag sich nicht fotografieren lassen, er, der so mager ist, daß man das Gefühl hat, er müsse sogleich zerbrechen, arbeitete als Packer in einer Fabrik für schwere

Güter, heute ist er Tellerwäscher in einem Restaurant für »gehobenes Szene-Publikum«.

Diez bei Limburg, ein schlichter Flachbau außerhalb der Gefängnismauern, ein Zimmer von neun Quadratmetern ohne Gitter an den Fenstern, ein paar zerlesene Bücher, ein Schreibtisch auf Böcken, ein schmales Bett, ein Regal. Hier hat Klaus Jünschke das letzte Jahr seiner fast 16 Knastjahre verbracht. Hier wartete er auf seine endgültige Entlassung, die immer wieder angekündigt und immer wieder verschoben wurde. Klaus Jünschke war ein Joker im Spiel zwischen Liberalität und Härtebedürfnis des Staates. Er löste sich gerade von der RAF, als Schneider und Wackernagel in den Untergrund gingen. In seiner bedächtigen, fast tastenden Sprechweise spürt man die sieben Jahre Isolationshaft. Damals hatte er völlig die Sprache verloren, heute spricht er, als müsse er sich bei jedem Satz vergewissern, daß er selbst es ist, der die Worte formuliert. »Wir haben«, sagt er leise, »im Knast ja nicht nur vegetiert. Wir haben gelebt. Wir sind erwachsen und vierzig Jahre alt geworden, mit allen Konsequenzen.«

Jünschke ist ein politischer Mensch geblieben. Ein Reisender in Sachen Versöhnung: Er trifft sich mit den Brüdern Braunmühl, auf Veranstaltungen und in Talkshows wird er nicht müde, auf die verheerenden Wirkungen der Isolationshaft hinzuweisen und im selben Atemzug die verheerenden Fehler seiner Generation einzugestehen. Er will mit ganzer Seele, daß der Horror des bewaffneten Kampfes ein Ende hat. Da gerät er schon mal in den Stinkbombenhagel der Autonomen, die seine Argumente nicht hören wollen. Auch ordnungsliebende Politiker aus dem rechten Lager fürchten ihn, denn seine Argumente haben eine seltsame, fast magische Kraft.

Klaus Jünschkes Moralismus hat geradezu schwindelerregende Dimensionen. Alles deutet darauf hin, daß er 15 Jahre lang für eine Tat im Gefängnis gesessen hat, die er nicht begangen hat. Und dennoch kommt kein bitteres Wort über seine Lippen; obwohl er wohl unschuldig ist, hat er seine Schuld angenommen. Verurteilt wurde er wegen Mordes an einem Polizeibeamten bei einem Banküberfall in Karlsruhe. »Es gibt keine Alternative dazu, als jemanden, der herumrennt und Menschen tötet, einzusperren. Wenn man mich damals nicht verhaftet hätte, hätte ich wahrscheinlich irgendwann einen Menschen umgebracht. Ich habe nicht geschossen. Aber es hat bei der Aktion, wegen der ich verurteilt worden bin, tatsächlich einen Toten gegeben. Also kann ich schlecht sagen, ich hätte damit nichts zu tun.« Denken alle Ex-RAFler so radikal über sich selbst nach? Und wie wird einer Terrorist – und kommt davon los?

»Am Ende«, sagt Christoph Wackernagel, »spielte der Zufall doch die größte Rolle. Ob du zu einem bestimmten Zeitpunkt die ›richtigen‹ Leute getroffen hast – das war entscheidend dafür, ob du zur RAF kamst oder nicht. Es hätten ja Zehntausende sein können, damals, vom Uni-Prof bis zum Studenten, vom Arbeiter bis zum Freak.«

Für Astrid Proll bestand der Zufall darin, in der Anfangszeit zur RAF gestoßen zu sein. Die Arzttochter aus Kassel ist eine der wenigen Überlebenden, die mit Baader und Ensslin noch persönlich befreundet war, und wenn sie heute über diese Zeit redet, spürt man immer noch die ungeheure Intensität, die es in dieser Gruppe gegeben haben muß.

»Es liegen zu viele Tote auf meinem Weg«, sagt Astrid Proll, um gleich darauf fortzufahren: »Ich bin immer wieder erstaunt, wie Jüngere auf die RAF-Geschichte reagieren. Ob man will oder nicht – man ist eine Art Held, eine Art Kultfigur für viele, die heute zwischen 17 und 25 Jahre alt sind. Man versucht, ihnen zu erklären, was für ein Horror das alles war. Aber sie sagen: ›Ihr habt wenigstens was erlebt‹.«

Astrid Proll hat fast zehn Jahre gebraucht, um sich nach ihrer Haft eine minimale Lebens-Stabilität zu schaffen. Lange Zeit war sie von Angstanfällen geplagt, die sie praktisch lebensunfähig machten; Polizeisirenen auf der Straße versetzten sie in Panik, in geschlossenen Räumen konnte sie sich nicht aufhalten, weil sie sie an eine Zelle erinnerten. Heute arbeitet sie als Bildredakteurin bei einer Zeitschrift, die für wesentlich jüngere gemacht ist. Es ist ihr erster fester Job. »Vielleicht«, sagt sie nachdenklich, »kann diese Gesellschaft aus der Geschichte der RAF auch lernen. So, wie wir gelernt haben.« Und: »Ich weiß nicht, ob die RAF wirklich eine politische Gruppe war. Sie war die Selbstanmaßung einer Generation. Auch so etwas wie ein total exzentrisches ›Aus-der-Welt-Stehen‹.«

Und dann diese Theorie, die immer wieder auftaucht in den Worten der RAF-Überlebenden. Sie wird nicht explizit ausgesprochen (vielleicht, weil die Zeit noch nicht reif ist). Die Geschichte der Bundesrepublik, so besagt diese Theorie, beginnt in Wahrheit erst mit dem Deutschen Herbst. In jenem Jahr 1977, als der RAF-Terrorismus seinen Höhepunkt erreichte, als die Gefangenen in Stammheim tot aufgefunden wurden und ihre Genossen den Arbeitgeberpräsidenten

Hanns-Martin Schleyer töteten, wurde mit 30 Jahren Verspätung der eigentliche Grundstein der Republik gelegt.

Und vorher? Das Wirtschaftswunder? Die 60er und 70er Jahre? Gab es da etwa keine Bundesrepublik?

Doch, sagen die Anhänger der Theorie. Aber der Konsens dieser Bundesrepublik war im Kern kein republikanischer. Es war eine seltsame Melange aus nationalsozialistischer Erbschaft (in der Justiz etwa, aber auch in der Politik), ökonomischem Agreement und massiver Verdrängung.

Doch wie soll ausgerechnet der Deutsche Herbst, dieses *finale furioso* der deutschen Tragödie, die Republik erschaffen haben? Es starben im Hochsicherheitstrakt zu Stammheim die konsequentesten Anführer jener jungen Generation, die angetreten war, den Finger auf die Wunden der Elterngeneration zu legen. Getötet wurde ein hoher Repräsentant jener unheilvollen Kontinuität: Arbeitgeberpräsident Hanns-Martin Schleyer repräsentierte wie kein anderer jenen Typus des Mächtigen, der fast mühelos vom Dritten Reich in die Republik übergewechselt war. Er wurde in doppelter Hinsicht geopfert: Die RAF tötete ihn stellvertretend für die Väter (oder das, was sie dafür hielten), und der Staat opferte ihn um der Staatsraison willen.

Die Theorie betrachtet diese Tode jenseits ihrer politischen Bedingungen als archaisches Ritual. Als Voodoo-Zauber. Als Opfergabe. Wie früher in archaischen Gesellschaften Menschen geopfert werden mußten, um einen Gott freundlich zu stimmen, mußte die deutsche Nachkriegs-Gesellschaft erst diesen blutigen Krieg ausfechten, um die Chance des inneren Friedens zu haben und die Epoche »Nachkriegsära« endgültig zu beenden. Schleyer und die RAF – das waren die Marionetten auf der gespenstischen Bühne einer unfertigen Republik. Als der Vorhang fiel, begann zaghaft eine neue Epoche.

Natürlich ist es riskant, die »Zuspitzungen der 70er« auf diese Weise zu betrachten. Doch ist es nicht seltsam, daß seit dem Deutschen Herbst nicht das geschehen ist, was wir alle vermuteten – eine Verschärfung des Polizeistaates, immer perfektere Sicherheitssysteme? Erliegen wir einer Täuschung, wenn wir das Gefühl haben, daß seit dem Deutschen Herbst mehr Nachdenklichkeit und mehr Zweifel in *alle* Lager eingezogen sind? Sind nicht *beide* Seiten damals an eine imaginäre Grenze gestoßen? Der Staat und seine Repräsentanten (und mit ihnen die ganze Gesellschaft) an das, was seit dem Krieg unter den Teppich gekehrt wurde, die RAF (und mit ihr wir Politfreaks) daran, daß man sich am Ende eines konsequenten Kampfes unweigerlich der Gestalt seines Gegners angleicht?

Eine obskure Theorie, gewiß. Aber vielleicht geben solche metaphysische Betrachtungsweisen am Ende genauere Auskunft über das Phänomen Terrorismus als alle psychologischen und politischen Erklärungsmuster zusammen. Daß der erbitterte Kampf der RAF ein Opfergang mit religiösen Anteilen war, daß die Kinder des Wirtschaftswunders die Schuld der Väter unbewußt und bis zur Selbstvernichtung auf sich nahmen, das ist mehr als nur eine waghalsige Vermutung. Geschichten wie die des Amsterdamer Polizisten und »seiner« Terroristen und Vorstöße wie die der Brüder von Braunmühl lassen hoffen, daß jenes gesellschaftliche Lernen, von dem Astrid Proll spricht, Wirklichkeit werden könnte. Solche Geschichten, die wie von blauäugigen Utopisten erfunden klingen, sind die Märchen unserer Tage.

Bleibt am Ende die Frage: Konnte diese Generation, können ihre Protagonisten heute aufrichtiger mit ihrer Vergangenheit, mit ihrer Verantwortung umgehen als ihre Väter? Gelingt es ihnen, *anders* mit ihrer Schuld zurechtzukommen als mit Verdrängung, Rationalisierung und Vergessen? Die Antwort steht noch aus. Gerd Schneider sagt: »Der Staat und ich, wir sind quitt. Trauer, Moral und Skrupel sind Privatsache.« Klaus Jünschke: »Es gibt keine Möglichkeit, wie wir uns aus der Verantwortung für unsere Taten herausreden könnten.« Und Christoph Wackernagel mit seinem wunderbaren Sarkasmus: »*Wir* haben mindestens zehn Jahre im Knast gesessen. *Das* ist der Unterschied zu unseren Vätern.«

Der Traum vom anderen Leben

Über dem Bergmassiv im Westen zeichnet die Dämmerung alle Regenbogenfarben an den Horizont. Die ersten Fledermäuse stürzen in die aufsteigende Dunkelheit. Schon erscheinen die Sterne am Himmel, aber noch immer hört man das Sirren der Zikaden.

Nein, in »Utopiaggia« gibt es kein Schmuddelwetter, keine tiefhängende Wolkendecke erzeugt Novemberdepressionen. »Das Wetter«, behauptet Wolfgang, der Silberschmied, »bleibt im Prinzip bis Weihnachten so.« Bis Weihnachten scheint die Sonne ohn' Unterlaß, und zumindest an der Südmauer des Haupthauses, wo die dicken Steine die Wärme speichern, kann man tagsüber draußen sitzen. Im Januar und Februar regnet es ein wenig, selten fällt Schnee. Bereits im März bricht der Frühling wieder ein. *Bella Italia*.

Alle reden vom Wetter – wir nicht: Mit diesem Slogan unter den Köpfen von Marx, Engels und Lenin warb der Sozialistische Deutsche Studentenbund, der SDS, vor 20 Jahren für sich. Bereits damals bereiteten zwei junge SDS-Dozenten aus Hannover und Frankfurt, Bernd Leineweber und Karl-Ludwig Schibel, eine theoretische Attacke gegen den orthodoxen Marxismus vor. Wenige Jahre später sollten sie eine programmatische Broschüre veröffentlichen: »Die Revolution ist vorbei, wir haben gesiegt«. Das war ironisch, aber durchaus ernst gemeint:

Hier und jetzt, so die Devise, und nicht erst nach der Revolution, könne und müsse man mit dem anderen, dem solidarischen, dem unentfremdeten Leben beginnen. »Man trachtet«, schrieb Bernd Leineweber einige Jahre später in seinem Buch »Pflugschrift«, »der verwalteten Welt mit ihren konsumistischen Entlohnungen durch ein einfaches Leben in möglichst direktem Austausch mit der Natur zu entgehen. Die natürliche, biologische Seite des Lebens soll wieder hervortreten, um über sie Anschluß an eine in der Massengesellschaft verlorengegangene Identität zu erlangen.«

So sehnten sich damals viele. Träume von alternativen Dörfern spukten durch die Freakbezirke von Kreuzberg, Haidhausen und Bokkenheim, von »Endlich fortgehen aus diesem kalten Land des Deutschen Herbstes« (Flugblattext) war in jeder Kneipe die Rede. Im Jahre 1982 hatte sich nach den obligatorischen Endlosdebatten ein halbwegs stabiler Kreis von 50 Emigrationswilligen um die beiden Intellektuellen gebildet, denen es auf ihrem kleinen niederbayerischen Bauernhof inzwischen zu eng geworden war. Jeder von den 50 brachte im Schnitt – geerbt, geliehen, mühsam verdient – 12000 Mark auf. Gut 100 Kilometer nördlich von Rom, in den Ausläufern des Apennin, über dem Trasimenischen See, fanden die Emissäre der Gruppe endlich ein Grundstück, das groß genug schien für den Traum von der freien Gemeinde. Für einen halben Berg, 116 Hektar, einen knappen Quadratkilometer, legten die Emigranten eine halbe Million Mark auf den Tisch. Es sollte ein letzter Akt des Reichtums werden.

Der Traum vom anderen Leben: »Piaggia«, das italienische Wort für Hang, Abhang, Bergflanke, ergibt zusammen mit dem Utopia des anderen Lebens, dem man sich hier verschrieben hat, »Utopiaggia«. Es sind die Details, die einen auf den ersten Blick betören. Wenn Ingrid, einst Lehrerstudentin in Hannover, bei Sonnenaufgang die Schafe auf die Weide treibt, dann wird man unwillkürlich an ein Pastorfido-Bild der italienischen Renaissance-Malerei erinnert. Der kleine Tisch in Ingrids Zimmer mit den rohgebrannten Bodenfliesen, das Arrangement mit dem zerschlissenen Jugendstilsofa, das noch aus der Studentenzeit stammt, die wenigen Bilder an der Wand, die von den Hoffnungen und Illusionen der 70er Jahre erzählen, die Schallplatten aus der Steinzeit des Pop zwischen Woodstock und Blues in den zerfledderten Hüllen – Bilder einer ästhetischen Armut. Neben dem Hauptgebäude, einem alten Herrenhaus aus rohem Stein, hat man eine solide Hütte errichtet, das kollektive Klo. Sitzt man drinnen beim Geschäft, kann man durch ein riesiges Panoramafenster das Gelände von Utopiaggia übersehen – die Olivenhaine an den Hängen, die Eichenwälder und kleinen Täler, die dunklen, hohen Zypressen auf den Hügeln, die der Landschaft ihr typisches Gepräge verleihen.

Und dann die Kinder: David und Jonas, Philipp und Janni, Jenny und Florian, Arnika, Jonathan, Benny und Annelie bilden einen ständig umherschweifenden gutgelaunten Stoßtrupp.

Fernseher gibt es nicht. Die zehn Gören von zwei bis zwölf verfügen über einen Quadratkilometer Abenteuerspielplatz inklusive Schweine, Hühner, Katzen und Hunde; die nächste befahrene Autostraße liegt 20 Kilometer entfernt. Die Kindergruppe organisiert sich weitgehend selbst, die Kleineren lernen von den Größeren, die Erwachsenen greifen nur selten ein, welches Kind zu welchen Eltern gehört, ist so schnell nicht auszumachen. »Für die Kinder«, sagt die

35jährige Tschuli, Mutter des sechsjährigen Florian und der achtjährigen Jenny, mit leichtem Seufzen, »ist es ein Paradies.«

»Ich empfinde uns als ungeheuer reich«, sagt Karl-Ludwig Schibel, heute wie damals unangefochtener informeller Häuptling der Gruppe. Die Rotation des Küchendienstes im Haupthaus funktioniert seit Jahren reibungslos, obwohl es wahrhaftig keine leichte Arbeit ist, für das leibliche Wohl von durchschnittlich zwölf Erwachsenen und zehn lärmenden Kindern zu sorgen. Das Essen ist einfach, aber schmackhaft, das Gemüse stammt zum großen Teil aus dem eigenen Garten. Das soziale Leben spielt sich in den Gruppenräumen im Parterre des Haupthauses ab, sie sind Kneipenersatz und Familiensalon zugleich. An langen Bänken hockt man beim Wein, bis spät in der Nacht die Luft zum Schneiden ist: In der Kommune gibt es keinen einzigen Nichtraucher. Das viele Gemeinschafts-Hocken auf den Bänken hat über die Jahre eine eigentümliche Gleichheit, eine soziale Diffusität erzeugt. Daß Wolfgang und Anette, Bernd und Tschuli, Eugen und Barbara Paare sind, ist für den Besucher kaum auszumachen. Nur Trixi, der einzige Neuzugang der letzten Zeit, eine gestandene Geschäftsfrau, die mit 39 Jahren ihre PR-Agentur im fernen Deutschland aufgegeben hat, herzt gerne und öffentlich ihren Karl-Ludwig.

Über Ebbi, der unweit des Haupthauses in einem Wohnwagen lebt, sagt Bernd Leineweber: »Wenn es so etwas gäbe wie einen neuen Menschen – er käme ganz oben auf die Kandidatenliste.« Der hagere Ebbi ist eines jener seltenen Freak-Originale, die sich seit den 60ern kaum verändert haben. Als einer der ersten begann er 1966 mit Haschisch, als einer der ersten geriet er ans Heroin – und hörte aus eigener Kraft wieder damit auf. Seitdem zieht er von Alternativgruppe zu Alternativgruppe, überall ist er ein gerngesehener Mitarbeiter. Seine Finger haben eine rissige Hornhaut vom Arbeiten, die Lachfalten um Augen und Mundwinkel verraten einen unverwüstlichen Humor. Er ist einer, der nicht jammert. Er schiebt die Probleme nicht auf die Gruppe, delegiert und projiziert nicht, bleibt unberührt von jenem klagenden Ton der Psychodebatte, wie sie in großen Gruppen unvermeidlich zu sein scheint. Jetzt, im Spätherbst, pflügt er draußen den Acker.

Sieht man zu, wie sich der altersschwache Traktor über den steinigen Boden quält, bekommt man unweigerlich einen Eindruck von den Schattenseiten des Projektes. Die Hoffnungen, das Ackerland, das beinahe 30 Jahre lang von Unkraut und Gestrüpp überwuchert war, zu rekultivieren, waren groß. Ökologische Landwirtschaft sollte ein ökonomisches Standbein der Gruppe werden.

Einige Gruppenmitglieder hatten gerade mühsam gelernt, wie man Olivenbäume schneidet – eine hohe Kunst –, als diese durch einen plötzlichen Frosteinbruch im Winter allesamt erfroren. Nun stehen 600 nutzlose Strünke auf den Weiden. Die Weinstöcke, deren man sich mit Liebe und Akribie annahm, erwiesen sich als zu alt und zu ausgelaugt. Auf den mühsam bestellten Äckern vertrocknete, verschimmelte, verunkrautete das Korn. Ein Utopiaggianer, der später nach Deutschland re-emigrierte, pflanzte 100 Obstbäume, von denen keine drei Wurzeln geschlagen haben. Alle Jahre kaufte man neue Kühe, Schafe, Ziegen, die alsbald wieder verkauft wurden, weil ihre »Bezugspersonen« die Lust verloren. Geblieben ist Ingrids Schafherde. Und drei riesige Sauen im Stall, um die sich Eugen kümmert. Von ihrem infernalischen Gequieke direkt neben der Küche geht etwas Gewalttätiges aus; sie stinken bestialisch und ziehen Millionen Fliegen an.

Das milde Hügelland Umbriens entpuppt sich auf den zweiten Blick als das, was der englische Schriftsteller John Berger als »SauErde« bezeichnet hat. Ein weißer Staub liegt wie Mehltau über der Maccia, seit zwei Jahrzehnten fällt der Grundwasserspiegel in den Hügeln der Toskana und Umbriens unaufhörlich. Im letzten Frühjahr fraßen Raupen das junge Grün, im Mai gab es kein Blatt mehr an Bäumen und Sträuchern. »Das Schmatzen«, erzählt Trixie schaudernd, »konnte man über alle Hügel hören.« Die Kleinbauern, die diese Region verlassen haben, emigrierten keineswegs nur der EG-Politik wegen in die großen Städte (wie es die Legende der Gruppe besagt).

Dazu kommt der chronische Geldmangel, der Gruppen-Anspruch, der jede Investition in Material und Gerät einem erbarmungslos zähen, unstrukturierten Diskussionsprozeß unterwirft: das Kollektiv als Kontrolleur. Und dann der hartnäckige Dilettantismus, wie er für alternative Gruppen üblich ist: Jeder glaubt, alles zu können, je nach Bedarf ist er mal Schafzüchter oder Dachdecker, mal Zimmermann oder Architekt. Überall auf dem Gelände stehen Bauruinen, neue Hütten erwiesen sich als unbewohnbar, weil man das Wasser Hunderte von Metern weit zu ihnen hinaufschleppen mußte, aufwendige Projekte erwiesen sich als Fehlkonstruktionen: Das ökologische Klärteichsystem verstopfte gleich beim Probelauf mit Fäkalschlamm, die Duschen, einfache Konstruktionen aus Fässern und Sonnenkollektoren, funktionieren zwar, sind aber äußerst störanfällig und im Winter nur von Hartgesottenen zu benutzen. Nach sechs Jahren Kommuneleben ist das Badezimmer im Haupthaus noch immer eine Baustelle.

So führt man auf dem Hügel eine zusammengezimmerte Existenz. Nur Ingrid finanziert sich von den Schafen und Barbara, die aus der Milch einen würzigen Käse herstellt, der nach Deutschland exportiert wird und dort in Naturkostläden gute Preise erzielt. Der Rest muß immer wieder in die »Heimat hinter den Bergen«, wie die Bundesrepublik hier halb verächtlich, halb liebevoll genannt wird, um für das nötigste Überlebensgeld zu sorgen. Barbara fährt dann in ihrer Heimatstadt Neumarkt, Ebbi in München, Wolfgang in Frankfurt Taxi.

Eine Puzzle-Ökonomie: Man lebt von kleinen Geschäften, Tauschaktionen, Gelegenheitsjobs, Erbschaften, bisweilen immer noch von Zuschüssen der Eltern. Wolfgang, der das zweite Staatsexamen als Rechtsanwalt hat, arbeitet ein, zwei Monate im Jahr in einer Frankfurter Anwaltsgruppe mit, ansonsten stellt er Silberschmuck her, Barbara bedruckt Seidentücher. Es ist eine Subsistenzökonomie, wie sie im Jahrzehnt der Flohmärkte und des problemlosen Bafög noch funktionieren konnte, heute, wo ihre Protagonisten auf die 40 zugehen, wird der berufliche Dilettantismus immer mehr zum eigentlichen Kitt der Gruppe: außerhalb verlieren sie die Fähigkeit zum Überleben. Nur etwa die Hälfte der Gruppenmitglieder spricht passabel italienisch. »Das hier«, sagt Bernd Leineweber trocken, »ist kein Assimilierungsprojekt, sondern eher eine Kulisse für unsere Selbstfindung.«

Alle größeren Kommunen, die bis heute überleben konnten – etwa die Bhagwan-Kolonie oder »The Farm«, ein riesiges Landkommuneprojekt in Tennessee –, verfügten von Anfang an über eine gemeinsame, verbindliche Weltanschauung; ordnende Rituale, eine gewisse Religiosität und eine charismatische Führerfigur sorgten für die Nivellierung der verschiedenen Interessen. Nichts dergleichen findet man in Utopiaggia, wo zwar hin und wieder ein Vollmondfest gefeiert oder Tarotkarten gelegt werden, aber eher ein kritischer, intellektualistischer Geist herrscht. Das macht das Projekt sympathisch, ist aber gleichzeitig sein großer Mangel. So dreht sich das Rad der Spaltungsprozesse immer wieder aufs neue – Handarbeiter intrigieren gegen Kopfarbeiter, Pragmatiker fühlen sich von den Intellektuellen im Stich gelassen, die Kinderlosen opponieren gegen die, die Kinder haben, und umgekehrt. Das Paradox, das bislang noch jedes »Kollektiv« von innen gesprengt hat, wirkt auch auf den umbrischen Hügeln. Die Gruppe soll dem einzelnen zur Ichfindung dienen, als Spiegel, Korrektiv und therapeutische Instanz; aber gerade *wenn* sie dies leistet, zerstört sie sich selbst, denn dem »gestärkten« Individuum ist es in der Gruppe bald zu eng, es sucht die Distanz. So emanzipieren sich die Individuen *durch* die Gruppe *von* der Gruppe – und die innere Ökonomie (oder Ökologie) des Gemeinwesens bleibt für ewig defizitär.

Wie viele nach Deutschland zurückgegangen sind, weiß keiner mehr genau. Einige haben sich auf dem Gelände in idyllischen Wohnwagen separiert, andere wursteln in abgelegenen Gebäuden auf eigene Rechnung vor sich hin. Die Kerngruppe verstreut immer wieder ihre eigenen Dissidenten auf die umliegenden Hügel.

Etwa Rudi und Regine: Mit drei weißblonden Kindern haben sie sich vor zwei Jahren mit großem Krach und zwei Kühen in fünf Kilometer Distanz zur Hauptgruppe abgesetzt, in ein Haus am Ende eines steinigen Weges, der jedem Auto die Achsen ruiniert. In dem Bauernhaus, das Rudi unaufhörlich aus- und umbaut, spürt man nichts mehr von der Schmuddeligkeit und dem hektischen Chaos der öffentlichen Kommune-Räume. Das hier ist Paar-Terrain, sauber, ordentlich und gemütlich.

Der kleine, nervöse Rudi, der sich andauernd am Hinterkopf kratzt, der aufspringt und sich wieder setzt, der ununterbrochen redet und sich legitimiert, ist ein Veteran, seit nunmehr 20 Jahren sucht der Sohn eines Regierungspräsidenten nach dem anderen, dem richtigen, dem endlich *wahren* Leben. »Ich denke zuviel«, sagt Rudi. »Ich bin ein Handarbeiter, aber ich denke von früh bis abends über die Handarbeit nach.«

Rudis persönliche Geschichte spiegelt jenen immerwährenden stummen Klassenkampf im linksalternativen Milieu: den Konflikt zwischen Hand- und Kopfarbeitern. Mitte der 70er kannte ihn in der Frankfurter Szene jeder als »Drucker-Rudi« – er war der Mann im Blaumann mit den ständig schwarzen Fingern, der die Flugblätter und Broschüren druckte. »1977, im Deutschen Herbst, merkten wir plötzlich, daß es nichts mehr zu kämpfen gab«, sagt Rudi. Er zog zunächst in die deutsche Provinz zu einer Kommune, die sich dem alternativen Apfelweinkeltern verschrieben hatte, und als es auch dort Streit gab, fuhr er mit einem Planwagen durch Deutschland. Als das Projekt Utopiaggia gegründet wurde, hatte er keine Wahl mehr. Das Leben auf der Straße hatte an seiner und Regines Gesundheit und Nerven gezehrt. Sie gehörten zu den ersten, die auf den Hügel zogen.

»Wir haben es nicht geschafft, gleich zu werden«, sagt Rudi heute über das Experiment Utopiaggia. »Wir sind einfach nicht zusammengewachsen. Das war eine schwere Niederlage.« Aber Rudi ist unfähig zu resignieren. Die Revolte von 1968 hat ihn vor 20 Jahren in eine Umlaufbahn geschossen, von der er in diesem Leben wohl nicht mehr herunterkommt. Er will weiter, immer weiter. Sein spartanischer Lebensstil ist ihm noch viel zu luxuriös, er sucht nach einem Haus am Bach, »wo man ganz auf Maschinen und Strom und diesen Scheiß verzichten kann«. Und je mehr Rudi zum Eigenbrötler, zum kauzigen Außenseiter wird, um so mehr träumt er vom Glück in der Gruppe, dem Kollektiv der Gleichen. Dabei kann er andere Mentalitäten, Charaktere, Prägungen nur schwer ertragen. »Da ackerst du den ganzen Tag auf dem Feld«, murrt er noch heute, »und oben im Haus sitzt ein bescheuerter Intellektueller und übersetzt irgendeinen Scheiß vom Italienischen ins Deutsche! Der Arsch braucht 20 Grad im Zimmer, weil er den ganzen Tag drauf sitzt! Ich melk lieber 'ne Kuh und trink die Milch, als daß ich mir mit irgendeinem Mist Geld verdien', um die Milch zu kaufen.«

Zu dieser Existenz gehört die Dämonisierung der Stadt. Wenn Rudi von seinen seltenen Besuchen in Frankfurt erzählt, klingt es, als hätte es ihn in die Zombie-Kathedralen von Fritz Langs »Metropolis« verschlagen: »Da sitzen kaputte Typen in kalten Cafés und trinken Bier zu Preisen, für die du hier 'ne Woche leben kannst. Die sind alle vollständig verrückt geworden!« Dieses Gefühl teilt er mit den meisten restlichen Utopiaggianern. Die Bundesrepublik der 80er Jahre – das ist für die Emigranten eine bedrohliche, fremde Welt, die Stadt ein Sündenbabel, Deutschland ein Yuppie-Land, vom Mammon und ungeheurer Verschwendung regiert.

Inzwischen ist auf den umbrischen Hügeln die Zeit stehengeblieben. Wie in einem Museum kann man hier noch einmal die Stile und Lebensweisen, die studentischen Mangel-Ökonomien der 70er Jahre bewundern. Der Haushaltskassenbeitrag, für jedes Gruppenmitglied verbindlich, ist bei 300 Mark stehengeblieben, mit 400 bis 1000 Mark im Monat kommt hier jeder über die Runden; mehr würde als fast schon luxuriös gelten. Man findet noch alle Ingredienzen, die vor 15 Jahren das studentische Leben so schmackhaft machten: die schrottreifen Autos mit den Aufklebern, das knoblauchreiche Essen, rührend verwilderte Kinder, die muffige Arroganz gegenüber jenen, die sich nicht als Gleichgesinnte ausweisen können, aber auch jene

Freundlichkeit und Neugier, wie sie aus der Geselligkeitskultur der Freak-Ära überlebt hat.

Und doch ist das Gefühl der Niederlage deutlich spürbar, unübersehbar die Müdigkeit in den Gesichtern. Obwohl man sichtlich stolz ist – schon allein auf die Tatsache, daß man wenigstens durchgehalten hat, während an allen Fronten die Paar-Kultur gesiegt hat –, weiß man doch ganz genau, daß das Lebensmodell Landkommune derzeit keine Konjunktur hat. Das Achselzucken alter Freunde in Deutschland, die sich inzwischen selbst für die Neuigkeiten im Fraktionsstreit nicht mehr interessieren und statt dessen ungerührt ihre »Yuppie-Wohnungen« einrichten, schmerzt. Die Gruppe leidet an Nachwuchsmangel und Überalterung. »Leute um die 20 wollen nach einer halben Stunde wieder weg«, sagt Karl-Ludwig. »Aber irgendwer«, sagt Bernd Leineweber, »muß die Kommune-Lebensmodelle weiterführen – unabhängig von den Konjunkturen. Vielleicht gehören wir in ein paar Jahren schon wieder zur Avantgarde.«

Vielleicht. Und wer wüßte schon sicher, ob er wirklich ein besseres Leben lebt? Eines der Überlebensgeheimnisse von Utopiaggia dürfte in der dialektischen Flexibilität bestehen, mit der besonders die beiden Theoretiker der Gruppe das Bewußtsein dem Sein, die Theorien der Realität anpassen. Für den melancholischen Philosophen Bernd Leineweber, der im chronischen Tohuwabohu der Gruppenräume wie ein Schlafwandler wirkt, ist die Gruppe Lieferant von Erkenntnissen über die menschliche Natur. »Wir sind«, sagt er, »nun mal Spezialisten in der Produktion sozialer Beziehungen.« Damit will er sagen: Daß hier die Landwirtschaft nicht klappt und die Ökonomie nicht funktioniert, ist ein gutes Zeichen. Nicht an der Effizienz darf man uns messen, das wäre ein typisch deutsches Kriterium.

Noch mehr mit Sinngebung beschäftigt sich Karl-Ludwig, der unaufhörlich die Schwierigkeiten den Gruppe zu Erfolgen umdeutet, das Chaos als Flexibilität, den Frust als Lernprozeß, das Unglück als Notwendigkeit interpretiert.

Utopiaggia – das ist nicht das Scheitern einer Utopie, wie es der Gruppe immer wieder von Journalisten und Heimkehrern vorgeworfen wurde. Es ist viel schlimmer: Hier auf den Hügeln Umbriens hat sich eine Utopie tatsächlich *realisiert*. Drastisch wird uns vor Augen geführt, wie eine ökologische, kommunitäre Mangelwirtschaft in der Realität aussehen würde, was es in der Wirklichkeit bedeutet, »unentfremdet« auf dem Land zu leben.

Es ist, als seien die Utopiaggianer in der Gruppe einsam geworden, als lehnten sie sich nur noch aneinander an. »Hier schlägt«, warnte Bernd Leineweber vor zehn Jahren vor den Gefahren, die der Kommunekultur drohten, »die anarchistische Bedürfnislosigkeit um in Buddhismus oder eine andere Philosophie des Todes. Die soziale Bedürfnislosigkeit perpetuiert das soziale Elend, von dem es sich befreien möchte, indem es für Liebe und Haß, Solidarität und Konflikt unempfindlich macht.«

Warum sie trotzdem bleiben? Man kennt sich lange und hat zu vieles miteinander erlebt, der karge Hügel ist – trotz oder wegen seiner Härte – zur Heimat geworden. Trotz ist dabei, Angst vor den Anforderungen einer modernen Gesellschaft, eine übergroße Sensibilität, die keine Distanz, keine »Entfremdung«, niemals einen Acht-Stunden-Arbeitstag aushält, und hartnäckige Ideologie-Ablagerungen aus den 70er Jahren. Wenn all dies eines Tages gänzlich verschwunden ist, wenn die Kinder irgendwann die Nase voll haben von den Segnungen der Natur und in die Yuppie-Städte flüchten, bleibt im besseren Fall schlichte ländliche Armut, der man den Respekt nicht versagen kann. Geht es schlecht aus, bleibt nur das Sozialamt in der »Heimat hinter den Bergen«.

Spaß haben, sich nicht bevormundet fühlen, sagt er, gehöre nun einmal zum Lebensgefühl seiner Generation. Die Ehe, sagt er, ist als pure Institution eine überkommene Angelegenheit; mit seiner Freundin kann er auch ohne Trauschein zusammenwohnen. Gegen einen Kommunismus, der auf evolutionäre Weise zustande käme, hätte er im Grunde nichts einzuwenden. Zur Karriere treibt ihn nichts, mit 2000 Mark im Monat kommt er wunderbar zurecht, wichtig ist vor allem freie Zeit. Zum Reisen etwa: Er war in Marokko und Persien, vor einigen Jahren ist er mit einem eigenhändig ausgebauten VW-Bus quer durch Afghanistan gefahren. Den hat er gebraucht und billig »von der Partei« gekauft. Seiner Partei. Der CDU.

Wie bitte? Dieser junge Mann, Jahrgang 1955, ein Lehrer für Geschichte und Mathematik, der in Ahrensburg vor den Toren Hamburgs lebt, soll Mitglied der CDU sein? Zwar hat sich seine Haarlänge im Lauf der Jahre der Mode angepaßt, den Parka hat er gegen ein ordentliches Jackett getauscht, aber dennoch entspricht dieser kumpelhafte Softie, dem man auf hundert Meter ansieht, daß er nicht gedient hat, exakt dem, was Franz Josef Strauß abfällig »eine Type« genannt hätte. Obendrein hat er ein freches Maul. Zum Beispiel auf dem letzten Parteitag der CDU.

Da geriet der Delegierte Matthias Stern, der in seiner Heimatstadt nicht irgendein Parteimitglied, sondern stellvertretender Fraktionsvorsitzender und Vorsitzender des Kulturausschusses ist, durch eine Rede in die Schlagzeilen, in der es von Aufmüpfigkeit und antiautoritären Einlagen wimmelte. Diese Veranstaltung hier, sagte Stern, erinnere ihn an den Kanzler-Wahlverein der 50er Jahre. Alles, was er hier erlebe, spreche dafür, daß das Fundament der CDU brüchig geworden sei. Ihm mache es nicht den geringsten Spaß, die Politik der Bundesregierung zu Hause im Wahlkreis zu vertreten. Und dann fiel in Richtung des staunenden Helmut Kohl jenes Wort, mit dem normalerweise politische Gegner dessen Politik abkanzeln: Aussitzen.

Natürlich bleibt ein Freak bei der CDU eine Ausnahme, die man im Falle Matthias Stern biographisch erklären kann: Sein Vater war Anfang der 70er Jahre Universitätsprofessor im radikalen Göttingen, ein Achtundsechziger, der ihm den Bezug von Springer-Zeitungen am liebsten verbieten wollte. Es war wohl auch Trotz gegen diesen Vater, der Matthias Stern schon in jungen Jahren in die Junge Union eintreten ließ. Später, an der linken Hamburger Universität, argumentierte er sich geschickt durch die linken Ideologieklippen, etwa wenn er ganz in K-Gruppen-Manier von der »sozialfaschistischen Sowjetunion« redete. Es war eine Zeit und ein Terrain, in dem man seine Mitgliedschaft in der CDU lieber verschwieg. Es war aber auch eine Zeit, in der sich junge CDU-Parteimitglieder mit Wörtern wie »Ökologie« und »Reform« in ihrer eigenen Partei nicht besonders beliebt machen konnten.

»Ohne die Affäre Barschel«, sagt Stern, »würde man uns womöglich immer noch als Öko-Fuzzis bezeichnen und ignorieren. Barschel, das hat die Partei aufgerüttelt, produktiv auf den Punkt Null gebracht. Das hat klargemacht, daß Macht sich ständig legitimieren muß, wenn sie nicht verkommen will.«

Berlin im Jahr 1968, ein Hörsaal der Freien Universität Berlin, eine Vollversammlung der Studenten. Eine Gestalt mit Lenin-Bart und schwarzer Lederjacke betritt das Podium. »Keine revolutionären Ziele und sozialistischen Chimären werden die Studenten aus ihrer Misere befreien«, sagt der Mann ins Mikrophon. »Nur die evolutionäre Reform von Hochschule und Gesellschaft kann das erstrebenswerte Ziel sein.«

Solche Sätze sind auf dem Höhepunkt der Studentenbewegung eine glatte Provokation. Linke, Radikale und Revolutionäre möchte man hören, Attacken gegen den Staat und den Kapitalismus. Der Saal gleicht einem Hexenkessel, der Redner wird ausgepfiffen, »Faschist« und »Reaktionär« tönt es aus dem Publikum. »Wir vom RCDS«, sagt Wulf Schönbohm mit nostalgischem Unterton, »waren doch damals die *eigentliche* radikale Minderheit. Wer sich in dieser Zeit in der Studentenorganisation der Union organisierte, der hatte wirklich Zivilcourage. Die Medien ignorierten uns, in der eigenen Partei mußten wir uns gegen Vorwürfe verteidigen, wir seien von links infiltriert, bei den eigenen Kommilitonen galt man als komplett balla-balla.« Und dann folgt Achtundsechziger-Latein, wie man es auch von den Linken kennt: Wie ein bärenstarker Mensch vom Sozialistischen Studentenbund ihn einfach vom Mikrophon wegtrug. Wie der SDS eine Veranstaltung mit dem südvietnamesischen Botschafter sprengte. Und wie Rudi Dutschke immer wieder die Studenten auf seine Seite zog, wenn er in den Besitz des Mikrophons gelangte. »Den Dutschke habe ich gemacht«, sagt Schönbohm mit einer Mischung aus Respekt und Neid. »Im Grunde seiner Seele war er so etwas wie ein Konservativer. Er war ein leiser, ganz höflicher Mensch, der *zuhören* konnte.«

All dies erzählt Wulf Schönbohm, der CDU-Manager aus dem Konrad-Adenauer-Haus, ohne jeden Haß. Gewiß, eine heimliche Genugtuung kann er nicht verhehlen, wenn er beobachtet, wie ideenlos und resigniert »die Linke« geworden ist, und wie die Zeiten sich geändert haben. Aber er verhehlt nicht, daß er »einer von denen« ist. »Wir alle hatten ja damals, ob Linke oder Konservative, das Gefühl, daß etwas geschehen mußte. Daß diese furchtbare gesellschaftliche Lähmung Ende der 60er Jahre, diese Stagnation, zu Ende gehen mußte. Daß man durch Engagement etwas verändern konnte.«

Schönbohm gehört zu denjenigen, die länger als ein Jahrzehnt warten mußten, bis ihr Engagement Früchte trug. Die ganzen 70er Jahre hindurch waren sie Opfer eines Zeitgeistes, der damals noch den Namen verdiente: links. Was zählte und faszinierte, waren die Patterns der Rebellion, des Aufbruchs, der Suche nach dem »ganz Anderen«. Leute wie Schönbohm nahm niemand ernst. Ihre Vision, die alte Adenauer-Partei von der Wurzel her zu reformieren, wurde allenfalls als Blauäugigkeit belächelt. Ihr reformerischer Konservativismus erntete Hohngelächter unter den Intellektuellen. Jetzt ist Schönbohm Leiter der Planungs- und Grundsatzabteilung der CDU, eine Art »Zeitgeistschnüffler«, zuständig auch für Wahlkämpfe und die Planung von Heiner Geißlers berühmten Grundsatzreden.

Einige Steinwürfe weiter, im Ministerium der Rita Süssmuth, arbeitet ein enger Vertrauter Schönbohms als Berater der Familienministerin. Warnfried Dettling entspricht dem Imago eines Achtundsechtziger-Professors bis aufs graugelockte Haar, sein Vokabular korrespondiert weder mit dem Bayernkurier noch mit dem Wirtschaftsteil der Welt oder der christlichen Soziallehre, sondern eher mit linken Periodika wie Kursbuch, Freibeuter, TAZ. »Der Fortschrittsgedanke«, sagt Dettling, »versteht sich nicht mehr von selbst, er hat seinen natürlichen Zauber verloren. Die menschlichen, sozialen, bürokratischen Umweltkosten werden nicht mehr ohne weiteres akzeptiert, sondern gegen den angeblichen Fortschritt aufgerechnet.«

Dettling ist ein Öko-Philosoph, der unermüdlich über die Veränderungen in den Feinstrukturen der Gesellschaft grübelt, über mögliche Synthesen aus konservativem Bewahren und Modernität, »sozialökologische Moderne« nennt er das. Er, der ohne jede Berührungsangst auf grün-alternativen Kongressen auftritt, der selbst innerhalb seines eigenen Lagers als Außenseiter gilt, käme dennoch nie auf die Idee, sich wie in der falschen Partei zu fühlen. Er stammt aus dem liberalen Katholizismus Badens, »und wo hätte ein Beamtensohn wie ich sich Mitte der 60er Jahre denn engagieren sollen?« Er spricht von der »Unsensibilität des Establishments gegenüber den Intellektuellen« (von 1968 bis heute), von der »dringend notwendigen Veränderung des Ideenhaushaltes der Politik«. Aber er sagt auch: »Der Ausstiegsgedanke, wie viele Linke ihn pflegen, war mir von Anfang an fremd.«

Wulf Schönbohm und Warnfried Dettling sind zwei der exponiertesten Vertreter jener Gruppe in der CDU, die sich etwas salopp (und mißverständlich) die »alternativen Achtundsechziger« nennen. Ihnen ist gemein, daß sie in den Zeiten der Studentenbewegung Funktionäre des RCDS oder der Jungen Union waren – wackere Kämpfer gegen eine Übermacht der Linken. Als sie sich am 15. Mai dieses Jahres zu einer Art Klassentreffen versammelten, standen etwa 60 Personen auf der Einladungsliste. Nicht alle von ihnen sind in die Politik gegangen. Noch nicht einmal alle sind dem Reformflügel der CDU zuzurechnen (Dettling: »Da schlagen einige immer noch die Schlachten von gestern«). Aber etwa 30 von ihnen haben einflußreiche Positionen in der Partei, arbeiten als Politmanager (Peter Radunski ist sogar Bundesgeschäftsführer der CDU), als Wahlkampfmanager und Feldforscher, als Meinungsbildner oder Presseleute im Bundespräsidialamt. Horst Teltschik gehört zu ihnen, der außenpolitische Berater Kohls, oder Stefan Eisel, stellvertretender Leiter des Büros Kohl. In der Berliner Politik geben sie den Ton an (Geißler redet nicht umsonst vom »Berliner Modell«), ebenso im Bundesfamilienministerium.

Wie nachhaltig ihr langer Marsch durch die Institution CDU diese Partei verändert hat, wird deutlich, wenn man sich an die frühen 60er Jahre zurückerinnert. Der Obrigkeitsstaat der 50er spiegelte sich in einer Partei, in der politische Arbeit, Programmarbeit und Diskussion Fremdwörter waren. Die CDU, das war im wesentlichen ein Honoratiorenverein zur Wiederwahl des Kanzlers, unfähig, auf gesellschaftliche Prozesse frühzeitig zu reagieren. Modernisierung, Reform hin zur Volkspartei – unter dieser Devise gründeten die Dettlings und Schönbohms zunächst Theorie-Zeitschriften wie die »Sonde«, in denen sie für eine CDU warben, die die gesellschaftlichen Fraktionen der Achtundsechziger-Zeit ernst nehmen und in eine eigene, konservative

Reformpolitik ummünzen sollte. Ende der 70er ging es dann Schlag auf Schlag: Eine leistungsfähige Parteizentrale mit modernen politischen Management-Methoden entstand, der Parteiapparat wurde gegenüber der Fraktion aufgewertet. Und Helmut Kohl? Vor der Bonner Wende war der Kanzlerkandidat Hoffnungsträger der Reform-Riege. Als einziger Spitzenpolitiker der Union (und im Unterschied zu seinen Vorgängern) versprach er, der Partei zu inhaltlicher und programmatischer Kompetenz zu verhelfen. Was die Reformer heute über ihren einstigen Verbündeten sagen, darüber sollte der Journalist besser schweigen.

Doch wie groß ist ihr Einfluß wirklich? Die Institution Heiner Geißler, die Politik der Rita Süssmuth – das geht eindeutig auf das Konto der Achtundsechziger. »Die Modernisierer«, sagt der Kölner Journalist Peter Grafe, der schon vor Jahren ein Buch unter dem Titel »Schwarze Visionen« veröffentlichte, »mögen vielleicht nur zwei Prozent der Gesamtpartei ausmachen. Aber ihr Einfluß ist viel größer. Sie haben es geschafft, zentrale Schlüsselstellungen im Parteiapparat zu besetzen. Die Linke hat immer nur ihre Feindbilder gepflegt und die Modernisierer der Union nie ernstgenommen, sie als Taktiker verniedlicht. Ein fataler Fehler. Denn längst greift die Gegenseite nach Ideen und Inhalten, die die Linke einst großgemacht hat«:

Subsidiarität. »Von den Anhängern der sogenannten alternativen Kultur werden Vorstellungen vom Leben in Staat und Gesellschaft entwickelt, in denen die CDU viele ihrer eigenen Prinzipien wiedererkennen kann: So die Prinzipien der Eigenverwaltung und Eigenverantwortung, der Dezentralisierung, der Ablehnung eines bloßen Konsumverhaltens.« Das schreibt der Westberliner Sozialsenator Ulf Fink (der inzwischen zum Vorsitzenden der Sozialausschüsse gewählt wurde). Finks Lieblingstheoretiker heißen Schuhmacher und Illich, das Zitat stammt aus seinem Buch »Keine Angst vor Alternativen«. Was sich in linker Diktion »Selbstverwaltung« nennt, heißt hier »Eigenverwaltung«, statt von »Autonomie« ist von »Dezentralisierung« die Rede. Wo Staat war – das ist der Grundgedanke des Subsidiaritäts-Prinzips – soll Gesellschaft werden. Die Pflege alter Menschen zu Hause gehört ebenso zu diesem Konzept wie Dettlings Nachbarschaftszentren, die Förderung von Alternativprojekten, z.B. die Einbeziehung von Arbeitslosen in die städtische Grünpflege. Man kann diese Konzepte ebenso als »rechte« lesen – der Staat versucht, sich aus der Verantwortung zu drücken –, wie als »linke«. Fest steht, daß sie einem weitverbreiteten Bedürfnis nach Entbürokratisierung und Emanzipation entsprechen.

Lebenswelten. Daß die CDU-Modernisierer vor 20 Jahren den RCDS statt den SDS als politische Heimat wählten, war auch eine Frage des Stils. Die radikalen Lebensmodelle und antibürgerlichen Experimente der damaligen Zeit widersprachen ihrem eher konservativen Naturell, mit polygamen Verhältnissen und drogengezeugten Exzessen wollten sie nichts zu tun haben. Wulf Schönbohm: »Die Kommune-Experimente betrachteten wir mit einer Mischung aus Faszination, Neid und Ablehnung.«

Und dennoch sind die CDU-Achtundsechziger zutiefst vom Gedankengut der Emanzipation geprägt – und verändern langsam, aber sicher auch das Innenklima ihrer Partei. Der Aufstieg von Frau Dr. Hildegard Boucsein, 35, im Westberliner Rathaus Schöneberg im Büro Diepgen als Büroleiterin tätig, wäre vor einigen Jahren in der CDU wohl kaum denkbar gewesen. Sie ist Single, wohnt in einer 70-Quadratmeter-Altbauwohnung mit modernen Möbeln und Trödel, man sagt ihr gute Beziehungen zu den Abgeordneten der Alternativen Liste nach. In die CDU ist sie eingetreten, weil sie »den linken Konformismus an der Uni« nicht leiden konnte. In einem alten Käfer kam sie 1981 nach Berlin, vorher studierte sie Philosophie und Amerikanistik in Texas und promovierte über die Idee der Solidarität bei John Stuart Mill.

Der Ton macht die Musik: Dr. Stefan Eisel, mit 33 Jahren bereits stellvertretender Leiter des Büros von Bundeskanzler Helmut Kohl, kommt wie sein Chef aus der Pfalz, spielt aber Synthesizer in einer Rockband, ist als Katholik mit einer protestantischen Theologin verheiratet, die Arabisch und Türkisch studiert, um später in der Ausländerbetreuung arbeiten zu können. Oder: Der Politstratege Schönbohm wagt mit 43 Jahren noch einen Ausstieg aus seinem Beruf, um in Ruhe eine Doktorarbeit zu schreiben. Und der Öko-Philosoph Warnfried Dettling ist mit einer renommierten Feministin liiert.

Das alles heißt natürlich nicht, daß nun alternative Kulturen in der CDU Einzug halten – die meisten der CDU-Achtundsechziger sind verheiratet, haben Haus und Kinder. Es bedeutet nur, daß sie der Welt der Stammtische und Schützenvereine, der Lebenswelt der CDU-Stammwähler also, meilenweit entrückt sind. In ihren Ehen werden Rollendiskussionen geführt, ideologische Feindbilder greifen nicht, Berührungsängste mit anderen Kulturen sind gering. Ihr Milieu ist das der trockenen Weißweine: städtisch, weltoffen, intellektuell und liberal, ohne jeden geistig-moralischen Fundamentalismus.

Selbstverwirklichung heißt das garstige Wort, das den Diskurs der modernen Sozialwissenschaften prägt. Ein Greuel für den klassischen Konservativen, der sich auf Vaterland, Ehe und Ordnung beruft, zersetzend aber auch für den braven Linken, der immer noch von einer Gesellschaft träumt, in der alle gleich (und damit leichter verwaltbar) sind. Die Modernisierer der CDU haben längst verstanden, daß der Zerfall der Gesellschaft in immer kleinere Kulturen und Subkulturen, die Individualisierung, eben Diversifizierung, nicht aufzuhalten sind. Mehr noch: Daß sich auf dem Feld der »Diversifikation« die Zukunft der großen Volksparteien entscheidet. Wer den Wünschen nach mehr Flexibilität, dem Bedürfnis, *die Wahl zu haben* zwischen vielen Lebensentwürfen, am besten Rechnung tragen kann, wird den Kampf um die politischen Mehrheiten der Zukunft gewinnen. Längst wissen die CDU-Achtundsechziger, daß alle »Wenden« – seien es öko-sozialistische oder geistig-moralische – in einer modernen Gesellschaft unmöglich geworden sind.

Eine kleine, radikale Minderheit. Und schließlich heilt die Zeit alle ideologischen Brüche. Zwanzig Jahre nach 1968 wird die Revolte zum Nostalgikum; jeder, ob rechts oder links, beansprucht die Teilhabe an ihr, im Rückblick waren wir alle Teil einer großen, spannenden Bewegung. Die Achtundsechziger der CDU teilen den Weltschmerz *aller* Achtundsechziger: ihren Hang zur Selbstüberschätzung, ihren hartnäckigen Avantgardismus, das Gefühl, als einzige Generation für die Belange der gesellschaftlichen Moral zuständig zu sein. Wulf Schönbohm: »Die jungen Typen von der Jungen Union sind mir viel zu angepaßt. Die kommen mit 18 Jahren mit dem Aktenkoffer daher und wollen Posten; so viele können wir gar nicht schaffen.«

Mag sein, daß die Achtundsechziger der CDU sich ebenso etwas vormachen wie einst ihre linken Kommilitonen beim langen Marsch durch die Institutionen. Kann sein, daß sie in einer Partei, die derart von Wirtschaftsinteressen geprägt ist wie die CDU, auf verlorenem Posten stehen, daß die pfälzische Gemütlichkeit, die Beharrungskraft des Stammtisches und die Macht der Chemieindustrie am Ende über die Kräfte des Intellektes und der Moderne siegen. Vielleicht wird es ihnen so gehen wie den »echten« Achtundsechzigern. Sie wollten ungeheuer viel. Sie verwirklichten kaum eine ihrer Utopien. Und dennoch siegten sie am Schluß gleichsam »durch die Hintertür«.

»Das Bedürfnis, innerhalb der Partei, etwas *eigenes* zu denken und zu sagen, ist gestiegen«, sagt der Nach-Achtundsechziger Matthias Stern aus Ahrensburg. In diesen banalen Sätzen liegt wohl die ganze Wahrheit. Wenn heute ganze CDU-Ortsvereine mit dem Austritt drohen, Junge-Union-Kongresse den Rücktritt Kohls fordern und sich »die Basis« zornig und empört geriert, haben nicht die Ideale der CDU-Achtundsechziger gesiegt, sondern die unberechenbaren Folgewirkungen ihres Wirkens. Sie haben einen Virus in eine Partei eingeschleust, die ganz besonders von Obrigkeitsdenken und starrer Moral geprägt wurde. Er transportiert unaufhaltsam die Sekundärtugenden der Achtundsechziger-Revolte: Das störrische Nörgeln. Den chronischen Hang zum Zweifeln. Die Lust am Eigensinn. Das gesunde Mißtrauen gegen jedwede Autorität.

Die Kids aus dem Kinderladen

Sarah war die wildeste. Sie kratzte und biß, wenn man auch nur eine Sekunde nicht aufpaßte. Sie zog die kleine Nicky an den Ohren und Kai am Pimmel, wenn wir ins Schwimmbad gingen. Wollte man mit ihr darüber reden, spuckte sie einen an. Sie hatte keine Freunde in der Gruppe, und wenn Nicky, Kai und Hilka abgeholt wurden, um den Nachmittag gemeinsam in Kais Wohngemeinschaft zu verbringen, stand sie voller Haß in der Ecke und zerstörte Spielzeug.

Das Kinderladen-Protokoll vom 11.6.1974 vermerkt: »Erneute Diskussion um Sarah. M. kritisiert, daß sich auch die übrigen Eltern von Sarah abwenden. L. schlägt vor, daß die Bezugspersonen mit Sarah öfters Spiele zum Ausagieren ihrer Aggressionen machen sollen, etwa ›Ich-schrei-zum-Fenster-raus‹. S. merkt an, daß sich die Wohnsituation von Sarah und Sylvia etwas beruhigt hat.«

Sarahs Wohnsituation, das war damals ein großer, besetzter Hauskomplex in der Frankfurter Schumannstraße. Dort muß sie als Drei- und Vierjährige wiederholt erlebt haben, wie schwerbewaffnete Polizisten im Morgengrauen die Türen eintraten. Sie muß auch, zumindest atmosphärisch, etwas vom sozialen Elend gespürt haben, von jenem Wirrwarr aus Radikalität und großen Gefühlen, Alkohol, Angst und Solidarität, wie er für das Milieu besetzter Häuser typisch war.

An all das hat Sarah, die heute eine hübsche 18jährige ist, kaum noch eine Erinnerung. Nicht an das Toben im Kinderladen, nicht an die polternden Polizisten, erst recht nicht daran, daß ihre Mutter Sylvia im besetzten Haus Ferdl kennen- und liebengelernt hat, mit dem sie heute zusammenlebt und verheiratet ist. Ferdl, damals ein finsterer Straßenkämpfer mit reichlich Brass auf Staat, System und »Bullen«, ist Zahnarzt geworden; ein sanfter, virtuoser Zahnarzt, dessen Praxis als Geheimtip für die Eltern ängstlicher Kinder gilt, und der auch empfindliche »Genossen« aus alten Tagen zart behandelt. Ferdl hat Sarah und ihre Schwester Sonja inzwischen adoptiert.

Oder Kai. Er war der frechste von allen, aber er hatte es als einziger Junge nicht gerade leicht in der Gruppe. Ein langhaariger, blonder Rabauke mit einem chronisch schokoladenverschmierten Schmollmund, der immer gerne »Omis ärgern« ging, laut und falsch Beatles-Lieder sang (»Wii oool liff in a jello Sappmarin!«), und bei denselben

Omis, die er eigentlich ärgern wollte, regelmäßig Bonbons abstaubte. Kai lebt heute mit Maria, seiner Mutter, in einer großen Altbauwohnung in Hannover, die immer noch den sympathisch-schlampigen Flair der Wohngemeinschaftsära hat.

Ganz anders Hilka, das größte und stärkste Mädchen der Gruppe, und Anja, ihre kleine Schwester. Daß die beiden sich meistens durchsetzen konnten, hing wohl auch mit ihrer Lebenssituation zusammen: Als einzige in der Kinderladengruppe entstammten sie einer »ordentlichen« Kleinfamilie. Die hat bis heute gehalten: In der Bürgerwohnung im Frankfurter Nordend knarzt das Parkett, alles ist ordentlich auf seinem Platz. Hilka spielt Klavier, Anja Cello, Hilka interessiert sich für altägyptische Geschichte, Anja für Pferde. Die beiden Mädchen mit den Spangen im Haar geben artige Antworten. Die 16jährige Anja etwa: »Heute schäme ich mich ein wenig, daß wir damals immer so nackt waren.«

Sarah und Kai, Hilka und Anja – das sind vier von der ständig fingerfarbenbeschmierten und ausgelassenen Rasselbande, die ich vor fast 15 Jahren als Bezugsperson in einem antiautoritären Frankfurter Kinderladen zu beaufsichtigen hatte. Als junger Pädagogik-Student qualifizierte ich mich für den Job »Bezugsperson« dadurch, daß ich Zeit und »Motivation« hatte. Ich erhielt knapp 700 Mark von den Eltern. Es war eine wunderbare Zeit.

Da war zunächst dieses Aufbruchsgefühl. Daß alles radikal anders werden mußte, sollte man zuerst an den Kindern sehen. Daß alle Miseren – von Vietnam bis zur Alltagsdepression, vom Faschismus bis zu Sexualproblemen – unmittelbar und zuallererst mit der Erziehung zu tun hatten, war völlig klar. Die meisten der Eltern fühlten sich durch ihre eigene Erziehung im bigotten Wirtschaftswunderland schwer geschädigt; Ferdl etwa war von seinen gutbürgerlichen Eltern noch regelmäßig verprügelt worden, und auch Sylvia konnte sich nur allzugut an häusliche Schläge erinnern. Das erklärt vieles von der Wut auf »die Gesellschaft«, und so war der Kinderladen mit seinen energiefressenden Koch- und Putzdiensten, seinen Endlosdiskussionen bis spät in die Nacht und der Engelsgeduld, mit der man den quäkenden, anspruchsvollen Kindern begegnete, auch so etwas wie ein Wiedergutmachungsprojekt. Aus dem Kinderladen-Protokoll vom 10. 10. 1972: »Die Diskussion beginnt mit der Frage, in welcher Form die theoretische Arbeit über das Thema ›Familiensituation‹ verlaufen soll. Käthe macht den Vorschlag, Engels ›Ursprung der Familie‹ zu lesen. (...)

Die heutige Familienform hat auf die Kindererziehung negative Einflüsse. Aus ihren Abhängigkeiten von den bestehenden gesellschaftlichen Verhältnissen und herrschenden Ideologien produziert sie ihrerseits Ideologie wie Gehorsam, Sauberkeit, Ordnung. (...) Die Alternative zur bürgerlichen Kleinfamilie ist die *sozialistische Großfamilie*. Ihrer Verwirklichung stehen unsere Sozialisation und die gesellschaftlichen Verhältnisse entgegen. Ein funktionierender Kinderladen könnte wenigstens einige Funktionen der sozialistischen Großfamilie erfüllen.«

Doch solch hölzerner Seminarmarxismus war nie das dominierende Moment der Kinderladenkultur. Es war eher die Zeit der Verwilderung – nicht nur bei den Kindern. Die Elterngruppe stellte nichts anderes als eine Selbsterfahrungsgruppe dar: Man vergab sich nichts, weder ideologisch noch privat, verbrachte auch die Wochenenden miteinander, bildete Untergruppen und Klüngel, es gab Affären und erbitterte rhetorische Kämpfe. Das einzige Ehepaar stand schwer unter Legitimationsdruck: F., der Vater von Hilka und Anja, wechselte in dieser Zeit vom Staatsanwalt zum Richter, verteidigte aber seinen Juristen-Liberalismus hartnäckig gegen die Anmaßungen der radikalistischen Ära; seine Frau U., die sich in der Protestbewegung befreien wollte, begann prompt eine Affäre mit einer Bezugsperson. Da war Sarahs Mutter Sylvia, die auf dem großen Befreiungstrip aus einer Osnabrücker Normehe in die Links-Metropole Frankfurt geflüchtet war. Der mürrische Ferdl absolvierte aus Trotz gegen seine Herkunft eine Automechaniker-Lehre, die stille Anna lebte vom Flohmarkt-Verkauf selbstgebastelter Schnur-Lampen. Und Walter, der sich später dem Straßentheater verschreiben sollte, war noch mit Maria, der Arzthelferin, zusammen, die eine ungeheuer schneidende Art zu diskutieren hatte. Wir jungen Bezugspersonen standen mittendrin in diesem Spannungsfeld aus Scheidungs- und Beziehungsdramen, überzogenen pädagogischen Ansprüchen und der Wildheit der Kinder. Mit kaum etwas anderem munitioniert als Knetgummi, Fingerfarben und der Lektüre von Neills »Summerhill«, zogen wir in den Kampf gegen den autoritären Charakter. Wir machten die Erfahrung, daß Kinder keineswegs *gut* und *solidarisch* wurden, wenn man sie einfach machen ließ, was sie wollten. Sie entpuppten sich bisweilen vielmehr als Monster, die Schwächere sadistisch quälen konnten und nicht das geringste eigenverantwortliche Interesse an der Vollständigkeit der Buntstifte oder dem Funktionieren des Plattenspielers hatten. Antiautoritär – ja, das waren sie. Es war, als hätte man einen Sack Flöhe zu hüten. Wenn wir Straßenbahn fuhren, forderten die lieben Kleinen geschockte Rentnerinnen auf, ihr Geschlechtsteil zu zeigen, und wenn irgendwo Polizisten auftauchten, sang die Rasselbande prompt und lautstark »Bul-len-weg, Mäuse-speck!«, obwohl ihnen das nun wirklich keiner beigebracht hatte.

»Wir haben eine tolle Kindheit gehabt«, sagt auch Kai, heute ein ruhiger 18jähriger, ohne Zögern. »Das heißt: Wir konnten in Ruhe Fußballspielen, bis wir 12 Jahre alt waren. Aber dann wurde es plötzlich schwierig.«

Kais antiautoritärer Werdegang war nach dem Kinderladen nicht vorbei. Als die Frankfurter Gruppe 1975 zerfiel und die Einschulung in eine »Regelschule« drohte, zog Maria mit Kai nach Hannover, wo sie in der »Glocksee-Schule« das passende Modell einer Freien Schule für ihren Sohn gefunden zu haben glaubte. Wie fast alle Kinder aus dem Kinderladen hat Kai später das unvermeidliche Bildungs-Loch einer antiautoritären Kindheit durchlebt. Daß er es in einem zweijährigen Kraftakt mit Nachhilfe und Büffeln bis in die Nacht schaffte, alles nachzuholen, was man in einer Freien Schule eben *nicht* lernte, das zeigt, daß die Theorien von der Freiwilligkeit des Lernens so falsch dann doch nicht waren. Kinder aus Alternativen und Freien Schulen werden früher oder später von Lernhunger gepackt und stürzen sich »hochmotiviert« auf Mathe und Rechtschreibung, Physik und selbst Latein. Paradoxerweise geraten sie dabei oft in Konflikt mit ihren Alternativinstitutionen, die diese Art von Lernen kaum fördern – sie verlangen plötzlich mehr von der Schule, als diese ihnen geben kann. Das führt früher oder später zum Wechsel in die Normalschule. Auf diese Weise sind alle Kinderladenkinder früher oder später in der Regelschule gelandet und schulisch nur wenig zurückgeblieben; Kai geht in die elfte Klasse Gymnasium, Sarah hat soeben den Fachoberschulabschluß gemacht und versucht eine Lehre als Rechtsanwalts-Gehilfin, und Hilka und Anja werden selbstredend ein gutes Abitur machen.

Bei alledem fällt es schwer, das Bild der wilden Kinder von damals mit jenen adretten Jugendlichen von heute zusammenzubringen. Besonders gegen ihre Mütter, die sich ihre Träume und schönen Verrücktheiten bewahrt haben und mit zunehmendem Alter immer herzlicher zu werden scheinen, wirken sie seltsam farblos. Kai könnte einem dieser amerikanischen Filme entsprungen sein, in dem nette Jet-Piloten in der Disko tanzen. Sarahs Terrain ist die Innenstadt. Dort geht sie samstags demonstrieren, wie es ihre Eltern in den 70ern taten, nur auf ihre Weise; ihre Route führt von Benneton zum Jeans-Palast, von der »Boutique Linda« bis zur Filiale von Hennes und Mauritz. Über Klamottenmarken und Diskogebräuche kann man sich mit ihr stundenlang unterhalten. Über andere Dinge – Werte, Ideale, Utopien – verläuft der Dialog eher stockend.

»Ich lebe hier und jetzt«, sagt Kai, »ich habe nicht die geringste Lust, mir über das nächste Jahr hinaus Gedanken zu machen.« Das nächste Jahr wird er im Rahmen eines Schüleraustausches in Amerika verbringen. Ausgerechnet Amerika! Die amerikanische Kultur, das ist für seine Mutter immer noch ein rotes Tuch, und Kai liebt alles, was diese Kultur repräsentiert: Sport und Rennrad fahren, Parties und Prince. Auf die Frage nach dem Lebenssinn antwortet er geradeheraus: »Spaß haben«, und es klingt nicht wie eine Verlegenheitsantwort, sondern wie ein trotziger Konter gegen die sozialen und gesellschaftlichen Wertsysteme seiner Mutter, die sich lange Jahre in Stadtteilprojekten und Alternativkollektiven geplagt hat und sich heute als Sozialarbeiterin um gescheiterte Jugendliche kümmert. Utopien, und seien es nur persönliche? »Das Leben ist halt so, wie es ist, da versuche ich eben, das Beste draus zu machen«, sagt Sarah. Und Anja: »Wir sind ja oft selber erstaunt über uns, daß wir so wenig engagiert sind.« Schwester Hilka ergänzt: »So sehr wir uns auch anstrengen – uns fällt einfach nichts ein, was wir anders machen könnten als unsere Eltern.«

Sarah, Kai, Hilka und Anja sind exponierte Vertreter einer neuen Jugendlichen-Generation, die Konturen anzunehmen beginnt. Der Frankfurter Jugendforscher Arthur Fischer nennt sie die »Selbst*behauptungs*-Generation« – im Gegensatz zur »Selbst*verwirklichungs*-Generation«, die vom Ende der 70er Jahre bis zur Mitte der 80er noch den Ton der Jugendkulturen angaben. Ging es den Selbstverwirklichungs-Jugendlichen noch um Kreativität, um Künstlertum und Anderssein, geht es den heute 18jährigen eher darum, über die Runden zu kommen. Das schrille Styling vom »Exi« bis zum Popper, vom Punk bis zum Neohippie, das Outsidertum der Subkultur-Ära, in der jeder sich vom anderen abgrenzen mußte, ist nicht mehr ihre Sache.

Die Abneigung, über Ideale, Pläne und Zukunft zu reden, entstammt keinem sprachlichen Unvermögen, sondern einem Unwillen: Das Wort »Diskussion« ist für die Kids aus dem Kinderladen eher ein

Schimpfwort. Sie sind es leid, jede Regung und Lebenshaltung ständig zu interpretieren und zu begründen. Verwunderlich ist das nicht. Die Kehrseite der Freiheiten, über die sie als Kinder verfügten, war ein ständiger Zwang zur Verbalisierung; schon mit sechs sollten sie über ihre »Probleme« reden und »Konflikte ausdiskutieren«. Sprache – das repräsentierte stets die Macht der Erwachsenen, womöglich eine subtilere, ungleich schwerer zu bekämpfende Macht als die klassischer Eltern-Autoritäten. Während für »normale« Eltern irgendwo an der Kinderzimmertür eine imaginäre Grenze verläuft, erlaubt die psychologisierende Sprache der Kinderladen-Eltern einen ungleich weiter reichenden Zugriff auf die Seelen der Heranwachsenden. Logisch, daß sich der pubertäre Widerstand im Verstummen ausdrückte; praktisch alle Kinderladen-Kinder verweigerten mit 14 Jahren die von den Eltern gewünschten Gespräche über Sexualität.

Die Errungenschaften ihrer Elterngeneration – mehr Freizügigkeit, mehr Individualität, eine andere Beziehung zwischen den Geschlechtern – wissen diese Jugendlichen wohl zu schätzen. Keine von den Mädchen wird eine biedere Hausfrau abgeben. Alle schwärmen für Greenpeace, plädieren für den Umweltschutz und für Toleranz, bei Konflikten in der Schule ergreifen sie vehement die Partei der Schwächeren. Nur gelingt es ihnen nicht mehr, daraus ein Weltbild, eine komplette Identität zu zimmern. Wie auch?

Die Emanzipationskämpfe ihrer Eltern waren für die Kinder alles andere als angenehm, auch (oder gerade), wenn sie heute in der normalen Schule erleben, daß die Krise der Familie keineswegs nur im eigenen Milieu stattfand. »Meine Mutter war keine gute Mutter für mich«, sagt Sarah frei heraus. »Sie war immer viel zu jung und wollte andauernd zuviel vom Leben. Sie war irgendwie egoistisch. Sie wollte eigentlich keine Mutter sein. Daß wir deshalb von Anfang an keine richtige Familie waren, das hat mich gestört.«

So steht am Ende der antiautoritären Bewegung eine große Sehnsucht nach Normalität, nach verläßlichen Rollen und tragbaren Lebenskompromissen. Die Eltern, die eine ungeheure Energie darauf verwendet haben, *alles* zu wollen – Politik und Leben, Beruf und Kinder, Selbstverwirklichung und Abenteuer – hadern mit dieser Entwicklung. Sie wirken ratlos gegenüber den modischen Ambitionen ihrer Sprößlinge. Sie ahnen, daß im Konsumismus der Kinder auch eine Kritik an den Unmäßigkeiten der Emanzipations-Ära liegt. Sie sind nicht ohne Bitterkeit und ohne Schuldgefühle.

Bleibt noch von Nicky zu erzählen. Sie war die Zarteste in der Gruppe, sie weinte viel und konnte sich nicht wehren. Heute, mit 17 Jahren, scheint sie noch kleiner und zerbrechlicher. Nicky ist die einzige aus der Rasselbande, die sich nicht dem Normalsein verschrieben hat. Sie ist ein magersüchtiges Punk-Mädchen. Das Schicksal hat es nicht gut mit ihr gemeint.

Die kleine Dachwohnung, die Nicky und ihre Mutter Anna im Frankfurter Stadtteil Bockenheim bewohnen, weist alle Anzeichen lang andauernder Geldknappheit auf. In Nickys Zimmer wohnen in übereinandergetürmten Käfigen zwei Wellensittiche, ein Papagei und 6 Ratten. Nickys Mutter Anna lebt derzeit von der Arbeitslosenhilfe; lange Jahre sind die beiden von Ort zu Ort und von Schule zu Schule gezogen; kaum hatte Nicky irgendwo Freunde gewonnen, ging die Reise schon wieder weiter. Nickys derzeitige Freunde gehören zu der trägen Sorte Punks aus den etwas wohlhabenderen Kreisen; man ist kettenbehängt, aber friedlich, und vom vielen Bier mit 20 schon ein bißchen dick.

Nicky ist die einzige, die klare Zukunftsträume hat. Sie träumt davon, Gesangsunterricht zu nehmen und Klavier spielen zu lernen; schon vor Jahren stand sie mit ihrer eigenen Band »Nicky and the Pirates« auf der Bühne, ohne Zweifel verfügt sie über Talent. Doch das Geld reicht nicht. Dabei wären die Bedingungen ideal, Nickys Vater ist Musiker in einer erfolgreichen deutschen Rockband. Alle Jubeljahre trifft er sich mit seiner Tochter zum Essen in einem vornehmen Restaurant. Dann macht der Musikus Versprechungen, die er nicht einhält. Nicky macht keinen Hehl daraus, daß sie furchtbar enttäuscht ist. Sie sagt: »Ich habe ziemlich früh erlebt, wie beschissen das Leben sein kann. Ich hatte immer zuwenig Liebe.«

Ohne Zweifel: Nicky ist eine Verliererin. Ihre Mutter war von allen Kinderladen-Müttern am meisten auf die Gruppe angewiesen, verließ sich am längsten und intensivsten auf das soziale Netz und die Institutionen der »Szene«, zog mit der Tochter von Wohngemeinschaft zu Wohngemeinschaft – und wurde enttäuscht. In den 70er Jahren war es für die Männer in Szene-Kreisen noch leichter, sich von den Kindern abzuseilen, wenn die Beziehungen zu den Müttern in die Brüche gingen – die Frauenbewegung stand erst am Anfang. Auch das gab es in der Kinderladenkultur: soziale Abstürze, Kinder, die den Anschluß an die Schule nicht mehr schafften, Eltern, die es nicht vermochten, sich selbst und ihren Kindern einen Weg in die gesellschaftliche Wirklichkeit zu bahnen. Aber so etwas kommt bekanntlich auch in den besten Familien vor.

Eine Bilanz fällt deshalb schwer. Als wir uns Fotos von damals ansehen, auf denen fünf fröhliche Nackedeis unter der Dusche planschen, sagt U., die Mutter von Hilka und Anja: »Da weiß man doch wieder, daß es das beste war, was wir damals für die Kinder tun konnten. Vor allem, wenn man an die Alternativen denkt: Damals gab es doch nur den konfessionellen Kindergarten, wo die Tanten den Kindern Fleiß und Zucht beibrachten, indem sie sie Perlen auffädeln ließen.« Maria dagegen ist jetzt, wo ihr Sohn sie Richtung Amerika verläßt, nachdenklich und melancholisch geworden. Sie muß ständig über einen Satz von Kai nachdenken: »Wir konnten euch als Eltern noch nicht einmal richtig hassen.«

Schöne Kindheit – das war früher mit lustigen Urlaubsbildern verbunden; liebevolle Eltern und Großeltern geleiteten einen durch die ersten Fährnisse des Lebens. Vielleicht war die antiautoritäre Erziehung der 70er Jahre nichts anderes als die zeitgemäße Variante einer schönen Kindheit, erkauft und ermöglicht durch Aufopferung und den grenzenlosen Idealismus der Eltern. Die Kids aus dem Kinderladen wurden einfach ein paar Jahre später mit dem Streß der Leistungsgesellschaft konfrontiert, bis dahin konnten sie toben und Unsinn machen, wie wir das wohl alle gerne gemacht hätten. Es entsteht dabei aber kein »neuer Mensch«. Irgendwann ist jede Kindheit vorbei, und das, was nach dem Fußballspielen, Wändebekleckern und den grüngefärbten Spaghetti kommt, taugt für die Kriterien des Antiautoritären nicht mehr.

Geht man von der U-Bahn-Station Richtung Ernst-Reuter-Schule (die Frankfurter Gesamtschule, in die die meisten Kinderladenkinder später eingeschult wurden), kommt man an einer Wand vorbei, auf der in krakeliger Graffitischrift vermerkt ist: »Hättet ihr uns weniger erklärt – wir hätten mehr verstanden.«

Teil 4
Die veränderte Republik

»Auch ich gestehe hier offen und in aller Ährlichkeit, daß ich ab und zu meine Streicheleinheiten brauche.«

(Helmut Kohl auf dem CDU-Parteitag 1988)

Vom Verschwinden der Herrschaft

Wer hat in »diesem unserem Lande« eigentlich die Macht?

Die Polizei? Das BKA? Das Fernsehen? Die Parteien, das Kapital (total), das Geld (abstrakt), die Amerikaner (in Wahrheit), die Politiker?

Gegen jede dieser Herrschaftsvermutungen ließe sich sogleich glaubhaft die Gegenthese aufstellen: die Polizei ist unter dem Strich nur eine Marionette, die Amerikaner mögen in gewisser Hinsicht das Sagen haben, aber ihre Macht reicht nicht sehr weit, das BKA ähnelt eher einer Sekte, und das Kapital ist zerstritten. Am allerwenigsten traut man das »Herrschen« erstaunlicherweise denjenigen zu, deren gutbezahlter Job es eigentlich wäre: den Politikern.

Die Kultur des Politfreaks hat gegen diese Unklarheiten bereits frühzeitig den Begriff »System« gesetzt. Ein äußerst flexibles Wort. Es besagt alles, also in Wahrheit nichts. Man könnte auch »Umwelt« dafür einsetzen, oder »Außen«, oder »Das-was-mich-irgendwie-nervt«.

Wer darüber mit »klassischen« 68ern ins Gespräch kommt, wird immer wieder mit der Behauptung konfrontiert, seit den 60er Jahren sei alles – mit ein paar kosmetischen Korrekturen – so geblieben, wie es war, oder es sei sogar noch schlimmer geworden. Die Reaktion marschiere ungehindert, die Spaltung der Gesellschaft sei beschlossen und vollzogen, den Armen ginge es täglich schlechter, ganz zu schweigen von der Umwelt.

Ich vermute, daß es sich bei solchen Einschätzungen um eine Art Trauerarbeit handelt. Zudem scheint mir der Blick, der solche Urteile hervorbringt, von recht antiquierten und obendrein oberflächlichen Maßstäben geprägt.

Beginnen wir mit einem der Ur-Themen von '68 und danach: der Autorität. Meine Großmutter senkte noch die Stimme, wenn eine Person höheren Standes zugegen war. Bei Ärzten, Politikern, Berühmtheiten (die bekam sie aber zeit ihres Lebens nicht zu Gesicht), bei Rechtsanwälten und allen »vons« fing es an zu flüstern. Bei ihr gab es noch den *selbstverständlichen Respekt* – nach oben. Eine Kultureigenschaft, die aus dem alten Stände- und Obrigkeitsstaat, aus dem 19. Jahrhundert stammte, und die die Deutschen wie keine andere Nation auf fatale Weise kultiviert hatten: Politiker, Ärzte, Militärs waren

Personen, die man hochschätzte, nicht weil sie bestimmte Fähigkeiten hatten oder Tätigkeiten ausübten, sondern *weil sie waren, was sie waren*.

Und heute? Wo man hinhört: Der Tonfall hat sich geändert. Es scheint sogar, als ob die obrigkeitshörigen Deutschen nun mit dem genauen Gegenteil Rekorde brechen wollen: mit der Abneigung gegen alles, was »oben« ist. Wer an den Stammtischen der Republik Platz nimmt, hört heute Töne einer renitenten, allumfassenden Querulanz, die sich längst nicht mehr nur auf Minoritäten und Fremde bezieht: Ärzte sind prinzipiell Beutelschneider und Kurpfuscher, daß Staatsdiener korrupt sind, regt niemanden mehr so recht auf: haben wir das nicht immer schon gesagt? Die Polizei? Verbrecher sind das doch! Verpassen dir einen Strafzettel, nur weil du mal im Parkverbot parkst! Politiker? Hör mir doch auf! Das sind doch Ignoranten! Und korrupt dazu! Die verjuxen ihre Diäten und sonst nichts!

Das heißt nicht, daß der Stammtisch heute emanzipatorische Funktionen hätte – das Genörgel gegen die Herrschenden ist nicht weniger dumpf als die Hetzrede gegen die Ausländer. Es hat wenig mit politischen Grundüberzeugungen zu tun und verläuft quer zu den politischen Fronten. Der Biedermann, der dafür eintritt, daß »mal wieder Ordnung herrscht in Deutschland«, mault meist am penetrantesten gegen jedwede Respektsperson. Egal, wie reaktionär und staatstreu die Zeitung ist, die man aufschlägt, wie konservativ das Programm, das gerade gegeben wird: Als erstes wird einmal kräftig gegen »die da in Bonn« ausgeteilt (danach sind die Beamten dran, dann die Verbände und Vereine, die Richter, und so weiter). Der Untertanenstaat hat sich in eine ständige Besserwisserei verflüchtigt. Geblieben ist eine ruppige Respektlosigkeit (die sich leider auch in den Verkehrsformen *untereinander* niederschlägt).

Richten wir unser Augenmerk noch einmal einen Moment auf denjenigen, der diese Republik qua Amt und Eid eigentlich regieren sollte: daß Helmut Kohl alles andere tut, nur das nicht, ist heute Volks-Konsens. Der Kanzler ist schon in Sprache, Duktus und Statur ein typischer Nicht-Herrscher. Unzählige Witze und Anekdoten ranken sich um diesen Prototypen der Un-Autorität. Die einzigen, die es noch nicht aufgegeben haben, ihn als real existierenden Kanzler zu betrachten, sind die Seilschaften vom Spiegel, die jede Woche wieder versuchen, das Geschäft der Herrschaft, des Handelns, der politischen Einscheidung bei Kohl einzuklagen.

Ich vermute, daß dies ein zweckloses Unterfangen ist. Helmut Kohl ist keineswegs die falsche Person für sein Amt. Im Gegenteil: Die Zähigkeit, mit der er nun schon bald ein Jahrzehnt »regiert«, *basiert* auf seiner Kunst des Nicht-Regierens. Vermutlich wäre jeder andere schon längst von Skandalen und Intrigen aufgefressen worden. In einer Welt des lückenlos verdichteten Mediendiskurses ist es fast unmöglich, sich länger als eine Legislaturperiode in solchen Ämtern zu halten. Willy Brandt, Helmut Schmidt oder Ludwig Erhard müßten heute schon im ersten Jahr scheitern, niederkartätscht von der öffentlichen Meinung, zerrieben zwischen gutorganisierten Interessenverbänden, zermürbt von den eigenen Parteifreunden, die allesamt mitreden, mitbestimmen, mitkritisieren wollen. Entweder man erleidet sogleich einen Herzinfarkt, oder man wird von einem Verrückten erschossen oder von Spionen, Intrigen und Spiegel-Enthüllungen zu Fall gebracht.

Die Folgen liegen auf der Hand: Politiker modernen Schlages sind Statisten, Medienclowns wie die amerikanischen Präsidenten, die ihr politisches Profil bis zur Unkenntlichkeit auf die schweigende Mehrheit zuschneiden müssen. Geraten sie wider Erwarten ins Amt, müssen sie jedes Handeln vermeiden – schließlich erwartet man von ihnen, daß sie *beruhigen*. Ihr Job besteht also darin, möglichst viele wohlklingende Worte von sich zu geben bei möglichst geringer politischer Aktivität (die ja den Anschein erwecken könnte, die Regierung hätte die Dinge nicht im Griff). Welcher Politiker kann das aushalten und sich dabei noch hinstellen und im Brustton der Überzeugung von »Grundwerten« reden, an die sowieso keiner mehr glaubt?

Kohl kann es, und er kann es gerade deshalb, weil er über jene Eigenschaften verfügt, die den idealistischen Demokraten gruseln lassen: Dickfelligkeit, Verdrängungsvermögen, Trägheit, Biederkeit. Mit anderen Worten: Er ist der Idealkanzler der Neuzeit, gewissermaßen ökologisch optimal angepaßt an die Strukturen einer modernen Verwaltungsdemokratie.

Und so, wie es unserem Bundeskanzler geht, geht es anderen in Bereichen, wo Autorität eigentlich substantiell wäre. Selten, daß Jugendliche auf die Frage nach ihren Vorbildern heute noch »Vati« oder »Mutti« in das Tonbandmikrophon des Meinungsforschers diktieren, ganz selten, daß sie sich an ihren Lehrern oder Professoren orientieren. Vorbilder? Madonna oder Michael Jackson vielleicht, weil die Erfolg haben, oder Greenpeace, weil die »echt noch was machen«.

Das, was an der Revolte »antiautoritär« einherkam, hat subkutan an vielen Fronten klammheimlich gesiegt. Die Autorität ist einem unaufhörlichen Erosionsprozeß ausgesetzt.

Seltsam: Jahrelang haben wir davon geredet, daß die Herrschenden Marionetten sind. Und heute, wo wir das selbst nicht mehr glauben, scheinen sie tatsächlich an unendlich vielen dünnen Fäden zu hängen und zu zappeln.

Die Lobbyisierung der Gesellschaft

Der »Oeckl« ist, zumindest auf den ersten Blick, so spannend zu lesen wie das Telefonbuch. Es ist ein kleines, handliches Buch mit langen Registern, das nicht jedermann zugänglich ist. Es kostet fast 100 Mark, ist nur durch Direktbestellung zu beziehen und dient unter anderem Journalisten als Nachschlagewerk. Es trägt, nicht ganz zu Unrecht, den hochtrabenden Untertitel »Handbuch des öffentlichen Lebens«. Auf 1200 Seiten und in augenunfreundlicher Fünfpunktschrift sind darin Adressen und Telefonnummern aller Institutionen, Ministerien, Parteien, Verbände, Vereine, Genossen- und Körperschaften verzeichnet. 8000 Institutionen und 11 000 Namen von Privatpersonen, die für Institutionen stehen: Vorsitzende und Beisitzende, Staatssekretäre und Verbandspräsidenten.

Da findet man etwa ein ganzes Kapitel mit den mächtigen Vertriebenenverbänden: 8 Seiten mit 76 Adressen, von der Landsmannschaft Pommern bis zum »Konvent der zerstreuten evangelischen Ostkirchen«. Da steht unscheinbar die Adresse des Deutschen Skatverbandes, mit Sicherheit eine der mächtigsten Pressure-groups des Landes. Aber auch der »Deutsche Zithermusik-Bund« hat seinen Platz, der »Verband der Zoodirektoren« und der »Lastwagenfahrerverbund«, die »Vereinigung deutscher Harfenisten« und die »Gesellschaft für Hubschrauberrettung«, die »Aktion humane Schule« und die »Aktion humanes Sterben«, die »Deutsche Kakteen-Gesellschaft« wie der »Verband freischaffender Foto-Designer«. Wir finden handfeste industrielle Interessenvereine wie den für »Hydraulik und Hydroakustik« ebenso wie obskure Weltanschauungs-Vereinigungen, etwa den »Deutschen Volksbund für Geistesfreiheit e. V.« oder den »Deutschen Ritterorden vom Heiligen Lande« (Vorsitzender bis zu seinem Tode: Kardinal Höffner). Mancher Verein bleibt uns rätselhaft, etwa die »Aktion Saubere Landschaft« oder eine »Kommission Konformitätszeichen«, bci anderen Vereinigungen kommen uns gewisse Assoziationen, wie etwa beim »Arbeitskreis Spendenwesen der Deutschen gewerblichen Wirtschaft«. Manches kommt uns wie ein Scherz vor, ist aber wahrscheinlich ernst gemeint: die »Deutsche Karneval-Vereinigung zur Pflege fastnachtlicher Bräuche« oder der »Bundesverband der Rübenbauerverbände«, der »Fachverband Pressen, Ziehen und

Stanzen« oder der »Verband der Puddingpulverindustrie«. Und was alles geschützt gehört! Da gibt es die »Gemeinschaft zum Schutz der Deutschen Sparer« und die »Schutzvereinigung für Wertpapierbesitz im Ausland«, den »Schutzbund für Ungeborene« und für Fußgänger. Kein noch so kleines Segment der Gesellschaft, das sich nicht in einem Verband mit Bundeszentrale, Satzung und Kassenwart organisiert: ob die Rasenkraftsport- und Tauziehfreunde oder die Heidefreunde, die deutschen Lehrer im Ausland oder die Bruyèrepfeifenhersteller.

Nun könnte man das Buch mit den 1200 Dünndruckseiten als Schatzkästlein für Kuriosa abtun oder auf den erneuten Beweis für die alte Weisheit reduzieren, daß die Deutschen, kaum zu dritt zusammen, einen Verein gründen. Doch es geht längst um mehr als um den simplen Verein mit Wimpel und Kassierer. Wer im »Oeckl« gelesen hat, bekommt eine dumpfe Ahnung von der inneren Beschaffenheit unserer Gesellschaft. Im steten Anwachsen dieser Dünndruckseiten in den letzten zwei Jahrzehnten spiegelt sich ein Prozeß, der die Veränderung unserer Gesellschaft mehr als alles andere beschreibt: die *Lobbyisierung*.

Die Lobbyisierung spiegelt die Aufspaltung der Gesellschaft: in immer kleinere Kulturen und Subkulturen, in immer mehr diversifizierte Interessen. Diese Hundertschaften von Pressure-groups machen keine bescheidenen Anfragen mehr, sie bitten nicht um Aufmerksamkeit und bescheiden sich nicht mehr mit dem Zelebrieren alter Bräuche. Sie warten nicht mehr ab, wann ihre Stunde kommt. Sie sind gewissermaßen die dezentralen Kleinkraftwerke der Macht – und sie funktionieren gänzlich anders als noch vor 20 Jahren.

Nehmen wir an, der Golf-Verein Niederammergau will einen Golfplatz errichten. Der ortsansässige Golfclub dürfte längst im bayrischen Dachverband organisiert sein, der im bundesdeutschen, und dieser wiederum ist im europäischen organisiert. Man leistet sich eine professionelle Pressestelle, die Reiseveranstalter und Bürger mit Prospekten überhäuft (die wie persönliche Briefe aussehen), eine geschickte Image-Kampagne für den Golfsport von Garmisch bis Helgoland nach allen Regeln der Kunst initiiert, und einen Computer, in dem die Adressen von 58789 aktiven Golfspielern der Republik gespeichert sind. Man leistet sich auch einen Landesminister, der begeisterter Spieler ist, fünf Bundestagsabgeordnete und diverse Staatssekretäre, die man auf der Stelle zu Ehrenmitgliedern des Golfclubs macht (sie dürfen lebenslang umsonst spielen, wenn der Platz einmal fertig ist).

Diese nationale Streitmacht kann man nun bei jedem Konflikt auf lokaler Ebene in Bewegung setzen. Auf der anderen Seite gibt es inzwischen in Niederammergau auch die Ortsgruppe einer großen Umweltschutzvereinigung, die mit Zähnen und Klauen gegen neue Golfplätze und für Wildbiotope agitiert. Auch dieser Verein ist blendend organisiert; er hat im Computer zwar nicht ganz so viele Mitglieder, dafür aber noch bessere Drähte zur Presse, die dem »Golf-Unwesen im Alpenvorland« meistens kritisch gegenübersteht.

Was passiert nun, wenn Golfclublobby und Naturschutzlobby aufeinandertreffen? Beide Lobbys werden zuerst verbündete Lobbys organisieren, die Golfclublobby vielleicht den Verein Bundesdeutscher Gastwirte und die Vereinigung zur Förderung des Sportes, die Naturschutzvereinigung dagegen den Verband zum Schutze des Mehltaufalters und die Gruppe »Stoppt die Erosion in den Alpen«. Man wird Menschen und Material mobilisieren und vor allem die öffentliche Meinung. Es wird ein jahrelanges hartes Ringen geben. Ungeheure Mengen an bedrucktem Papier werden von beiden Seiten ausgestoßen, Computerdisketten rotieren; vielleicht kommt gar eine Sitzblockade heraus, eine wichtige bundesweite Zeitung schickt ihren Reporter (der sich als Grünen-Sympathisant erweist), die Profis von der Umweltgruppe werden versuchen, den Umweltskandal ins Fernsehen zu lancieren, die Gegenseite wird versuchen, das zu verhindern – und so fort.

Aber was hat das alles mit der Revolte und der Kultur des Politfreaks zu tun?

In den 50er und 60er Jahren (oder auch davor) wäre der Kampf um den Golfplatz noch ganz anders ausgetragen worden. Der Bürgermeister hätte mit der Bezirksregierung gemauschelt, der Bezirksvorsteher hätte mit den zuständigen Behörden in der Landeshauptstadt gemauschelt – fertig aus. Die Obrigkeit hätte das Problem geregelt, und man hätte der Obrigkeit getraut.

»Lobbyisierung«, das bezeichnet den Prozeß, in dem immer mehr und immer gegensätzlichere Interessen auf den Plan treten *und sich selbst zu organisieren suchen*. Der Lurchbiotopler und der Golffanatiker haben sich von der Obrigkeit »emanzipiert«. Sie nehmen ihre Interessen in die eigene Hand. Sie weigern sich, »kleine Leute« zu sein. Sie wollen mitreden. Sie organisieren ihre Bedürfnisse. Allerdings in einem etwas anderen Sinne, als die alte Utopie von der Basisdemokratie gemeint war (in ihr kommen einander widersprechende

Interessenkonflikte einfach nicht vor; das Problem wird dadurch gelöst, daß alle nur »gute« und »richtige« Interessen zu haben haben).

Die Lobbyisierung ist das ungewollte und ungeliebte Kind der Emanzipation. Sie ist eine Art Nebenwirkung des Emanzipationsgedankens – aber eine nachhaltige.

Die sozialen Bewegungen wie Frauen-, Friedens-, Schwulen- und Alternativbewegung haben einiges dazu beigetragen, daß das Bewußtsein, daß man seine ureigensten Interessen *durchsetzen kann*, auf breiter Front zugenommen hat. Die Frauen etwa haben Erfolge vorzuweisen, die nicht mehr rückgängig zu machen sind. Die Anti-AKW-Bewegung hat zwar nicht die Atomkraftwerke verhindert, sie hat aber einen großen gesellschaftlichen Diskurs in Gang gesetzt (und ohne sie wäre unsere Republik längst mit Atomkraftwerken vollgepflastert). Die Friedensbewegung hat es geschafft, zumindest das moralische Klima im Lande nachhaltig zu beeinflussen.

Nach modernen Management-Maßstäben – hier geht es vor allem um »Image« und »Sympathiewerte« – waren die sozialen Bewegungen also überaus erfolgreich. Die »Durchsetzung eines Themas« in der Öffentlichkeit ist, wie jeder Werbemensch weiß, die halbe Miete für den Erfolg eines Produktes, und »Klima schaffen« die Essenz jeder erfolgreichen Kampagne. Der Marketing-Spezialist unserer Tage muß erbleichen angesichts des minimalen Inputs, mit dem die Kampagnen »postmaterielle Werte«, »Natur« und »Emanzipation« in den letzten 20 Jahren den »Markt« der Meinungen erobert haben. Und er wird versuchen, das Erfolgsrezept zu ergründen.

Je besser und professioneller die Lobbys der Republik organisiert sind, desto weniger Spielraum bleibt für die Politik. Die Lobbyisierung erzeugt tatsächlich eine Art »Vergesellschaftung der Konflikte« – sie werden jetzt eine »Ebene tiefer«, gleichsam »von Interesse zu Interesse« ausgetragen. Die Folge ist eine Unregierbarkeit, die freilich ganz anders aussieht, als der Politfreak-Anarchist sich das vorgestellt hatte.

Der hat immer vom »Absterben des Staates« geträumt. Genau das passiert. Die widerstreitenden Interessen und Nebeninteressen, allesamt auf hohem Organisationsniveau, blockieren sich gegenseitig. Es wird ungeheuer schwer, etwas zu bewegen, im Guten *wie* im Schlechten. Egal, ob es sich um die Jäger oder die Maler, den Mittelstand oder die Autonomen, die Freunde des Automobils, die Radfahrer oder die Flugzeugkapitäne handelt – ihre Lobbys werden sich stets einer erbitterten und wohlformierten Phalanx von Gegen-Interessenten gegenübersehen, die ebenfalls ihren Teil am gesellschaftlichen Kuchen, an Privilegien und Ressourcen einfordert. Nicht immer sind bei diesem immerwährenden Händel die Bündnisse und Frontverläufe klar definiert. Sicher ist nur, daß der »Arbeitsring Lärmbekämpfung« erbittert die »Vereinigung des Jagdflieger e. V.« bekämpfen muß, die »Kerntechnische Gesellschaft« kann unmöglich am selben Strang ziehen wie der »Verband Deutscher Kerzenhersteller«. Aber wie steht der »Bundesverband der Sargindustrie« zur »Gesellschaft für Humanes Sterben«? Muß sich nicht die »Fachgemeinschaft Geldschränke und Tresoranlagen« mit der Unterwelt verbünden, um einen Wachstumsschub für die eigene Branche zu gewährleisten? Der »Bundesverband der Kälbermäster« wird sich wohl noch eine Weile mit dem »Bio-Bauern-Verband« in der Wolle haben, und der »Jagdgebrauchshundverband e. V.« in 2081 Prisdorf dürfte mit der »Vereinigung Deutscher Katzenfreunde« bis zum Ende aller Tage in tiefstem Clinch liegen. Aber wie wird sich die »Deutsche Kakteen-Gesellschaft« in Sachen Ozonloch verhalten (Kakteen brauchen ultraviolette Strahlung)?

Eine gräßliche Vision, die Lobby-Gesellschaft. Eine Art Arteriosklerose, eine Gesellschafts-Agonie, in der nichts mehr so recht vorangeht und niemand sich durchsetzen kann; ein Gestrüpp, in dem keine Wende, keine Umkehr, kein Aufbruch mehr denkbar ist. Wie soll man in dieser Gemengelage die ökologische Veränderung schaffen, reale Abrüstung, mehr Hilfe für die Schwachen durchsetzen?

Aber in der Lobbyisierung liegt auch eine verquere historische Weisheit. Alle Versuche einer einheitlichen gesellschaftlichen Ausrichtung, die Machtergreifung einzelner Schichten oder Klassen, das Diktat von Partialinteressen, werden – an den Lobbys zerrieben – scheitern. In einem gewissen Sinne hat die Lobbyisierung sogar mit der Substanz eines demokratischen Gemeinwesens zu tun: Wer eingesehen hat, daß er den Gegner, den Gegen-Interessenten, nicht mehr *abschaffen* kann, organisiert sich eben, so gut es geht. Er kapituliert vor der Aufgabe der »Machtergreifung« – und akzeptiert damit die Gesellschaft als Feld des permanenten Widerstreits von Interessen. So schließt er Frieden mit einer Gesellschaft, die beschlossen hat, ohne Bürgerkrieg auszukommen.

Vielleicht ist die Lobbyisierung nichts anderes als der Endzustand einer entwickelten Industriegesellschaft, die ihre Kinderkrankheiten, ihre revolutionären, nationalistischen und sonstwie »ganzheitlichen« Irrwege hinter sich hat. Vielleicht ist der »Sinn« jeder gesellschaftlichen Entwicklung nur jener Zustand, in der jedes Individuum seine Interessen wohlorganisiert artikulieren und professionell verteidigen kann. Daß uns Interessenverbände regieren statt Herrschende, Lobbys statt Ideale unsere Gesellschaft prägen, ist in diesem Sinne nur die Konsequenz der Aufklärung. Vieles an diesem Prozeß erinnert an alte Utopien: die Macht »spaltet sich auf«, die Interessen diversifizieren sich – laßt tausend Blumen blühen.

Im Gestrüpp der Lobbyisierung stirbt nicht nur die Politik, sondern auch die Vision von der »ganz anderen Gesellschaft«. Der Rechts-links-Widerspruch wird unscharf, die Formen des Protestes werden Allgemeingut. Es ist nur eine Frage der Zeit, bis die deutschen Hundebesitzer mit einer Sitzblockade, der Deutsche Hausfrauenverband mit einem Go-in seine Interessen artikuliert. Wer soll entscheiden, welche Interessen »gut« und welche »schlecht« sind?

Noch einmal: Wer ist der Herrscher im ganzen Land? Der ADAC, den nicht nur Zyniker die »zweite Bundesregierung« nennen? Regiert werden wir auch vom »Bundesverband Seniorentanz« und der »Gesellschaft für fleischfressende Pflanzen«, zutiefst geprägt ist unsere Kultur vom »Pinscher- und Schnauzer-Club 1985 e. V.«, vom »Verband der Postbenutzer« und dem »Bundesverband der verbeamteten Tierärzte«, von der »Schutzgemeinschaft Deutscher Wald«, der »Rasen-Rhododendron-Rosenfreunde-Gesellschaft«, von der »Barkeeper-Union« und dem »Art-Direktors-Club«, vom »Industrieverband Kunststoffe« und der »Berliner Herzliga«, von der »Bundesopiumstelle« und der »Bunsen-Gesellschaft«, von der »Gilde Katholischer Ingenieure« und dem »Deutschen Dampfkesselausschuß in Essen«.

These, Antithese, Synthese

Als Joe noch jung war, hatte er oft das Gefühl, daß *im Grunde alle recht hatten*.

Sein Vater hatte recht, wenn er sauer auf ihn war, weil er von früh bis abends in seinem Zimmer lag, Stones hörte und kiffte. Der Staat hatte recht, wenn er sich nicht alles gefallen ließ. Monika hatte recht, wenn sie ihn nicht mochte, weil er so verklemmt war, die Schule hatte recht, wenn sie Leistung von ihm forderte, und er selbst hatte recht, wenn er sie verweigerte und lieber auf der Wiese am Fluß Gitarre spielte. Der Freund, der ihn davon zu überzeugen versuchte, daß der Buddhismus Antwort auf alle Fragen habe, hatte vollkommen recht, ebenso wie der Straßenkämpfer, der überzeugt war, daß der Staat an allem Unglück der Welt schuld war.

Joes Problem war, daß er sich in fast alles hineinversetzen konnte.

Er wertete das zunächst als eine Art Krankheit, als einen Zustand der Schwäche, einen Mangel an Charakter. Er hielt sich für einen Opportunisten. Er bewunderte Leute, die genau wußten, was zu tun und zu denken war.

Dann folgte eine Phase, in der alles klar und deutlich schien: Wahrheit und Gerechtigkeit, Ziel und Utopie, Feinde und Feindbilder.

Heute wiederum wird Joe immer wieder vom heftigen Bedürfnis befallen, prinzipiell zu widersprechen. Wenn einer mit dem Buddhismus kommt, kontert er gerne mit den gesellschaftlichen Verhältnissen (und umgekehrt), wenn einer den großen Pessimismus predigt, möchte er mit Optimismus dagegenhalten (und vice versa), behauptet einer jener 80er-Jahre-Kids, daß die Revolte längst kalter Kaffee sei, behauptet er sofort: sie hat niemals aufgehört.

Manche interpretieren das als eine Art Negativ-Opportunismus. Aber manchmal, in stillen Stunden, ahnt Joe, daß alle diese Reden und Widerreden immer nur die verschiedenen Seiten der Medaille darstellen.

Als Mitte der 80er die Kultur des Politfreaks endgültig zum Anachronismus wurde, hatte dies viel mit der unaufhörlichen Ausdehnung des »Schwarzen Loches« zu tun.

Das »Schwarze Loch« bestand einfach darin, daß es in einem

bestimmten historischen Moment *nichts wirklich Neues mehr geben konnte*. Die Welt war »ausgereizt«. Alle Utopien und Skurrilitäten, alle Stile und Richtungen schienen Ende der 70er formuliert und ausprobiert. Alle Grenzen waren überschritten, alle Radikalismen versucht. Militanter als die RAF, ausgeflippter als die LSD-Freaks und kollektiver als die AAO-Leute konnte man nicht werden. Friedlicher als diejenigen, die sich vor die Kasernentore legten, kaputter als die Punks, wollsockiger als die Wollsocken – unmöglich. Das Feuerwerk war abgebrannt: schneller, höher, weiter, wilder, tiefer, verrückter, konsequenter.

Am deutlichsten spürten wir das in unserer Kulturdomäne, der Musik. Es gab Rock und Hardrock, Folk und Pink Floyd, es gab erzählende, trancehafte, schnelle, laute, leise, romantische, schwülstige, bombastische, ethnische Musik, es gab den Punk als finales Gehacke, Avantgarde- wie Diskomusik und weißes Rauschen auf der Platte – was sollte noch kommen? Selbst die schlauesten Pop-Theoretiker gaben ihre hektische Suche nach dem originären Stoff auf und fanden sich damit ab, daß sich von nun an *alles Neue lediglich aus Altem zusammensetzt*.

Um die Bedeutung »Schwarzes Loch« zu verstehen, müssen wir uns noch einmal mit den Zyklen der Revolte beschäftigen.

Zunächst war sie ein großer Aufmarsch von *Antithesen*. In den Pioniertagen waren diese Antithesen von einer geradezu hölzernen Einfalt: Wenn im Wirtschaftswunder-Deutschland das kollektive Bewußtsein davon ausging, daß *alles gut* war, behauptete die Revolte ebenso pauschal, daß diese Gesellschaft eine unbewohnbare Wüste sei, in der nur Kretins herumirrten. Stellten Leistung, Arbeit, Besitz in den 60er Jahren das Nonplusultra des Lebens dar, repräsentierten diese Begriffe für uns nichts als reaktionären Schwachsinn. Weil unsere Eltern ein darwinistisches Menschenbild vertraten, in dem alle menschlichen Eigenschaften »anlagebedingt« waren, hielten wir unsere Sozialisationstheorien dagegen, in denen alles, aber auch alles »von der Gesellschaft gemacht« wurde.

Ende der 70er Jahre nun begannen sich die These-Antithese-Paare zu überschlagen. Da die vielen Strömungen der Politfreak-Kultur nicht mehr zusammenhalten konnten, weil die Distanz zwischen den schwarzbehelmten Fighter und dem Latzhosenmüsli zu groß geworden war, entwickelte sich auch *innerhalb* des Politfreak-Kulturkreises das Antithesenspiel. Der Punk etwa war nicht nur gegen die »etablierte Welt«, er war auch eine »Antithese« der jüngeren Rebellen gegen die Woodstock-Kultur der Älteren, die aus einst rebellischer Popmusik orchestrale Massenriten gemacht hatten. Nach dem Punk kamen die Popper, auf die Radikalisierung des Dagegenseins zur »Schwein-oder-Mensch«-Logik folgte die Regressionskultur der Friedensbewegung, auf die Verherrlichung des Authentischen die Wiederentdeckung des Künstlichen, gegen den »Inhalt«, den in den 70ern jeder im Munde führte, wurde plötzlich wieder »Stil« entdeckt – und so fort.

Bald hatte sich dieser Prozeß derart beschleunigt, daß beim besten Willen nicht mehr zu erkennen war, was eigentlich »These« und was »Antithese« war. Kein Zufall, daß von diesem Moment an der Begriff »Zeitgeist« inflationär wurde; der häufige Gebrauch dieses Wortes entstand ja gerade aus dem *Verlust der Eindeutigkeiten*: Nach dem Zeitgeist fragt man immer nur dann, wenn es keinen mehr gibt. Auch die Chimäre der Intellektuellen, die »Postmoderne«, speiste sich aus dem Verlust einer klaren Thesen-Antithesen-Konstruktion, in der man genau wußte, auf welcher Seite man zu stehen hatte. Die Vermischung und Vermixung, die Kopie und das Zitat wurden zum vorherrschenden Stilmittel. Häuser, Kleider und Gefühle wurden nun in Patchwork-Manier aus »altem« Material zusammengesetzt, es entstanden die unzähligen Lebensstil-Hybriden, die uns bis heute verwirren. Die Jugendkulturen wurden rebellisch *und* angepaßt zugleich, die Bürger emanzipatorisch *und* reaktionär, der Staat war weich *und* hart zugleich (aber so genau konnte man das eigentlich nicht sagen), die Männer waren immer noch oder schon wieder Chauvis, und am unteren Rand der Alterspyramide wuchsen junge Frauen nach, die mit dem Feminismus nichts mehr am Hut hatten, sich aber trotzdem von den Männern nichts sagen ließen. Auch die kulturellen Artefakte, mit denen man sich identifizierte, wurden zunehmend *Mixturen*, die scheinbar gegenläufige Aspekte zu vereinen schienen (so war etwa Madonna eine Kreuzung aus Keuschheit und Geilheit, New Wave eine Melange aus Angepaßtheit und Renitenz). Gegen Ende der 80er schien die endgültige Beliebigkeit ausgebrochen: Daß der neue Mann sich endgültig durchgesetzt oder längst verschwunden war, daß Erziehung alles oder nichts entscheidet, der Unterschied zwischen Männern und Frauen verschwunden oder neu aufgebrochen ist – für jede dieser Theorien gibt es heute plausible Argumentationen, schlüssige Bücher, ja ganze Denkschulen. (Das Resultat ist, daß wir heute *tatsächlich nicht mehr* wissen, welchen Einfluß Erziehung auf Kinder hat. Je genauer man darüber nachdenkt und Erfahrungen macht, desto mehr kommt man zu dem Schluß, daß selbst die klügsten Erziehungstheorien der pädagogischen Ära nichts taugen – die Kinder werden offenbar so oder so, egal, was man mit ihnen anstellt.)

Für diejenigen, die in der klaren Weltbildern der 70er aufgewachsen waren, ist diese Entwicklung eine grauenvolle Verunsicherung. Unbeirrt bastelten sie weiter an Verschwörungstheorien: Die »Wende« hätte die Jugendlichen »umgedreht«, der »Zeitgeist« sie verdorben, der Konsum sie bestochen. Man hoffte immer noch, daß es nicht lange dauern würde, bis die Revolte wieder Tritt faßte.

Als 1981 in Berlin noch einmal der militante Häuserkampf ausbrach, war man fast schon bereit, wieder zur alten Tagesordnung überzugehen (in Wirklichkeit war dieser späte Berliner Aufstand schon das Zeichen des Abgesangs – er besiegelte die *Isolation* der Politfreak-Kultur, ihren endgültigen Rückzug ins Getto, in den Kiez).

Doch in Wirklichkeit war die innere Logik der Revolte längst gesprengt. Und plötzlich lag die verräterische Frage im Raum, wie eine vernünftige *Synthese* aussehen sollte.

Um dem nachzugehen, hilft es vielleicht, Joes Verhältnis zu seinen Ärzten zu betrachten.

Auch Leute wie Joe werden krank, und in den 70er Jahren stellte alles, also auch das Krankwerden, noch einen politischen Sachverhalt dar. Ärzte, soviel war sicher, gehörten zu den Feinden, wie Bullen, Angestellte und Versicherungsvertreter. Sie verdienten am Elend der Leute und fügten ihnen obendrein noch Schmerzen zu. Zudem bestimmten sämtliche Psycho-Theorien, deren man damals habhaft werden konnte, den Diskurs: Wenn man krank war, geschah dies zuallererst aus psychischen Gründen.

Joe ging Anfang der 80er konsequenterweise zu einem alternativen Mediziner, einem, der als Medizinmann galt. Dieser Arzt hatte schlohweiße Haare und eine warme Stimme, er war Anthroposoph. Joe hatte undefinierbare Schmerzen im Bauch, etwas mit der Leber vielleicht, er trank heftig damals, es konnte auch die Galle sein.

Der Doktor untersuchte ihn, erkundigte sich nach allen möglichen Dingen (etwa, ob Joe eine spezielle Vorliebe für Mondlicht habe), stellte sehr viele Detailfragen nach Joes Gewohnheiten, die er sorgfältig in umfangreiche Bögen eintrug. Joe fühlte sich aufgehoben, der Arzt schien ein Überpapi zu sein, der vor allem eins machte: er *küm-*

merte sich. Nach etlichen Sitzungen verschrieb er Joe ein geheimnisvolles Metall in einer stark verdünnten Lösung, das Joes aus dem Gleichgewicht geratenen Metabolismus wieder in die Balance bringen würde.

Drei Wochen später lag Joe im Krankenhaus. Er hatte sich auf einer lang zurückliegenden Reise eine ansteckende Gelbsucht zugezogen, und die Krankenhaus-Ärzte sagten, er käme reichlich spät. Wo er überhaupt gewesen sei? Er sei ja so gelb, daß jeder Laie schon seit Wochen die richtige Diagnose hätte stellen können...

Es dauerte lange, bis Joe die Konsequenzen aus diesen Erfahrungen zog. Es brauchte noch einige Episoden mit dem Zahnarzt, bis Joe begriff, daß die Wut auf die Herren in Weiß, daß die Theorie, nach der alle Krankheiten nur mit der Psyche zu tun haben und die Annahme, der Körper könne alle Defekte im Grunde mit Bordmitteln heilen, nur eine billige *Antithese* war. Sie war genauso unbrauchbar wie die Überzeugung, man müsse nur auf die Experten im weißen Kittel hören. *Beides* waren Strategien, vor der Krankheit *fortzulaufen*.

Joe brauchte lange, um zu begreifen, daß die Lösung nicht darin bestand, daß er nun einfach zu den »Schulärzten« ging, als wäre nichts gewesen, gewissermaßen als Antithese zur Antithese wieder auf harte Pillen umschwenkte (das billige Renegatentum). Es nutzte auch nichts, daß er nun einfach ein paar Weisheiten von These und Antithese zusammenrührte und je nach Bedarf und Gusto mal zu einem Naturheiler oder einem Chemiearzt ging. Es ging um eine Art und Weise, die komplexen Wechselwirkungen zwischen Körper, Seele, Innen und Außen besser zu verstehen, ohne mit irgendeinem ideologischen Raster an die Dinge heranzugehen.

Joes derzeitiger Hausarzt ist ein zynischer Alt-Achtundsechziger, der vor allem eine Fähigkeit hat: Tacheles zu reden. Wenn er der Meinung ist, daß Kräutertee diesmal helfen kann, verordnet er Kamille. Wenn harte Medikamente angesagt sind, verschreibt er sie – ohne mahnende Worte. Er mischt sich nicht ein in die Lebensgewohnheiten, wenn der Patient ein starker Raucher ist, hält er keine Predigten. Aber er macht Joe mit wenigen Worten klar, daß seine Malaisen sehr wohl mit seinen zwei Packungen Marlboro am Tag, seinem überdurchschnittlichen Alkoholkonsum und seinem Defizit an Bewegung zusammenhängen. »Ein Medikament ohne Nebenwirkungen ist wirkungslos«, lautet eine seiner Devisen.

Die Botschaft von Joes Arzt-Erfahrung lautet nun nicht, daß Synthesen so oder so auszusehen haben. Das ist nicht der Punkt. Sie besagt lediglich, daß der Prozeß, der *qualitative Schritte möglich macht*, erst *jenseits* des These-Antithese-Antagonismus beginnt. Wenn man so will, sind These wie Antithese *Strategien der Kindlichkeit*. Sie reduzieren komplexe Wirklichkeiten auf einfache Weisheiten und vermeiden so eine wirkliche, eine »erwachsene« Auseinandersetzung.

Man kann diesen Prozeß an fast allen These-Antithese-Paaren der Revoltezeit nachvollziehen. Wird »der Mensch« von seinem Erbgut (These) oder seiner Sozialisation (Antithese) »gemacht«? Brauchen Kinder Autorität oder keine? Ist »Leistung« im Leben notwendig? Ist die Gesellschaft »gut« oder »schlecht«, sind wir »ausgebeutet« oder »frei«? Ist Haschisch eine »Einsteigerdroge«, der Staat eine Unterdrückungsmaschine oder ein Wohltäterverein? Werden wir in eine technologische Wunderwelt oder eine ökologische Hölle geraten? Braucht Liebe eine feste Bindung oder grenzenlose Freiheit? Sind wir materielle oder spirituelle Wesen?

Der Feind

In den 60er Jahren, als Joe noch ein Kind war, pflegten seine Eltern in der Schweiz ihren Urlaub zu verbringen, in dem immergleichen Hotel mit devoten Kellnern, Damen mit Hut und Kollier und mit einer viel zu üppigen Vollpension. Als er das letztemal mit seinen Eltern in die Schweiz reiste, hatte er längst seine spätpubertäre Haß-Phase erreicht; es war ein grauenhafter Urlaub voller gegenseitiger Beleidigungen und Schreiereien. Er war vorzeitig und alleine nach Hause gefahren.

Ende der 80er Jahre fuhr Joe zum erstenmal wieder in dieses scheinbar über alle Maßen intakte Land, das er auf dem Weg nach Italien fast 20 Jahre lang nur hastig durchquert hatte, und verlebte dort, teils aus Sentimentalität, teils aus Neugier, wie das Vergangene sich in der Gegenwart anfühlte, einen Winterurlaub. Er bewohnte mit seiner Herzdame ein luxuriöses Appartement, fuhr bedenkenlos die Piste herunter, mit der man die Berglandschaft verschandelt hatte, ging Abend für Abend gut essen und ließ es sich auf »fast schon unverschämte Weise« gutgehen. Er hatte zum erstenmal in seinem Leben etwas Geld zum puren Ausgeben übrig. Er war wild entschlossen, sich zu erholen – und sonst nichts. Keine Diskussionen, schon gar nicht über Politik. Kein Kritisieren von diesem und jenem. Zudem konnte er nicht verhehlen, daß der Luxus und Komfort dieses satten Landes ihm Behagen bereitete – die Warenangebote in den Läden, die überall verfügbaren Dienstleistungen, die höflichen Kellner und blitzsauberen Toiletten – all das lullte ihn ein in ein fettes, faules Feriengefühl, in einen Zustand, *als ob die Welt in Ordnung sei*. Es war ein Winter, in dem Joe beinahe zum erstenmal richtig vergessen hätte, daß es *Feinde* gab.

Seltsamerweise begriff er ausgerechnet in diesem Urlaub, daß man die Feinde nicht los wird. Und daß man seine eigene Vergangenheit niemals abschütteln kann. Es wurde ihm klar an einem Abend, an dem die Sonne wie im Bilderbuch hinter den Bergriesen untergegangen war. Durch die Panoramascheiben des Restaurants, in dem Joe für teure Franken zu Abend speiste, konnte man die mächtigen Flanken des Alpenhauptkamms im Mondlicht sehen, und er und seine Liebste tranken einen samtigen, schweren Rotwein. Die Piste und die Liebe hatten sie rechtschaffen müde gemacht. Kein Grund für Feindschaften weit und breit. Wäre da nicht dieser Typ am Nebentisch gewesen.

Es war ein Mann in mittlerem Alter mit einem breiten Kreuz und teigigen Wangen. Er behielt auch beim Essen seine Lederjacke mit dem Eichenlaubrevers an, trank ein riesiges Bier aus einem Glasstiefel und starrte eine Frau an, die höchstwahrscheinlich seine Ehefrau war und ihm gegenübersaß. Das Paar war vor einer Viertelstunde einem silbergrauen Mercedes entstiegen. Ein alternder Lude? Eher ein schnell zu Geld gekommener Bauunternehmer aus Coesfeld, oder ein Schnapsimporteur aus Duisburg-Dettelhausen.

Die Frau, bleich und mager, hatte Ringe unter den Augen und trug eine Rüschenbluse, wie sie in den Katalogen »für romantische Abende« annonciert sind. Das Paar saß kaum am Tisch, da weinte sie so unauffällig wie möglich vor sich hin.

Auf 20 Meter Entfernung konnte man die Tragik der Geschichte spüren, es war, als ob man die blauen Flecke auf der Seele der Frau und die Dummheit des Mannes weithin *leuchten* sehen konnte. Der Mann begann in einem gereizten Tonfall auf die Frau einzureden. Joe hörte die Worte »anstellen«, »und immer dasselbe«, die Frau heulte immer weiter, schniefte in ihr zerknülltes Taschentuch und versuchte dennoch jedes Geräusch zu vermeiden. Dann gab sie sich plötzlich einen Ruck und versuchte aufzustehen. Der Mann griff nach ihrem Arm und zerrte sie gewaltsam wieder auf ihren Stuhl. Es gab Gerangel und Gezerre, Geschirr fiel zu Boden, die Ober gingen in Stellung, die Frau fing an, laut zu schluchzen, bis ihr der Mann sein halbvolles Glas Bier ins Gesicht schüttete.

Bevor Joe nachdenken konnte, war er aufgesprungen. Er, der Kleinbürgersohn, der immer Angst vor den Großen in seiner Klasse hatte, stand plötzlich am Nebentisch und schlug dem Kerl mit der flachen Hand mitten ins Gesicht. Es war wie ein Reflex. Es wirkte hilflos und tolpatschig.

Die Ohrfeige klatschte immerhin laut und deutlich. Der Mann holte nun seinerseits aus, doch einer der Kellner hing schon wie eine Klette an ihm. Während der Kellner und sein Kollege den Zappelnden, der die unflätigsten Beschimpfungen ausstieß, zur Tür schleppten, versuchte Joes Freundin noch, die Frau zu trösten. Aber während diese nicht aufhörte zu schluchzen, folgte sie dem um sich schlagenden Mann wie ein geprügelter Hund in den großen Mercedes.

Joe und seine Liebste wurden diskret aufgefordert, das Haus zu verlassen. »Sie verstehen, eine Schlägerei...« Ihre Rechnung mußten sie nicht bezahlen.

Auf dem Weg durch den kalten, knirschenden Schnee zum Appartement wurde Joe klar, daß die Feinde keineswegs aufgehört hatten zu existieren, die Fronten waren *nicht* aufgeweicht, im Gegenteil, sie waren klarer denn je. Sie orientierten sich nur nicht mehr an Abstrakta wie Klasse, Interesse und Gesinnung, nicht mehr an ideologischen Fragen oder sogenannten »objektiven Interessen«. Es ging schlicht und einfach darum, daß es immer noch viel zu viele *Arschlöcher* gab.

Die Arschlöcher saßen in den großen, schweren Limousinen, die unaufhörlich über die deutschen Autobahnen jagten; man konnte ihre arroganten Geschäftsmann-Gesichter über den ewig gleichen blauen Anzügen kaum erkennen hinter den getönten Scheiben. Es waren diese Arbeitsroboter im Schlips und Kragen aus den höheren Etagen, die es einen Scheißdreck interessierte, ob sie Waffen, Gift oder Schrauben produzierten, ob sie mit Diktatoren handelten oder mit Folterern. Es waren die Typen, die von »Verantwortung« faselten, von humanen Werten und familiären Tugenden, die sich kultiviert und vornehm vorkamen, weil sie bisweilen zu Hause Beethoven auf den Plattenteller legten oder drei Goethe-Zitate auswendig konnten, aber nie begreifen würden und wollten, daß dieser Planet irgendwann zugrunde ging, wenn nicht jeder seinen Teil zu seiner Rettung beitrug. Die Arschlöcher traten auf als grölende Bierbauch-Herren, die bis heute nicht kapiert hatten, daß Frauen keine »Puppen« sind, die man in den Arsch kneift, wann immer man sich danach fühlt, und die immer noch den alten faschistoiden Dreck erzählten, wenn es um Ausländer oder Arbeitslose ging. Sie reinkarnierten in den blasierten Schnöseln, die in ihren Papi-Porsches durch die Gegend fuhren, aber auch in den Proleten, die sich wie vor zwanzig Jahren in ihrem Dunst aus Schnaps, Schrebergarten und dummen Sprüchen verkrochen.

Man mußte nur einmal mit wachen Augen durch die Städte gehen. Das Terrain, auf dem die 70er Jahre mit all ihren Zweifeln und persönlichen Aufbrüchen, ihren Infragestellungen und (notwendigen) Selbstquälereien niemals stattgefunden hatte, war groß. Die Menschen, die niemals verstanden hatten, was in der Gesellschaft aufgebrochen war, zählten immer noch nach Millionen. Es war die Mehrheit, ohne Zweifel. Die Mehrheit hatte immer noch nicht verstanden, worum es ging. Worum es Joe und seiner Generation immer gegangen war.

Fast hätte er so etwas wie einen feierlichen Schwur zu den Schweizer Bergriesen heraufgebrüllt. Aber seine Liebste nahm ihn in die Arme und lachte gerade so, daß es gut war.

Loblied auf den Zweifel

Gegen Ende der 80er Jahre wird Joe immer wieder von heftigen Anfällen der Affirmation geschüttelt.

Es ist einige Jahre her, daß ihn ein besonders strenger und radikaler Kritiker des allgemeinen Verrats einen »Genscheristen« schimpfte. Damals verstand er den Vorwurf nicht. Heute aber, wenn er das Pausbackengesicht des Außenministers im Fernsehen sieht, denkt es in ihm: »Altes Schlitzohr. Du bist der eigentliche Gewinner dieser ganzen Geschichte. Wir haben dich beschimpft, verhöhnt und verachtet. Aber gerade weil du so grenzenlos opportunistisch bist, wirst du wohl in alle Ewigkeit deine Wurstfinger an den Schalthebeln der Macht behalten. Alle Achtung! Du hast all die Jahre dein Spiel gespielt, deine eigene Partei, Helmut Schmidt, selbst deine intimsten Vertrauten ausgetrickst. Und so ganz nebenbei hast du in fast allen Krisenherden des Planeten irgendeine Rolle gespielt. Selten eine große. Aber bei Licht betrachtet eine durchaus positive. Heute tanzt du Kohl auf der Nase herum – aber WIE du das alles machst, das ist durchaus virtuos.«

Joes innere Stimme kann Genscher einfach nicht den Respekt versagen, der ihm als Handwerker der Macht gebührt, als jemand, der die Kunst der Diplomatie, das Taktieren und Lavieren beherrscht wie kein anderer. (Und diese Stimme akzeptiert auch, daß »Diplomatie« – was im Kontext der Politfreak-Ideologien immer ein Synonym für Korruption und Opportunismus war – eine notwendige Kunst ist, die nur beurteilt werden kann, wenn man ihre Grundregeln akzeptiert.)

So wie mit Genscher geht es Joe Ende der 80er mit vielem. Während er früher stets empfand, daß »die Gesellschaft ein äußerst falscher Ort zum Leben mit äußerst falschen Strukturen« war, wird er nun immer häufiger von dem Gefühl heimgesucht, daß auf eine zwar verquere, aber doch irgendwie logische Weise *alles an seinem Platz ist.*

Das kann soweit gehen, daß Joe plötzlich sogar Dinge wie die Steuergesetzgebung »interessant« findet. Ist dieses undurchdringliche Gestrüpp aus Paragraphen und Gegenparagraphen, Ausnahmeregelungen, Kulanzregelungen, Beschiß und Gegenbeschiß nicht auch eine Art verworrener, aber gleichwohl genialer, weil in jahrhundertelangen Kämpfen haarfein austarierter Kompromiß zwischen Staat und Bürger?

Oder die Wahlen: War es möglich, daß die sieben Achtel der wählenden Bundesbürger, die ihr Kreuz bei einer der etablierten Parteien machten, weder Dummköpfe waren noch politische Kretins? Daß sie am Ende diese fürchterlichen Parteien wählten, weil sie nicht die geringste Lust auf grüne Utopien oder anarchistische Gemeinden hatten – und damit in gewisser Weise RECHT hatten? War es möglich, daß die Zahnärzte, diese Absahner, zu Recht soviel Geld verdienten, weil sie, bei Licht betrachtet, einen unappetitlichen Schweinejob verrichten mußten?

Im nachhinein kommt es Joe völlig absurd vor, daß er irgendwann gedacht hat, mit den lächerlichen Mitteln und gutgemeinten Idealen der Politfreak-Kultur könne man dieses riesige, komplexe Gebilde »Gesellschaft« mir nichts dir nichts aus den Angeln heben. Mit anderen Worten: Joe ist soeben im Begriff, sein ganzes über zwei Jahrzehnte mühsam erworbenes kritisches Bewußtsein zu verlieren. Oder?

Versetzen wir uns noch einmal in das Jahr 1933. Es ist Februar, es ist kalt, und durch die Straßen Berlins ziehen in endlosen Elendszügen die Arbeitslosen. Am Fenster einer Kleinbürgerwohnung in Neukölln steht Johann Eberhard Müller, ein 18jähriger Schüler, Sproß eines Postbeamten, der sich die Ausbildung des Sohnes vom Munde abspart. Müller jun. ist verzweifelt über das Unrecht der Welt. Er ist voller Erfahrungshunger. Er will etwas erleben, etwas Großes, Emphatisches, Historisches. Von der Straße dringt nun das klingende Spiel einer Nazi-Truppe herein, Stiefel knallen rhythmisch auf das Pflaster, und das Horst-Wessel-Lied ertönt: *Die Fahnen hoch, die Reihen fest geschlossen*...

Nein. Wir brechen hier ab. Wir werden die Frage, ob Joe, der Politfreak, damals ein junger Nazi geworden wäre, nicht beantworten. Wir beenden den Vergleich, bevor wir auf eine falsche Schiene geraten: Man kann niemanden ungestraft mehr als 50 Jahre in die Vergangenheit befördern. Der Johannes, der »Joe«, den wir meinen, wäre nicht im Wirtschaftswunder aufgewachsen, hätte niemals etwas von der Atombombe gehört, die Mondlandung nicht mitbekommen und die Pille. Er wäre einfach nicht »Joe« gewesen.

Aber wie so oft ist hier vielleicht – in einem subtilen doppelten Sinne – die *Bewegung* wichtiger als das Ziel. Indem wir uns fragen, ob Joe Nazi geworden wäre, riskieren wir das immer noch intakte Selbstbild einer Generation, die anscheinend immer auf der richtigen Seite der

Moralbarrikade stand. Wir ahnen ja, daß die Wahrscheinlichkeit, daß eine frühere Inkarnation Joes ein junger, idealistischer SA-Mann geworden wäre, nicht gerade klein ist. Dafür reichen schon einige wenige Eckdaten des Revolte-Weltbildes: die Rede vom »System« etwa, von seiner internationalen Allmacht, jener planetaren Verschwörung, die die Erde und die Kulturen zugrunde richtet – die jungen, sozialistisch orientierten Sturmtrupps der frühen nationalsozialistischen Bewegung dachten und fühlten in dieser Hinsicht nicht viel anders. Die Sehnsucht nach Identifikation mit der Gruppe, dem Kollektiv, nach Nähe mit Gleichen, der Hang zu Symbolen, die Vorliebe zur Vereinfachung und zum einfachen Feindbild – all das waren Faktoren, die auch in Joes zeitgemäß linker Sozialisation vorkamen.

Wenn wir also nicht sagen können, ob Joe, der Politfreak, jemals in einer jungen, idealistischen SA-Truppe marschiert wäre, so wäre es im Umkehrschluß zumindest anmaßend, zu behaupten, daß wir mit der totalitären Phantasie nichts, aber auch gar nicht zu tun hatten.

Gehen wir davon aus, daß Joe und seinesgleichen in den 70er Jahren Gläubige in diversen Kirchen des Radikalismus waren. Joe glaubte im Verlauf seiner politischen Biographie zunächst an einen Räte-Sozialismus, später an die Anarchie, noch später an ein Konglomerat aus autonomen Teilstaaten mit indianerähnlichen Kulturformen, schließlich an den Öko-Sozialismus mit ländlicher Nachbarschaftsidylle und industrieller Demontage. Keine dieser Gesellschaftsmodelle konnten in der Praxis auf ihr Funktionieren und ihre Nebenwirkungen überprüft werden (mit Ausnahme einiger Alternativmodelle, aber hier konnte man ja stets argumentieren, daß sie deshalb so schlecht funktionierten, weil sie lediglich bedrohte Enklaven in einer feindlich-kapitalistischen Umwelt darstellten). Aber aus noch nicht völlig geklärten Gründen kam Joe aus diesen politischen Glaubensgebäuden immer wieder heraus.

Hier nun liegt ein möglicher Unterschied zu unserer Vätergeneration. Etwas in uns hat das Zweifeln gründlich gelernt. Irgendwo in uns gibt es eine elementare Neugierde, die sich so leicht nicht zufriedengibt, die fragt und nagt und geschlossene Weltbilder unaufhörlich untergräbt. Während das Gros unserer Väter nach dem Zusammenbruch des Dritten Reiches in ihren Weltanschauungen einfach *stehenblieb* und auch später, im Wirtschaftswunder, sich ideologisch und in ihrem Selbstbild nicht von der Stelle rührte, sind wir immerhin stets ein Stück *weiter* gegangen. Wir haben irgendwann geahnt, daß es sich bei dem »guten« Sozialismus um eine Chimäre handeln muß, daß die Indianerkultur kein soziales Modell zum Kopieren ist, daß die Anarchie irgendwie nicht funktioniert. Irgendwann konnte uns auch die unaufhörlich nahende Apokalypse nicht mehr davon überzeugen, daß diese Gesellschaft voll und ganz des Teufels ist. Wir waren nicht selten selbst die Ketzer unserer eigenen Theorien.

Angenommen also, beim hartnäckigen Zweifel handele es sich nicht um die Schwäche, sondern um eine *Errungenschaft*, dann verschieben sich sämtliche Koordinaten im Revolte-Weltbild. Wer die Infragestellung – auch der eigenen Prämissen – als gute Botschaft unserer Generation versteht, könnte endlich Schluß machen mit der Angst vor dem Verrat seiner moralischen Prinzipien.

Vielleicht gibt es noch eine andere Möglichkeit als die Wahl zwischen dem Hochhalten alter, zerschlissener Fahnen und der Anpassung. Vielleicht ist es in irgendeinem Stadium der Entwicklung sinnvoll, die eigenen Tugenden auf die eigenen Denkweisen anzuwenden. Also mit der Radikalität, mit der wir ein, zwei Jahrzehnte über die Welt nachdachten, auch über uns selbst, unsere Geschichte, unsere politische Biographie nachzudenken. Und es könnte sein, daß der *wahre* Verrat, die wahre Verkümmerung unserer Identität darin besteht, daß wir dieses *nicht* tun.

Hör zu, du Fundamentalist, der du in uns allen steckst und ständig »Verrat« zeterst: Es sind die Verräter, die den besseren Teil der Geschichte geschrieben haben. Es sind die ewigen »Spalter«, die den Prozeß der Zivilisation voranbringen. Die Ketzer und Zweifler, die Nörgler und Verzweifler am wahren Glauben.

Modernisierer wider Willen oder die Tragikomik unserer Generation

Offenbar tauchen im Verlauf der Kulturgeschichte in zyklischen Abständen immer wieder »idealistische Generationen« auf. Es sind tragische Generationen, weil sie am Ende an ihren Idealen scheitern. Aber ihre historische Mission gewährt ihnen bisweilen, bei aller Tragik, auch eine gewisse Art von *Glanz*.

Was uns mit der Generation verbindet, die als junge Idealisten erst auf die Straße und dann in den Krieg zog, ist, daß wir wie sie blinde Vollstrecker einer gesellschaftlichen Modernisierung waren. Wie unsere Generation fühlte sich auch die junge Generation Anfang der 30er Jahre (und mit ihr das Gros der Älteren) von einem rasenden, undurchschaubaren Fortschritt überrollt. Wie wir setzte sie alte Konzepte gegen die Entwicklung der Moderne.

Bei uns hießen sie: Klassenkampf, Authentizität, Kollektiv. Ausgerechnet als der alte, autoritäre Staat sich endgültig aufzulösen begann, beschworen wir das Bild eines monolithischen Staates, eines Molochs aus dem Märchenbuch. Ausgerechnet als der Klassenkampf durch die Entwicklung der Mittelstandsgesellschaft als politische Strategie obsolet wurde, rekurrierte unsereins auf archetyische Bilder von Barrikaden und revolutionärer Arbeiterklasse. Ausgerechnet als durch Medien und neue Technologien eine »Kultur der Distanz« möglich wurde, taten wir alles, um in die Unmittelbarkeits-Intimität des Kollektivs zu flüchten. Wir waren nicht Avantgarde, sondern Nachhut. Ausgerechnet wir, die wir uns stets als Individualisten und Spontaneisten fühlten, suchten jedes Mittel, um alles Individuelle in großen Weltanschauungs-Gebäuden aufgehen zu lassen. Die Geschichte des Politfreaks ist nichts anderes als die verzweifelte Suche nach einem alles verbindenden Prinzip. Wenn man heute auf die Geschichte der K-Gruppen zurückblickt, scheint dies ein letztes, geradezu verzweifeltes Experiment gewesen zu sein, das Entstehen eines freien Individuums zu verhindern. Der Einzelne »verschwand« in den »objektiven Wahrheiten des Klassenkampfes«. Und später, als die Ökologie die Rolle der Arbeiterklasse übernahm, sollte es die »Natur« sein, die unser Dasein bestimmte, das »Natürliche« und »Authentische« mußten als letztes Mittel gegen den »Untergangswahnsinn« herhalten.

Das Tragische an solchen Rückgriffen ist ja, daß sie auf eine vertrackte dialektische Weise immer genau das Gegenteil von dem bewirken, was sie bezwecken. Sie geraten unweigerlich zu dem, was in der Psychoanalyse »paradoxe Intervention« genannt wird. Während die Propaganda des Dritten Reiches die Bindung an die Scholle, die Mutterschaft, die Familie betonte und die moderne städtische Gesellschaft als Dekadenz brandmarkte, baute sie gleichzeitig die wahnwitzigste industrielle Megamaschine auf. Die generalstabsmäßige Durchsetzung der Technologien der Industriemoderne – Auto, Telefon, großindustrielle Fabrik – wurde damals ausgerechnet von einer »Bewegung« durchgesetzt, die gegen alle Attribute der Moderne wütete – von der Kunst bis zur Musik, von der sexuellen Libertinage bis zur Freiheit der Kommunikation.

So wie in den originären Triebkräften des Nationalsozialismus ein tiefer und dumpfer Wunsch nach Verteidigung archaischer Kulturformen gegen die industrielle Moderne steckte, diese Moderne am Ende aber nur *beschleunigte*, so beschleunigte auch die Kultur des Politfreaks am Ende nur die Verwandlung der Bundesrepublik in eine moderne (»postindustrielle«) Gesellschaft. Ausgerechnet wir, die wir die Gruppe als Lebensform propagierten, haben am allermeisten mitgeholfen, die Gesellschaft für jene Modernisierung sturmreif zu schießen, die heute an allen kulturellen Fronten der große Sieger ist: die Individualisierung. Ausgerechnet wir, die wir bis zur Absurdität für eine allgemein verbindliche Moral kämpften, haben erheblich dazu beigetragen, daß die Gesellschaft in immer mehr Sub- und Zwischenkulturen zerfällt, von denen jede ihre eigene Moral pflegt.

Unser Platzvorteil bestand darin, daß sich die Geschichte nicht wirklich wiederholt – und wenn, dann nur als Farce. Unser Terrain war eben nicht mehr die antagonistische Klassengesellschaft Weimars, sondern eine entwickelte Mittelstandsgesellschaft. Der Ernstfall, den wir so sehr herbeisehnten (und den die Nazi-Generation tatsächlich erlebte) – Revolution! Umwälzung! –, konnte auf diesem Nährboden nicht mehr entstehen. So hat unsere Generation nicht allzu viele Opfer zu beklagen. Es sind dennoch mehr als genug und zu viele. Der Junkie und der Guerillero – das sind, um es in der archaischen Sprache zu sagen, unsere Blutopfer.

Das soziale Laboratorium der 70er Jahre war am Ende nichts anderes als die Küche, in der die Vielfalt der heutigen Gesellschaft – und damit ihre Stabilität – ausgekocht wurde. Als hätte das gesellschaftliche System den Politfreak als eine Art Katalysator geschaffen, um einen inneren Knoten zu lösen, signalisierte die Vehemenz der Politfreak-Revolte zugleich einen *Mangel*: Mit den alten Strukturen der deutschen Gesellschaft war die vierte industrielle Revolution nicht zu machen. Mit der verknöcherten Hierarchiegesellschaft, mit der »steifen« Alltagskultur, den langlebigen Überresten des alten Ständestaates war der Produktivitätsschub, der für die Medien-und-Computer-Gesellschaft nötig war, nicht zu bewerkstelligen. Um die verkrusteten Strukturen aufzubrechen, wurden härtere »Gegengifte« benötigt als in anderen westlichen Kulturen. Unsere Kommunikationslust leistete Pionierarbeit für die Möglichkeiten modernen Teamworks, unser Sinn-Hunger bereitete das Feld für die »Motivationsarbeit«, die heute in modernen Firmen als Produktivitätsfaktor genutzt wird. Wir fungierten als eine Art Bulldozer oder Pflug, der den verkrusteten Boden der gesellschaftlichen Normen zunächst einmal aufpflügte – damit andere darin säen konnten.

Es ist schon seltsam: Der Politfreak, der nichts so sehr haßte wie die Normalität, hat die Normalität der deutschen Gesellschaft erst entwikkelt. Er war der Geburtshelfer eines Modernisierungsschubs, der in den 80er Jahren zum »zweiten Boom« führte – und zu jenem säkularisierten, hochdifferenzierten Gesellschaftstypus, mit dem wir in die 90er Jahre gehen.

Rekapitulieren wir noch einmal einige Aspekte dieser Modernisierung: Obwohl der Politfreak ein eingefleischter Amerika-Feind war, hat er nicht zufällig die Symbole der amerikanischen Jugendkultur benutzt, zunächst den Parka, die Blue Jeans und die Popmusik, dann die Turnschuhe. Erst die Amerikanisierung beseitigte die starren Klassen-, Schichten- und Milieugrenzen der deutschen Kultur, in der kaum ein Handwerkersohn Industrieller werden konnte, wo der Arztsohn automatisch wieder Arzt wurde. Heraus kam eine »permissive Gesellschaft« amerikanischer Prägung. Die Tatsache, daß heute auch Bosse Jeans und Turnschuhe tragen, die Popmusik als »neue artifizielle Trivialität«, die Respektlosigkeit gegenüber den Inhabern von Posten und Positionen sind nur einzelne Aspekte dieser Amerikanisierung.

Der »Entwicklungshelfer« Politfreak hat – zweitens – bei der *Europäisierung* der deutschen Gesellschaft mitgeholfen. Was in anderen europäischen Ländern längst *common sense* war – eine gesunde Skepsis und Distanz gegenüber dem Staat und den Herrschenden, ein nörglerischer, aber auch selbstverständlicher Umgang mit den »kleineren Übeln« parlamentarische Demokratie und freie Marktwirtschaft, eine

Kultur des Streits und der immerwährenden Debatte –, hat der Radikalismus befördert wie die Hefe den Kuchenteig. Es ist deshalb kein Wunder, daß der Politfreak am Ende wieder bei den alten europäischen Demokratie-Idealen landet, daß er plötzlich für eine rigide Einhaltung von Rechtsstaatlichkeit und Gewaltenteilung plädiert. Im Grunde meinte er sie *immer schon*, die pluralistische, liberale Gesellschaft westeuropäischer Prägung.

Die Kultur des Politfreaks hat der Gesellschaft – drittens – noch etwas hinterlassen: den *Narzißmus*. Jene rabiate Ich-Bezogenheit der 80er, die uns allen – ob konservativ oder links – auf die Nerven geht, hat ihren Anfang in den 70ern genommen, in den fanatischen Bedürfnisdebatten und Psycho-Orgien des sozialen Laboratoriums, im Ringen um Selbstbild und Selbstwertgefühl, mit dem wir uns von den alten Sicherheiten wie Religion und Familie endgültig verabschiedeten. Man kann über diese Entwicklung fluchen, aber wahr ist: Erst die totale Ego- und Lobby-Gesellschaft verunmöglicht nachhaltig den Rückfall in eine alte Formierung. Sie ist, im originären Sinne, »antitotalitär«.

Wir müssen uns wohl damit abfinden, daß jenes gesellschaftliche Konglomerat, mit dem wir in die 90er Jahre gehen, jener Wirrwarr aus netten Polizisten und vernagelten Fundis, kriselnden Familien und einsamen Singles, aus sich widersprechenden Strömungen der Kälte und Nähe, der Ignoranz und Aufmerksamkeit, der dummen und der klugen, der lauten und der leisen Töne, diese Demokratie-Baustelle, auf der um die Moral des Geldes heftig gestritten wird, diese weder richtig europäische noch amerikanische, aber auch nicht mehr im originären Sinn »deutsche« Gesellschaft, daß diese abenteuerliche Konstruktion auch auf unser Konto, auf das Konto der rebellischen Generation geht.

Ob das alles ist, was wir erreicht haben? Man muß andersherum fragen: Ist das etwa nichts?

Brief an eine gute Bekannte

Ascona, im Herbst 1988

Liebe Karla, ich danke Dir von ganzem Herzen für die Mühe, die Du Dir beim Lesen der ersten Fassung meines Manuskriptes gemacht hast. Es ist wohl überflüssig, Dir zu beteuern, daß ich auf Deine ruppig-herzliche Art der Kritik nicht »beleidigt den Schwanz einziehe«, sondern sie, im Gegenteil, sehr schätze. Ich will mit dem Teil Deines Briefes beginnen, den Du selber »bewußt gehässig« nennst; mit Deiner schönen Polemik zu Beginn. Du schreibst: »... finde ich vieles nicht nur überflüssig, sondern auch gefährlich. Es gibt etwas Substantielles preis. Es wird enden wie immer: Die Reaktionäre nehmen sich Deinen Text zur Brust. Und diejenigen, die sich noch mit so altmodischen Dingen wie kritischem Bewußtsein und Widerstand auseinandersetzen, werden weiter demoralisiert...«

Das trifft, liebe Karla. Laß mir einen Moment Zeit, um eine Antwort zu formulieren. Bei Dir geht es dann weiter: »... und wer das alles heute, so lange Jahre nach den ach so glorreichen Zeiten der Revolte, noch lesen soll, ist mir schleierhaft. Wenn es sie denn schon gab, Deine glorreiche Revolte, dann hat sie sich eben überholt: durch unser Älterwerden, durch unser Scheitern – was weiß ich. Aber was wäre neu an diesen Erkenntnissen? Daß wir im Alter milder und toleranter werden? Daß das System nicht zu besiegen ist, weil es alles integriert? Ach Gott!«

Gut gesagt. Aber hier kenne wiederum *ich* Dich zu gut: Dir geht es nicht anders wie mir. Wir sind nicht gerne sprachlos. Daß alles gesagt ist, glaube ich nicht. Gewiß klingen manche Episoden der Revolte aus der Distanz wie Geschichten aus dem Dritten Punischen Krieg. Aber ist deshalb wirklich der Käse gegessen, die Sache ausgestanden? Ich habe den Eindruck eines bedrückenden Schweigens, einer stillen, aber keineswegs produktiven Resignation, mit dem und in der sich viele unserer Freunde und Genossen in den letzten Jahren aus dem Staub gemacht haben, in eine Ehe, die Kindererziehung oder eine Karriere. Versteh mich richtig: Ich kritisiere keineswegs das Kinderkriegen und die feste Beziehung, und das feste Angestelltenverhältnis ist keine Schande. Ich habe lediglich den Eindruck, als vergifte die mißgünstige Stimme des Verratsvorwurfs jede Lebensfreude und viele Chancen einer persönlichen Entwicklung. Auf die Nerven gehen mir auch jene Formen der Überanpassung, die Matthias Beltz mit dem Bonmot »Statt Scheiße möchte ich jetzt endlich BMW sagen« ironisiert hat.

Wenn ich mit etwas nach wie vor nicht zurechtkomme, dann ist es die Unfähigkeit, zu dem zu *stehen*, was man macht. Anpassung ist ja nur die Kehrseite eines unverdauten Radikalismus. Du kennst K., unseren zynischen Ex-Freund, der heute Kreativ-Textchef in einem Werbeunternehmen ist. Wenn er wenigstens glücklich dabei wäre! Aber er säuft sich die Leber aus dem Leib und alle, die ihn kennen, beteuern, es sei einfach nur noch eine Frage der Zeit, bis er sich mit seinem 300-PS-Porsche um einen Baum wickelt. Neulich habe ich ihn getroffen. Als ich ihm erzählte, womit ich mich derzeit beschäftige, erklärte der gute K. mich kurzerhand für plemplem. »Zu Beginn der 90er«, sagte er, »sich mit dem Schrott aus den 70ern beschäftigen – tut mir leid, mein Lieber, das ist Hintertupfingen.«

Meinetwegen. Dann eben Hintertupfingen. Es gibt auch dort noch unmittelbar *politische* Gründe für eine Bilanz, wie ich sie versucht habe. Und es gibt ein eminent wichtiges politisches Projekt unserer Generation: die Grünen. Ich fürchte, daß die Grünen über kurz oder lang an den versteinerten Resten jener tiefsitzenden deutschen Fundamentalisten-Logik zugrunde gehen werden, der wir zu einer (vielleicht letzten) großen Blüte verholfen haben, und deren Überwindung, finde ich, unser Job ist – schließlich haben wir sie auch in die Welt gesetzt. Die alten Dummheiten aus der Welt des Politfreaks, sie leben fort. Sie spuken als traurige Desperado-Mythen in den autonomen Hardcore-Gettos der Republik, von der Hafenstraße bis Kreuzberg, und wenn mich nicht alles täuscht, werden ihre Resultate von Tag zu Tag finsterer. Wenig ist da zu spüren vom Glanz, um so mehr von den Lebenslügen der Politfreak-Ära.

Es ist also eine Frage des Abwägens, liebe Karla. Auf der einen Seite die Preisgabe unseres Innenlebens, die Gefahr, damit die »Stimmen der Kritik« zu schwächen (deren Notwendigkeit ich nicht bestreite). Auf der anderen Seite der Schlamassel, den wir beim Älterwerden erleben. Mit unserer Unfähigkeit, normal zu werden. Und mit den fatalen Verselbständigungen, die unsere Ideen erfahren – und von denen wir uns nicht einfach distanzieren können, etwa in dem Stil: »Was die Jungs in der Hafenstraße anstellen, ist nicht mein Problem. Ich habe inzwischen Job und Familie.«

Auf eine andere markante Stelle aus Deinem Brief möchte ich genauer antworten. »Wo ist denn«, fragst Du anläßlich eines Absatzes, der mir – zugegeben – etwas zu sehr ins Optimistische gerutscht ist, »Deine vielgepriesene ›Vielfalt in der Gesellschaft‹? Wie kannst Du im Ernst behaupten, daß sich ›vieles auch zum Besseren gewendet hat‹ in diesem Land? Sieh sie Dir doch an, Deine heißgeliebten Kids, wie sie, braungebrannt wie die Roboter und normiert von den Stylisten der Bekleidungsbranche, durch die Innenstädte ziehen; einzig beseelt von der Idee, möglichst schnell groß herauszukommen, mit nichts im Kopf als Klamottenmarken und einer großen, wirren Leere.«

Solche Worte wiegen schwer. Ich gehöre auch nicht zu den Relativisten, die gerne in den Chor einfallen, der derzeit Mode ist: daß es »solche und solche« gibt, daß »die Jugend« schließlich auch aus jungen Ökologiechristen und engagierten Zivildienstleistenden besteht. Stimmt schon: daß die jungen Damen und Herren der ausgehenden 80er anders »drauf« sind als wir vor bald 20 Jahren, daß es zumindest einen anderen *mainstream* in den Jugendkulturen gibt als zu Politfreak-Zeiten, das ist nicht zu leugnen. Nur, wie ist es zu interpretieren?

Da ist zunächst die griffige Formel vom Rollback, die auch Du vertrittst: Nach unserer postmateriellen, idealistischen Werte-Kultur mußte das Zeitgeist-Pendel wieder in eine pragmatische, materialistische Richtung ausschlagen. Mag sein, aber es reicht nicht aus. Es lädt bloß zur Distanzierung ein: Wir, die guten Idealisten der 70er, sind umzingelt von den angepaßten Konsumidioten der angehenden 90er Jahre.

Die Wahrheit liegt ein Stück tiefer. Die Kids sind nicht eine Antwort auf unsere Generation, sondern eine Art *Weiterentwicklung*. Wir waren die Prototypen, die Rohlinge. Wir, mit unserem sozialdemokratischen Anspruchsdenken und unserer chronischen »Bedürfnisdebatte«, unseren Kuschel-Kulturen, unserer Weigerung, erwachsen zu werden und unserer Arroganz des Andersseins.

Es ist wahrscheinlich eine anthropologische Konstante, daß sich jede älter werdende Generation von ihren Nachfolgern distanzieren muß, weil sie instinktiv ahnt, daß sie nicht unschuldig sein kann an deren Charakter. Nun haben wir den Schlamassel: Die Kids verspüren nicht die geringste Lust, unsere Schlachten noch einmal zu schlagen. Sie leben *tatsächlich* ganz nach ihren Bedürfnissen, sie wollen Spaß haben *und* sich gut anziehen, sie wollen mit klugen Freunden verkehren, aber auf Luxus nicht verzichten. In unserer etwas antiquierten Sprache ausgedrückt: Sie wollen sich verwirklichen, komme was da wolle. Nur verzichten sie inzwischen auf jedwede ideologische Absegnung dieser Spaßkultur, was man ihnen nicht recht verdenken kann. Es ist ja nicht so, daß sie sich definitiv gegen die Werte *unseres* Lagers wehren. Nein: Es ist schlimmer. Sie nehmen sie gar nicht ernst. Stoisch und ohne mit den Wimpern zu zucken nehmen sie zur Kenntnis, daß sich vor zehn, fünfzehn Jahren viele Leute die Füße auf den Straßen wundgelaufen und ihnen die Freiräume erkämpft haben, in denen sie sich heute tummeln. (Ich habe neulich ein Foto in einer großen Illustrierten gesehen, das es auf den Punkt brachte: Vor der Berliner Mauer, über und über mit dem knallbunten Gekrakel und Gekritzel der Spontizeit bedeckt, standen drei kühle Arnold-Breker-Typen mit spiegelnden Sonnenbrillen und kantigen Gesichtern. Es war eine Popgruppe, Altersdurchschnitt 17 Jahre, und es war überdeutlich, daß sie jenes bunte Sponti-Gekritzel, unsere Kulturhinterlassenschaft also, *als Kulisse benutzten*.)

Hier stellt sich allerdings die Frage, ob es überhaupt eine andere Option für die Kids gegeben hätte. In Sachen kritisches Bewußtsein und Radikalität haben wir kräftig alles abgegrast. Man könnte sagen: Wir waren perfekte Sinnvertilger. Wo, bitte schön, soll heute ein 17jähriger noch eine soziale Utopie, ein Weltbild hernehmen, eine »authentische Erfahrung«, die nicht durch unsere Generation mehr als abgegriffen wäre? Es ist auch einiges an Realismus dazugekommen, denn die Jüngeren haben miterlebt, wie wir mit unseren großen Phrasen und Hoffnungen scheiterten. Also sind sie etwas stiller geworden, und um den Mangel an Utopien zu kompensieren, haben sie sich an das Hier und Jetzt, an das Materielle gehalten. Ich behaupte, daß wir es wohl kaum anders gemacht hätten, wären wir zehn, fünfzehn Jahre später geboren worden.

Warum sollten wir grundlegend anders reagieren als unsere Vorgänger-Generationen? Warum sollten wir generöser reagieren, wenn eine Generation nachwächst, die unsere Errungenschaften in Frage stellt? Der Verdacht liegt nahe: Mit unserer ständigen Kritik an »den Jugendlichen« wollen wir nicht zuletzt unsere Privilegien sichern.

Halt, wirst Du sagen. Privilegien? Viele unseres Schlages jobben immer noch als Taxifahrer. Die akademische Arbeitslosigkeit hat auch uns erwischt, die »echten« 68er haben die lukrativen Uni-Jobs auf Jahre besetzt.

Aber Privilegien messen sich nicht nur in Bruttogehältern. Unsere Domäne, liebe Karla, ist zweifelsohne die Sprache, oder, modern ausgedrückt: der Diskurs. Hier kennen wir uns aus. Mit anderen Worten: Wir sind *Sinnproduzenten*. Mehr als einmal haben wir bestimmt, was in den Zeitungen stand. Darin besteht unsere bescheidene, aber nicht zu unterschätzende Macht: Wir geben an, was Sache ist. Worüber man sprechen muß. Wofür man ein Problembewußtsein haben soll. Wie eine gesellschaftliche Moral auszusehen hätte.

Und nun wachsen am untersten Ende der Alterspyramide junge Leute nach, die vor allem in *Bildern* fühlen und denken. Sie sind geprägt von Videos und Werbespots, von hochdiffizilen Pop-Clips und komplizierten Musikstilen, die allesamt zehnmal mehr *sophisticated* sind als unser alter Blues oder die Rockmusik, obwohl sie sich teilweise sehr einfach anhören. Diese Kids sind, wenn man so will, wesentlich besser an die moderne Welt angepaßt, als wir es waren. Sie sind nicht unentwegt »betroffen«, wenn sie schreckliche Dinge im Fernsehen sehen – sie haben gelernt, mit den Medien umzugehen. »Angepaßt« könnte man hier durchaus auch als positiven Begriff lesen: Wo unsereins immer noch Medienrealität mit Wirklichkeit verwechselt, wissen die Kids längst zu unterscheiden. Wo wir uns noch schwertaten mit Distanz und Simulation, mit den »vermittelten« Kulturformen der Moderne (die *eben nicht* kuschelig, warm, geborgen sind), bleiben sie ganz kühl. Das können wir nicht ausstehen.

Und wir, mit unserer alles abwägenden, immer kritischen, grüblerischen, besserwisserischen Intellektualität verbünden uns flugs mit unseren alten Feinden, den Bildungsbürgern.

Du glaubst das nicht? Höre einmal, wie ein kulturkritischer Zeitgenosse der 68er-Generation über den Walkman und die Videokultur wettert – und vergleiche es mit dem Traktat eines Herrn von Soundso, der gegen den Sittenverfall polemisiert. Die Unterschiede sind marginal, das Interesse ist das gleiche: die Verteidigung der Hochkultur gegen die Barbaren, die Behauptung, »wir« alleine (die kulturellen Eliten) verfügten über die wahren, authentischen Kriterien für gut und schlecht.

Nun kann man natürlich einfach argumentieren: daß wir hier nur alte, humanistische Werte aufgreifen, gewissermaßen ewige Weisheiten. Mag sein. Aber an meinem Privilegien-Argument ändert das nichts. Wir wollen weiterhin *das Sagen* haben. Vielleicht mit Recht, denn irgendeiner muß die gesellschaftliche Moral ja gegen die Attakken der Ego-Generation verteidigen. Nur sollten wir dann auch *zugeben*, daß wir ganz so selbstlos nicht sind! Das ist es ja, was viele der Kids an unserer Generation als unehrlich, ja verlogen wahrnehmen: daß wir unser Licht immer unter den Scheffel stellen müssen. Daß wir uns stets und ständig als Verlierer gerieren, obwohl wir viel bewegt und bewirkt haben, gerade auf dem Terrain, wo die Kids sich auskennen, bei den Stilen und Moden, den Haltungen und »unsichtbaren« Verhaltenskodizes.

Und hier, liebe Karla, schließt sich der Kreis, hier liegt wohl auch der Grund, dem unsere rastlose Trauerarbeit gilt und der es uns so schwermacht, in aller Selbstverständlichkeit und ohne Lebenslügen älter zu werden. Wir ahnen, daß mit unserer Generation und unseren Denkweisen noch ganz andere Dinge verblassen werden als nur einige flüchtige Erinnerungen an eine rebellische Jugend. Es sieht ganz so aus, als wären wir eine der letzten »konservativen« Generationen, konservativ in dem Sinn, daß wir Gesellschaft noch als »Ganzes« dachten, als Gebilde mit Sinn, Zweck und Prinzip, das man lenken und beeinflussen kann, und das eine für alle verbindliche Moral benötigt. In diesem Sinne waren wir eigentlich noch ganz und gar »konform«, war unsere harsche Kritik ja nichts anderes als eine Liebeserklärung an die Gesellschaft. Legal – illegal – scheißegal: das war uns eben überhaupt nicht egal. Davon sind die Kids heute meilenweit entfernt. Der Staat ist ihnen *tatsächlich* gleichgültig.

Waren wir »einmalig«? Sind wir eine Ausnahme-Generation? Du wirst Dich vielleicht wundern, daß ich Dir in dieser Jahreszeit aus dem Tessin schreibe, wo normalerweise niemand unter 60 Jahren Urlaub macht. Nun – ich forsche ein wenig. Vielleicht hast Du schon davon gehört: Hier auf dem Monte Verità über dem Lago Maggiore haben fast 50 Jahre lang, die ganze erste Hälfte des 20. Jahrhunderts, unsere »Vorfahren« gehaust. Die Utopisten und Radikalen, die Spinner und Visionäre, die Kohlrabi-Apostel und Lichtgestalten, die Nacktbader und Boheme-Anarchisten. Ich habe mich hier im Haus einer alten, verrückten Gräfin einquartiert. Ich gehe viel spazieren an diesem sonderbaren Ort – und mache mir so meine Gedanken.

Das bisherige Ergebnis meiner Nachforschungen am Ort ist eher deprimierend. Es ist, haarklein, alles schon mal dagewesen. Wenn Du hier in den alten Foto-Folianten blätterst, findest Du sie alle wieder, die Georgs und Günthers und Martins und Annas und Elkes, die ich in diesem Buch geschildert habe. Es gab, genau wie in unseren Kreisen, diese fanatischen Gestalten, die sich mit jeder Gruppe zerstritten, es gab die Caféhausrevoluzzer und die stillen Romantiker, die Anhänger des Spirituellen und der Apokalypse, die Eigenbrötler und die Kaputten, die aus gutem Hause und die armen Kirchenmäuse. Die Gemeinschaft auf dem Monte Verità ähnelte in vielem unserer alten Hinterhof-WG.

Du siehst, aus der Distanz der Jahre erscheinen die Errungenschaften unserer Generation gar nicht mehr so großartig. Du hast zu Recht angemerkt, daß das entscheidende Stichwort für unseren nächsten Lebensabschnitt *Gelassenheit* lauten sollte – eine Gelassenheit, die nichts vergißt, die aber auch nicht mehr *alles* so wichtig nimmt. Nur *diese* kleine historische Genugtuung möchte ich uns noch gönnen: daß wir, anders als unsere Väter und Mütter, den Mist, den wir angerichtet haben, noch zu Lebzeiten wenigstens *verstehen*, daß wir begreifen, was mit uns passiert ist, warum wir wurden, wie wir wurden.

»Gut und schön«, schreibst Du, »wir wissen also haarklein, daß wir geirrt haben, daß wir Idioten waren, Naivlinge – aber wer soll gegen die Gentechnik, die Atomkraft, die Neue Armut wenigstens ein paar Gegen-Worte sprechen, wenn wir allesamt zu selbstkritischen Zynikern werden?«

Ach Karla: Der Zwang, alle Tage etwas »zu tun«, gehört nicht zu unseren Tugenden. Du kannst nicht auf der einen Seite über die politisch apathische Jugend klagen, wenn Du ihr auf der anderen Seite nicht irgendwann einmal die Straße räumst. Nein, um die notwendige Energie für den wütenden Protest zu entwickeln, benötigt man eine spezifische Naivität – wie wir sie damals hatten. Man muß offenbar *glauben* können – an ein großes Ganzes, eine historische Mission, ein Hauptprinzip der Welt oder den bevorstehenden Weltuntergang, daran, daß alle anderen Ignoranten sind. Sosehr ich mich auch bemühe – dieser feste Glaube will sich bei mir nicht mehr einstellen. Er wirkt auch, je mehr es auf die 40-Jahres-Grenze zugeht, lächerlich. Die 40jährigen Genossen und Genossinnen, die auch heute noch auf der Straße wacker Unterschriften gegen AKWs/Raketen/Regierung/Kinderfeindlichkeit/Verkehrslärm/Robbenquälerei sammeln – ich mag sie von Herzen, aber sie erinnern mich, wenn ich ehrlich bin, im Grunde mehr an pakistanische Rosenverkäufer denn an die Kontinuität des Protestes.

Und außerdem: Wer sagt denn, daß es um die Sache der Kritik und des Protestes so schlecht steht, daß wir ständig Feuerwehr spielen müssen? In dieser Hinsicht bin ich unter dem Strich Optimist: Hierzulande gibt es mächtige Ressourcen des Protestes und des kritischen Bewußtseins, eine zähe Phalanx der kritischen Geister, die sich in allen Ecken und Nischen der öffentlichen Meinung eingenistet haben.

»Es ist und bleibt die Legitimation Deiner Anpassung«, schreibst Du im bösen Teil Deines Briefes. »Du kannst sie nicht verbergen, die Stimme des Konvertiten, der auf seine alten Tage zur ›Vernunft‹ kommt.«

Einspruch, Euer Ehren, oder vielmehr: d'accord. Meinetwegen.

Natürlich lebe ich nicht mehr wie vor zehn Jahren, aber wer tut das schon? Aber auch in Sachen Anpassung gilt das erste Gesetz der Thermodynamik, nach dem keine Energie im Universum verlorengeht. Unser alter Horror vor dem langen Marsch durch die Institutionen (der immer nur mit einer Niederlage enden kann) ist ja nur so lange berechtigt, wie ein intaktes Revolutionsbild existiert – *das* allerdings verliert man bald, wenn man sich auf den Weg macht. Aber das, was wir »Anpassung« nennen, ist nur im alten, holzschnittartigen Denken des Politfreaks eine Einbahnstraße. Es mag uns in gewisser Weise verändern, aber es wirkt auch in die andere Richtung: Es verändert auch die soziale Wirklichkeit, mit der wir uns beim »Anpassen« auseinandersetzen.

Offenbar besitzt unsereins tiefsitzende charakterliche Prägungen, die es ihm schwermachen, ein Stromlinien-Karrierist zu werden. Mir zum Beispiel ist es, trotz heftiger Bemühungen, bis heute noch nicht einmal gelungen, einen ordentlichen Haushalt zu führen; ich suche immer noch alle Tage nach meinen Socken, verliere regelmäßig Brieftaschen und Autoschlüssel, vergesse, Strafzettel zu bezahlen, bis der Gerichtsvollzieher kommt, und verbasele wichtige Zahnarzttermine; überhaupt ähnelt mein Terminkalender eher einem wildwuchernden Ökotop denn einer funktionalen Ödnis. Noch immer komme ich morgens nur schwer aus dem Bett, bin den ganzen Tag übelgelaunt, wenn der Wecker schon um halb neun klingelt, komme zu spät zu Verabredungen und schaffe es grundsätzlich nicht, meine privaten Beziehungen auch nur halbwegs entlang den Anforderungen meines Berufes zu organisieren. Ich bin immer noch ungekämmt, wenn es drauf ankommt, mir fallen die richtigen Floskeln im Umgang mit hochgestellten Persönlichkeiten nicht ein, und kaum begegne ich einer Autorität, werde ich von dem unwillkürlichen Drang befallen, ihr zu widersprechen. Kurz: Chaot bleibt Chaot. (Es ist wirklich verrückt: Obwohl ich längst über ein einigermaßen fahrbereites Auto und halbwegs kurze Haare verfüge, nehmen mir die Herren von der Grenzpolizei noch heute bei jedem Grenzübertritt das Auto auseinander – und das im freien Europa!)

Bleibt der Zynismus. Ich gebe zu, dieser Vorwurf trifft mich. Der Zynismus ist eine Notwehr, zugegeben eine unwirksame. Er schützt uns davor, verrückt zu werden oder zu zerbrechen. Er ist Baldriantropfen und Pfeffer zugleich. Er zeigt, daß wir noch leben. Er zeigt, daß wir vor allem eines nicht vermögen, komme was da wolle: aufhören, Moralisten zu sein. Dieses komische Jahrzehnt der 70er hat einen seltsamen Menschenschlag von Wahrheitssuchern und Melancholikern ausgebrütet. Eine Kollegin hat in diesem Zusammenhang von unserem »lebenserotischen Verhältnis zur Welt« gesprochen. Unsere Anmaßung, mit der wir alles, aber auch alles ändern wollten, unsere Hybris – sie war nicht nur verrückt, sie brachte auch viel Gutes, Schönes hervor. Gerade Du bist für mich ein geradezu exemplarisches Beispiel: unfähig zur Normalität, voller Energie und immer ein Stück – wie soll man sagen? – »tiefer«, verzweifelter, als man verkraften kann.

Exit:
Die Rückkehr der Mythen
Ausblick auf die 90er Jahre

Es gehört nicht viel Prophetie dazu, um vorauszusagen, daß die 90er ein Jahrzehnt werden, in dem wieder nach Klarheit und Wahrheit gesucht wird – nach einer verbindlichen Moral.

Die 80er waren das Jahrzehnt der Verwirrung, des produktiven Durcheinanders, des Kuddelmuddels in Köpfen, Bäuchen und Seelen. Daß es nun genug damit ist, spüren wir alle. Es macht keinen Spaß mehr. Die letzten Fundamentalisten sind nicht mehr zu irritieren; sie igeln sich ein in ihre Rest-Subkulturen und stagnieren, sie sind einstweilen zu unbedeutend, als daß man sich noch mit ihnen auseinandersetzen müßte. Nur noch Dummköpfe glauben heute, daß »Erfolg« ein Teufelswort ist oder daß »die Linken« die Werte des Abendlandes in Gefahr bringen. Strauß ist tot. Und die große Vielfalt droht, in Langeweile umzukippen.

Schon heute wird an allen Ecken und Enden wieder an Weltbildern gearbeitet, die die Beliebigkeit, das Patchwork, ordnen und zusammenfassen, ihm einen *Sinn* geben. Es gibt wieder eine Sehnsucht nach *Ganzheiten*, nach kohärenten Weltbildern – und sei es, um etwas zu entwickeln, gegen das man eines Tages wieder rebellieren könnte.

Polyvalenz und Multiperspektivik. Einen Weg zurück in die 70er gibt es nicht. In den 90ern wird sich unsere Weltanschauung endgültig von den alten Rastern befreien, in denen die Welt ständig zwischen gut und böse, gerecht und gemein, Sein und Haben gespalten wird. Die Orientierungsmuster und Dichotomien von vorgestern (links und rechts, Ost und West, oben und unten) verblassen zunehmend.

Nehmen wir den Yuppie-Vorwurf. Zweifellos war »Yuppie« das geflügelte Wort der 80er Jahre. Es war eine Art Minimal-Denunzierung, der kleinste gemeinsame Abgrenzungs-Konsens aller gutmeinenden Menschen. Wenn niemand mehr wußte, *wer* er war – daß er *kein Yuppie* war, das wußte er ganz genau. Yuppies, das waren immer die anderen. Besonders diejenigen, denen es aus irgendeinem Grunde Spaß machte, Rolex-Uhren zu tragen und Armani-Jacketts, beteuerten hoch und heilig, daß sie mit dem Yuppietum *nicht das geringste* zu tun hatten.

Der Yuppie war ein sozialpsychologisches UFO, eine Gespenster-Minderheit, auf der sich wohlfeil herumprügeln ließ und die obendrein den Vorteil hatte, daß sie nur äußerst vage zu definieren war.

In den 90er Jahren werden wir, wenn alles gutgeht, ohne solche denunziatorischen Krücken auskommen. Wir werden endgültig verstehen, daß »Yuppie« und »Hippie« lediglich zwei menschliche Eigenschaften markieren, zwei psychische Pole, zwischen denen wir uns ständig hin und her bewegen. Der erste markiert die Lust auf Arbeit und Leistung, Kontur und Beruf, Wohlstand und Luxus, also die »harte«, die »männliche« Seite unserer Psyche. Die andere unsere weichen, kompromißlerischen, regressiven, träumerischen Aspekte. Wer einen dieser beiden Pole in sich ignoriert und unterdrückt, ist – ob Mann oder Frau – nur ein halber Mensch. Früher oder später wird er zum mentalen Krüppel oder zur Schießbudenfigur.

Und so, wie wir sowohl den Yuppie als auch den Hippie *in uns akzeptieren lernen*, so werden wir es auch nicht mehr nötig haben, uns ständig abzugrenzen, zu distanzieren. Wenn wir bislang beinharte Materialisten waren, werden wir irgendwann die Religiosität – in welcher Gestalt auch immer – wiederentdecken. Wenn wir bislang dem Geld hinterherjagten, werden wir im nächsten Jahrzehnt verstehen müssen, daß noch etwas anderes zum Leben gehört. Wir werden nicht mehr wählen zwischen Buddhismus und Marxismus, zwischen Dissenz und Angepaßtheit, Verschwendung und Askese. Wir werden verstehen, daß all diese Dinge *Aspekte* der Realität sind, daß sie verschiedene *Perspektiven* darstellen und verschiedene *Wertigkeiten* markieren.

Lebens-Design. In den 90er wird uns endgültig klarwerden, daß es keine Entschuldigung mehr gibt. Wie du dein Leben lebst, dafür bist du selbst verantwortlich. Nicht der Staat, nicht »die Gesellschaft«, nicht irgendein obskurer Zeitgeist, der dich auf ewig auf die Rolle des Gesellschaftskritikers festnagelt.

Freiheit tut weh. Auch in den 80ern haben wir uns noch vor ihr gedrückt, uns auf Sachzwänge und »Verhältnisse« berufen, auf Stile und Moden. Wenn unsere Eltern uns mit 68er-Rhetorik nervten, stellten wir uns Betonmöbel in die Wohnung und propagierten die neue Kälte. Weil immer noch das Gerücht vom Leistungsverzicht herumspukte, wurden wir Workaholics. Wenn unsere Eltern chronische Studenten blieben, beschäftigten wir uns von früh bis spät mit Outfit und Mode. So zappelten wir an den langen Fäden der Vergangenheit.

In den 90ern wird das nervtötende Karussell der Stile und Gegen-Stile, der Moden und Anti-Moden einfach abgestellt. Finito! Keiner kann sich mehr darauf berufen, daß das, was er macht, deshalb gut ist, weil es das Gegenteil von etwas ist, was kurz vorher gemacht wurde.

Hinzu kommt ein neuer Realismus: Man weiß heutzutage, was es heißt, Terrorist zu sein, in einer Landkommune zu leben, sich als Künstler hochzuarbeiten, als Angestellter einen Acht-Stunden-Tag zu schieben. Ausreden gelten nicht.

So schmerzhaft das ist: Man zahlt für alles einen Preis. Verspürt man dauerhafte Lust auf schnelle Autos und teure Klamotten, kommt man nicht umhin, sich auf die Logik des Geldverdienens einzulassen. Wer die Freiheit über alles liebt, morgens nicht aus dem Bett und nachts nicht aus der Kneipe kommt, der wird über kurz oder lang der Armut ins Gesicht sehen müssen. Allerdings: Es gibt kein Kriterium mehr, ob das eine oder das andere »gut« oder »schlecht« sei. Es gibt nur noch die Wahl, die Möglichkeit, sich zu entscheiden. Und die Qual der Wahl geht bis zur Entscheidung, in welcher *Ära* man leben möchte. So wie heute schon manch einer in einem perfekten Szenario der 50er, 60er oder 70er Jahre lebt, wird man in den 90ern ganz selbstverständlich Epochen als *lifestyle* wählen können. Es wird einen Barock-Lebensstil geben, Gründerzeit-Areale und 70er-Jahre-Renaissance-Subkulturen.

Der Professionalist von morgen zeichnet sich nicht dadurch aus, daß er wie eine Maschine funktioniert, sondern daß *er sich der Konsequenzen bewußt ist*, die ein bestimmter Lebensstil, eine bestimmte Obsession mit sich bringen. Er mag arm sein wie eine Kirchenmaus – er wundert sich nicht darüber. Er weiß, was er will. Vor allem beendet er jenes Jammern und jene Wehleidigkeit, mit dem von den Hippies der 70er bis zu den Künstler-Kids der 80er jedes Problem irgendwelchen externen Mächten (»Markt«, »System«, »Kapitalismus«, »Ignoranz«, »die Arschlöcher von '68«) zugeschoben wurde.

Die 80er waren das Jahrzehnt, in der plötzlich Angepaßtheit rebellisch und Rebellion reaktionär sein konnte. Die 90er werden Platz haben für überraschende Kombinationen und feine Zwischentöne: aristokratische Philosophen werden ihr Geld in wirtschaftliche Unternehmen stecken, es wird asketische Unternehmer geben, die von früh bis abends über philosophische Fragen nachdenken. Wir werden an allen Fronten eine weitere Verfeinerung der Genüsse und Vorlieben, der Kreativität und der Lebensstile erleben. »Design«, dieses Wort, das in den 80ern wie ein falschverstandenes Gerücht noch für »Fassade« stand (und anrüchig blieb wie »Yuppie«), nimmt in den 90ern erst seine wahre Gestalt an. »Design« ist nicht »Styling«, ist nicht das Überstreifen einer Hülle. »Design« ist jener Prozeß, in dem man sein Leben bewußt *gestaltet*. So gesehen ist Lebens-Design konsequente Emanzipation.

Ganz nebenbei hat das verflossene Dezennium noch einmal sämtliche denkbaren Weltuntergänge durchgespielt und endgültig ad acta gelegt. Ohne Zweifel ein Verlust. Denn auch Apokalypsen sind Utopien, Großmythen ex negativo. Sie ordnen die Welt, geben ihr einen durchgängigen *Sinn*. Wer an sie glaubt, erhebt sich zum Propheten, wer vor ihnen warnt, darf sich als Menschheitserretter fühlen (besonders, wenn sie *nicht* eintreten). *Siehe aber, das Ende ist nah, sprach der Herr.*

Comeback der Mythen. Genau darum wird es in den 90er Jahren noch einmal gehen. Denn dieses Jahrzehnt ist – man vergißt es immer wieder – das *Jahrzehnt vor dem Millennium*, der Jahrtausendwende.

Und wie immer angesichts großer Zeitenwenden wird »die Menschheit« schlichtweg ausflippen.

Als das letzte Millennium ins Haus stand – also zwischen den Jahren 990 und 1000 – war Europa noch dünn besiedelt und Amerika noch nicht entdeckt. Wie viele Tote die Erwartung der Zeitenwende damals kostete, ist historisch nicht genau verbürgt, es waren jedoch Hunderttausende. Mitte des Jahrzehnts begann die Bevölkerung, Häuser, Hab und Gut zu verkaufen. Man büßte und geißelte, bis das Jahr 999 nahte. Dann zog man vor die Kirchen und Kathedralen. Als die Kirchturmuhren am 31. 12. 999 zwölfmal schlugen, starben Tausende an Herzanfällen – auf den Kirchenbänken.

Nun kann man einwenden, daß wir heute in einer modernen, aufgeklärten Gesellschaft leben, und daß jene Kulturvölker, die sich derzeit als Endzeitkrieger profilieren wollen, sich – Allah sei Dank – nicht nach der christlichen Zeitrechnung richten. Aber solche Beruhigungsargumente machen die Rechnung ohne den großen Hunger nach einem übergreifenden Sinn, einem hehren Mythos, der gerade in Zeiten der zunehmenden Individualisierung grassiert – *auch in unserer Kultur.*

Zunächst die positiven Möglichkeiten: Möglich wäre – erstens – eine kontinentüberspannende Friedens- und Versöhnungseuphorie. Bei den letzten Olympischen Spielen 1988 bekam man schon eine Vorstellung davon. *Hand in Hand – ins Dritte Jahrtausend* – Konjunktur haben Schnulzensänger, Taubenzüchter und planetare Videokonferenzen (»Bebra grüßt Wladiwostok«). Die Menschheit liegt sich in den Armen, Krimsekt und Champagner fließen in Strömen.

Möglich wäre auch – zweitens – ein »sanfter Eurozentrismus« – als Gegengift gegen die Wiederkehr des alten, dumpfen Nationalismus. Gegen den Aufstand der Iren, Korsen, Serben und Kroaten, Südtiroler und Slowaken, Armenier und Letten organisiert sich ein neuer, aufgeklärter Europa-Mythos. Wir Europäer: eine eigenständige Macht zwischen den Blöcken, Bewohner eines transnationalen Friedens- und Kultur-Kontinents, klüger geworden durch schlimme historische Erfahrungen.

Denkbar wäre auch – drittens und wohl am wahrscheinlichsten – ein Comeback der Weltraumfahrt als techno-mystische Vision, die wieder die Massen begeistert wie zu Kennedys Zeiten. Der Marsflug mit amerikanisch-sowjetischer Besatzung wäre *das* Projekt zur Jahrtausendwende, das, wie man so schön sagt, »die Kräfte des Friedens und der Völkerverständigung« stärken würde. Einhergehen könnte die neue Weltraum-Euphorie durchaus mit einer ökologischen Offensive. *Unser Planet – eine Insel im Weltraum.* Ein kostbares Kleinod, zum Müllabladen zu schade – der Blick aus dem Orbit verheißt vielleicht eine vernünftige Sichtweise.

Die Wiederkehr der Fundis. Doch so glimpflich wird es nicht abgehen. Wenn Zeitenwenden bevorstehen, sind apokalyptische Melodien wieder en vogue. Sie werden gewaltigen Auftrieb bekommen, unsere Brüder und Schwestern mit dem stechenden Blick. Sie werden sich rüsten zum letzten Gefecht. Die wirren Jesus-Prediger in den Fußgängerzonen, die Heilig-Geist-Pfaffen in den Dissidentenkirchen, die Zungenredner und Medien aus dem Jenseits werden immer mehr verlorene Schäfchen um sich sammeln. Die Bahro-Asketen verlassen ihre Tagungszentren und Teestuben, um die konsumistische Verderbtheit des Menschengeschlechts zu geißeln. Der Öko-Sozialismus wird nicht weiter in die Bedeutungslosigkeit absacken, sondern in Allianz mit einem finsteren Neo-Bolschewismus und beinharter Tierschützer-Radikalität in die Offensive gehen. Die »befreiten Gebiete« von Hafenstraße bis Kreuzberg werden sich immer weiter in Haß-und-Elends-Gettos verwandeln, aus denen heraus die Erniedrigten und Entrechteten Attacken gegen alles starten, was der Ideologie der Armut nicht folgen mag. Spinner aller Couleur werden um so mehr Oberwasser bekommen, je mehr das nächste Jahrzehnt voranschreitet. Die Sektenmanager von Mun bis Dianetik, von Ananda Marga bis TM, von FAP bis Lefebvre, von Ufo-Sehern bis Okkultisten und Satanisten freuen sich spätestens 1995 über volle Spendenkassen. Man wird das Geld gewinnbringend in den Neuen Medien anlegen – Apokalypseprediger auf allen Kabelkanälen.

Doch mit dem Predigen wird es nicht genug sein. Blut und Bomben, Zerstörung und Gewalt macht sich angesichts nahender Zeitenwenden besonders gut: Wenn die Menschheit nicht umkehrt und Buße tut, muß man ein wenig nachhelfen. Wenn der Untergang und das Ozonloch nahen, müssen die »Zeichen« in allen Zeitungen zu lesen sein. Vielleicht wird einer ein Atomkraftwerk sprengen, wird eine fanatische Sekte tatsächlich mit tödlichen Giften drohen. *Und ich sage Euch, das Ende der Zeiten ist nah:* Die »finalen Theorien« werden uns, in welcher Form auch immer, erneut um die Ohren fliegen.

Wir Konservativen. Die 90er Jahre bilden aus zwei gegenläufigen Bewegungen eine Art Strudel. Auf der einen Seite könnte der mühsame Prozeß der individuellen Emanzipation eine neue Stufe nehmen, könnten die Erfahrungen der 70er und 80er Jahre für weitere Schritte in Richtung auf eine »zivile Gesellschaft« verarbeitet werden. Auf der anderen Seite kehren die Gespenster der Vergangenheit zurück, der Fundamentalismus, die finalen Theorien, die frommen Weltbilder. Möglich, daß die 90er zur Bewährungsprobe werden, aus der Ökologie und Frieden, Aufklärung und Individualismus gestärkt hervorgehen. Ebenso möglich ist aber auch ein umfassender zivilisatorischer Crash, in dem vom Weltwährungssystem bis zum Wohlstand alles in Scherben fällt.

Wir jedenfalls, die wir uns immer als Avantgarde des kulturellen und politischen Fortschritts fühlten, werden in den 90ern einen rasanten Rollentausch vollziehen. Wir werden plötzlich als die Onkel und Tanten mit den erhobenen Zeigefingern dastehen, auf die wir bislang immer verächtlich herabgeblickt haben. Wir werden plötzlich mit Zähnen, Klauen und Argumenten die konservativen Werte der Vernunft und der Aufklärung, der Vielfalt und der Toleranz gegen den Ansturm der Millennium-Fundamentalisten verteidigen. Uns wird kaum eine Wahl bleiben.

GREGOR VON REZZORI

Werkausgabe

Der Tod meines Bruders Abel 7121

Kurze Reise übern langen Weg 7123

Greif zur Geige, Frau Vergangenheit 7122

Der arbeitslose König 7119

Des Freiherrn Hieronymus von Münchhausen letztes, bislang unbekanntes Abenteuer 7125

Die Toten auf ihre Plätze! 7128

GOLDMANN